KB150065

엄지 이리 와 봐!

엄지 이리 와 봐!

지음 엄지랑 코만세
펴낸곳 도서출판 아람북스 | 펴낸이 이병수 | 주소 경기도 광주시 오포읍 오포로 171번길 17-73 | 고객센터 1577-4521 | 팩스 02-412-3382
홈페이지 www.arambook.net | 출판등록 제 2008-4 | 편집 꼬까신 | 디자인 꼬까신, 현수란
ISBN 979-11-6595-922-7

© 도서출판 아람
이 책은 저작권법에 따라 보호를 받는 저작물이므로 무단전재와 무단복제를 금합니다. 이 책 내용의 전부 또는 일부를 이용하려면 저작권자의 서면 동의를 받아야 합니다.
• 눈을 편안하게 해 주는 친환경 식물성 원료인 콩기름 잉크로 인쇄하였습니다.
⚠ 책 모서리가 날카로워 다칠 수 있으니 사람을 향해 던지거나 떨어뜨리지 마십시오.
⚠ 종이에 베이거나 긁힐 수 있으므로 주의해 주십시오.

엄지 이리 와 봐!

엄지랑 코만세 지음

Contents

머리말 12

1부 놀며 자라는 **자연 놀이터** 17

• 자연이 선생님이 되는 유치원 18
숲속 유치원 18
숲이 선물하는 우발적 탐색 21
사계절 생태 학교 28
더워도 추워도 신나는 코끼리 캠프 47
여섯 살의 여정, 전주천 따라 걷기 50
일곱 살의 여정, 만경강 따라 걷기 58

• 나는 할 수 있어요 64
코끼리비버스카우트 71
위험을 만나는 경험, 상처가 주는 힘 78
꼬마 마라톤 83
대아 수목원 전망대 도장 깨기 87
계획된 즉흥 여행 93

• 놀기 대장 코끼리 97
오늘도 놀고 있습니다 102
진정한 호모 루덴스가 자란다 111
아이를 살리는 칭찬 122
코끼리의 자랑, 모래 놀이터 124
줄줄이 파티 130
추억의 밤, 엄지 집에서의 잊지 못할 하루 134

2부 생명을 키우고 생명을 먹으며 139

• 꼬마농부학교 141

　코끼리 한 해 농사 이야기 148

　꼬마농부의 보람 160

　가을걷이 작은 잔치 166

• 얘들아, 하늘밥 먹자! 170

　꼬마농부들의 자급자족 라이프 171

　냠냠 교육 180

　얘들아, 하늘밥 먹자! 183

　하늘밥 상상놀이 187

3부 앎에서 삶으로 191

• 착한 지구인 되기 192

　일회용품이 없는 유치원 195

　빗물저금통과 맹꽁이 198

　세상에서 가장 작지만 힘이 센 환경 운동가들 206

　초록 모자 꼬마 산타 210

• 엄마 · 아빠도 함께 자라요 218

　엄마 · 아빠, 열공 중입니다! 223

　아빠랑 캠프, 그리고 새벽 산 오르기 225

　코끼리비버스카우트 온 가족 1박 야영 231

4부 **코끼리**에만 있는 **일곱** 가지 253

간 큰 엄지 254

놀기 대장 선생님과 대장님들 258

코끼리의 보물 아찌, 그리고 햇님 266

아이들의, 아이들에 의한, 아이들을 위한 270

깨끗한 식판, 텅 빈 잔반통 275

엄지 이리 와 봐! 278

눈물의 졸업식 280

• 코끼리(코꿰리)스카우트 287

• 코비드-19를 이렇게 이겨 냈습니다 293

맺는말 297

추천의 글 1 301

추천의 글 2 304

추천의 글 3 306

머리말

아이는 나를 둘러싸고 있는 주변의 어른들을 통해 '나'를 인식하고, 그들이 말하는 대로 자기를 만들어 갑니다. 마치 거울에 반사된 자신의 모습을 보듯 말이죠. 그래서 우리가 아이를 어떻게 바라봐 주는가 하는 문제는 매우 중요한 일입니다. 결코, 어른들의 욕구와 기대로 과장되거나 왜곡되지 않게 있는 그대로의 모습으로 바라봐 주는 것이 무엇보다 필요합니다.

바로 이것이 부모와 교사가 양육 철학을 가져야 하는 이유입니다.

인생에 필요한 것들을 배우는 유치원 시기는 아이들에게 소중합니다. 그런데 이 시기에 배워야 할 것을 막고 있는 것들이 너무나 많습니다. 성공 제일주의가 지배하는 우리의 병든 사회가 무엇보다 그렇습니다. 아직 오지도 않은 미래를 담보로 불안을 조장하고, 어린 나이부터 학원 순례를 하느라 맘껏 뛰놀지 못하는 아이들이 많습니다.

공부에는 때가 없지만, 놀이에는 때가 있습니다. 평생 배우기 위해 지금 실컷 놀아야 합니다. 수시로 변하는 교육 과정과 교육 정책들도 우리를 혼란스럽게 하기는 마찬가지입니다. 표준 교육 과정, 누리 과정, 놀이 교육 과정 등 끝도 없이 쏟아져 나옵니다. 무슨 무슨 외국의 프로그램이 좋다더라 하면 순식간에 들불처럼 번지는 그 맹목적인 열풍은 또 어떻습니까? 외국의 것을 따라 하기에만 급급해 그들의 거죽만 흉내 내고 정작 중요한 철학을 함께 들여오지 못하는 경우가 허다 합니다. 결국, 어른들이 문제입니다.

자신을 둘러싼 주변의 환경을 통해 스스로를 인식하고 만들어 가는 이 중요한 시기의 아이들에게 우리가 주어야 하는 것은 무엇일까요?

사스, 신종플루, 메르스에 이어 코비드-19까지 결국, '면역력'이 답입니다. 아이들 스스로 해답을 찾기 위해 들로 산으로 마구 내닫게 키워 어기찬 체력을 길러 줘야 합니다. 숲에 가서 노는데 뭐가 그리 많이 필요할까요? 흠뻑 젖을 숲이 중요하고, 나무가 중요하고, 넉넉히 즐길 시간이 중요하고, 그곳에서 아이들과 함께할 친구가 중요한 것입니다.

경제적 풍요의 시대, 오히려 너무 많아 문제입니다. 없어야 심심하니까 새로운 생각을 하고, 부족해야 그것을 채우려고 부지런히 움직이지요. 거칠고 투박하게 놀아야 덤불을 헤치고 쓰러진 나무를 뛰어넘는 힘이 길러지는 것입니다. 결국, 그런 아이들이 잘 자라는 것이고요.

또 하나, 아이들이 실패를 통해 배울 수 있게 허용해야 합니다. 실패의 경험은 아이가 스스로 자기 안의 사회성을 일깨우고 기르게 합니다. 웃고 떠들고 마음껏 구르고 뛰고 달리고 다투고 다쳐 봐야 합니다. 아이들에게 그렇게 할 수 있는 자유를 주어야 합니다.

그런데 가만히 보면, 많은 부모가 하지 말아야 할 일들만 골라서 하는 것 같습니다. 아이들은 내버려 두어야 스스로 잘 자랍니다. 각자 품고 태어난 DNA 지도가 있고 거기에 그려진 길을 따라 성장의 속도와 방향을 결정하고 찾아가며 자라기 때문입니다. 식물에게 땅, 물, 바람, 햇살과 공기가 필요한 것처럼 아이에게는 신나는 놀이와 충분한 시간, 마음껏 내달을 들과 산이 필요할 뿐입니다.

교육은 체계적인 좌절을 의미합니다. 저는 아이들이 체계적인 좌절과 크고 작은 '건강한 위험'을 통해 끊임없이 도전하며 더 큰 위험에 대처하는 힘을 키워 가길 바랍니다. 자유롭게 뛰놀고, 땀 흘려 농사지으며 신성에 한 발짝 다가서기를 원합니다. 아이 안의 분노와 스트레스, 불행한 생각들은 놀이와 노동으로 순화되고 도덕적으로 드높여지기 때문입니다.

화려하거나 세련되지는 못했을지라도, '나는 할 수 있어요!'를 외치는 꼬마들의 씩씩하고 거침없는 발걸음을 이 책에 담았습니다. 책을 펴내기 위해 오래된 자료와 사진들을 정리하며 어른 못지않은 그들의 훌륭함과 아름다움에 새삼 놀랐습니다. 이제는 어엿한 성인이 되어 저마다의 자리에서 세상을 아름답게 이끌어 가고 있을 수많은 코끼리들에게 건강하게 잘 자라 주어 고맙다는, 그리고 사랑한다는 말을 전합니다.

이 책을 통해 유아 교육 현장 곳곳에, 이 땅의 부모님들의 가슴 곳곳에 '코끼리도 했는데 우리라고 못 해?' 하는 의욕이 불타오르기를 소망합니다. '저런 교육이 우리나라에서도 가능하구나!' 하는 희망 어린 믿음이 솟아나기를 기대합니다.

2019년에 시작해서 어느새 2023년 여름,

코끼리들과 노는 게 더 급했던

엄지코끼리 **유 혜 숙**

1부 놀며 자라는 **자연 놀이터**

자연이
선생님이
되는 유치원

숲속 유치원

　30여 년 전부터 코끼리유치원(이하 '코끼리' 혹은 '유치원') 아이들에게는 숲이 유치원이고, 놀이터이고, 선생님이었다. 프뢰벨의 사상에 기초한 독일의 숲 유치원인 발트킨더가르텐이 본격적으로 생겨난 기점이 1993년이니 코끼리는 그보다 앞서 자연을 아이들의 스승으로 삼은 셈이다.

　급속한 산업화로 아이들은 자연을 잃었고, 뒤이어 마을과 골목, 소중한 공터까지도 잃게 되었다. 과거의 아이들이 성장하며 만났던 생태계와 공동체가 현재의 아이들에게는 알 수 없는 개념이 된 지 오래다.

　자연이라는 것은 모든 생명이 서로가 서로를 붙들고 있는 하나의 거대한 체계이자 균형인데, 그러한 자연을 잃은 아이들은 하나의 점으로만 존재할 수밖에 없다. 이런 상실 속에 자라난 아이들이 과연 생명의 연대를 알 수 있을까? 서로 손을 맞잡아야 더 멀리까지 나아갈 수 있다는 걸 아는 어른으로 자랄 수 있을까? 우리나라의 급속한 경제 성장에 비례해서 마땅히 갖추어야 할 생명 감수성이 결핍된 아이들 또한 급격히 늘어나던 시기에 코끼리는 문을 열었다.

예나 지금이나 놀기 좋아하는 코끼리답게, 처음부터 숲 유치원이라는 슬로건이나 특별하고 거창한 사상을 내세웠던 시작은 아니었다. 아이들은 자연 안에서 긴밀하게 연결되어 있는 하나의 생명이므로 어른들이 할 일은 그저 아이들을 자연과 만나게 해 주는 것이라 믿었고, 코끼리 아이들은 그렇게 놀기로 작정했을 뿐이다.

식물의 성장에 햇빛, 물, 흙, 공기가 필수적인 것처럼 숲은 아이들에게 가장 자연스럽고 필연적인 생태계이다. 그래서 코끼리는 숲으로 간다. 숲으로 가는 길에는 구태여 무엇을 덧붙이지 않는다. 자연의 품으로 들어가며 문명의 준비물을 휴대하거나 인위적으로 설치하는 것은 불필요하며, 해서는 안 된다는 것이 유혜숙 원장(코끼리 원장, 이하 '엄지'[1])이 유치원 설립 이래 지켜 온 중요한 원칙 중 하나이다.

아이들은 허용적이고 자유로운 분위기 속에서 이것저것 시도해 가며 자연으로부터 다양한 경험을 충족한다. 다채로운 자연의 파노라마 안에서 생명과 환경을 탐색하며, 오감을 통해 사물의 물리적 특성을 배우고 시간의 흐름 안에서 생태적 감수성을 기른다.

흔들리지 않을 거라고 굳게 믿었던 바위에게 배신(?)을 당하기도 하고, 생각보다 유연하게 버텨 내는 나뭇가지에서 의외의 매력을 발견하기도 하며

---

1) 코끼리 아이들은 유혜숙 원장을 '엄지'라는 애칭으로 부르며 친구처럼 함께 지낸다. 선생님과 학부모를 비롯, 코끼리에 드나드는 모든 주변인들 역시 그녀를 '엄지'라 부른다.

'옷'이란 더 잘 놀기 위해 몸을 보호하는 도구일 뿐. 옷이 더러워지면 안 된다는 생각에서 자유로워지는 순간, 아이들은 더 자유롭고 창의적이며 신나는 놀이의 세상으로 몰입한다.

아이들은 스스로 자연의 이치를 터득한다. 코끼리는 단지 아이들에게 자연의 품으로 들어가는 문을 열어 줄 뿐이다.

숲이 선물하는 우발적 탐색

숲에 도착하면 아이들의 표정이 사뭇 달라진다. 아침 햇살 같은 환한 미소 위로 풍부한 탐구거리를 찾는 까만 눈동자가 빛난다. 자신을 둘러싼 살아 있는 흥밋거리에 몰두하는 표정이 때로는 진지하며, 때로는 순간의 기쁨으로 찬란하다.

유아기의 아이들에게 노는 것은 곧 배우는 것을 의미한다. 숲을 탐구하는 아이들은 그 안에서 놀이꾼인 동시에 진중한 학습자가 되는데, 숲에서 아이들이 보여 주는 놀라운 집중은 숲이 최고의 선생님이라는 또렷한 증거이다. 숲이라는 유기적인 시스템 안에서 아이들은 자신 또한 하나의 생명체로서 자연과 함께 호흡하며 더없이 귀한 직접 경험을 한다.

아이들을 자꾸만 숲으로 이끄는 가장 큰 목적은 다양한 '우발적 탐색'의 기회를 제공하기 위함이다. 우발적 탐색이란 '우연히 마주하게 되는 것들'로 인해 강한 호기심이 발동하여 상황을 추리하고 문제를 해결하려는 과정에서 배움을 스스로 확장해 나아가는 유아 교육의 방법론 중 하나이다. 아이들은 숲에서 '놀다가 궁금해진 것'을 주제로 삼아 궁금증을 풀기 위한 작업을 시작한다.

책을 찾아본다거나 친구들을 비롯해 모르는 게 없는 아찌[2]와 선생님들에게 묻는 과정을 통해 스스로 문제를 해결해 나가는 법을 배운다.

이 시대 보통의 유치원이나 학교에서의 교육은 무엇을 어떤 방식으로 가르치고 있는가? 이것은 우리가 아이들이 어떤 인간으로 성장하길 바라는지와 직결되는 문제이다. 많은 교사와 부모가 생각하기에 지금의 공교육은 상당히 경직되어 있다. '무엇'을 가르쳐야 하는가도 문제이지만, 교육하는 방식 또한 너무 정형화되어 있다는 점을 부인하기 어렵다. 지금 우리 아이들은 교실에 갇혀 정해진 자리를 벗어나면 안 되는 절대적 규칙에 따라, 질서정연하게 짜인 시간표에 따라서, 누군가가 배워야 한다고 정해 놓은 것들을 배우는 데 하루의 대부분을 사용하고 있다. 지금 우리의 교육이 추구하는 인재상은 사회가 요구하는 기본 소양을 갖춘 익명의 노동자에 가까워 보인다. 그런 교육 속에서 아이들은 무엇을 배울지에 대한 결정권도 없고, 가장 자연스러운 방법으로 주제에 도달하는 경험도 맛볼 수가 없다.

코끼리는 이러한 모순을 숲이 주는 우연한 만남과 우발적인 탐색으로 어느 정도 해소할 수 있으며, 어린 시절의 이러한 경험이 아이를 건강한 인성을 갖춘 인격체로 자라게 만드는 밑거름이자 시작이라고 믿는다.

한 아이가 숲에서 뛰놀다 돌부리에 걸려 땅바닥에 넘어진다. 부딪힌 곳이 아파 눈물이 나오려는데, 엎어진 땅바닥에서 새로운 세상을 마주한다.

"어, 이게 뭐야?" 말하는 순간, 아픔은 어느새 사라지고 눈이 반짝인다. "얘들아, 여기에 뭐가 있어! 이리 와 봐!" 하고 소리치면 아이들이 우르르 몰려든다. "이상한 날개옷 같아.", "아니, 이거 매미 죽은 거야!", "근데 매미 옷

---

2) 코끼리 아이들에게 아찌는 그야말로 선망의 대상이다. 나무 오르기, 버들피리 불기, 농사짓기, 축구, 개구리 잡기, 삽질, 불붙이기 등 아이들이 잘하고 싶은 것이라면 뭐든지 잘하는 아찌는 코끼리 최고의 인기인이자 놀이 박사이며, 코끼리유치원의 총무이다.

인가?", "옷 벗어 놓고 어디로 갔지?"… 다양한 의견들이 소란스레 오간다. 머리를 맞대고 한참을 궁리하던 아이들이 마침내 선생님을 부른다. "민들레[3]! 여기 좀 와 봐!" 달려온 선생님은 짐짓 모르는 척 말한다. "우리 이거 자세히 살펴보고, 유치원이나 집에 가서 뭔지 알아볼까?" 이렇게 아이들에게 생각거리를 던진다.

유치원에서는 부모교육 시간을 통해 아이들이 책이나 다른 매체를 이용해 궁금한 것을 스스로 찾아볼 수 있게 도와주기만 해 달라며 미리 안내해 둔 상태이다. 다음 날 아침, 유치원은 자기가 찾은 것을 먼저 얘기하고 싶은 아이들로 또다시 소란스럽다. "어제 우리가 본 거 매미 옷이에요.", "아니야, 매미 허물이야!" 매미가 얼마 동안 땅속에서 애벌레로 살다가 허물을 벗는지부터 매미의 나이를 말할 때는 '령'이라는 낱말을 사용한다는 것까지 매미의 한살이에 대한 정보와 지식들이 아이들의 입에서 줄줄 흘러나온다. 매미로 시작된 공부는 곤충으로 확장되기도 한다.

이렇게 우연히 시작된 호기심을 자연스럽게 따라가며 깊이 있는 지식으로 연결되는 아이들의 배움은 코끼리에서는 자연스러운 일상이다. 어린 시절의 직접적이고 즐거운 경험을 통해 형성된 살아 있는 지식과 경험은 평생에 걸쳐 지속적으로 영향을 주게 된다.

숲에서 이뤄지는 모든 탐색에서 코끼리가 가장 중요하게 생각하는 것 중 하나는 바로 '빈손으로 가는 것'이다. 바닥에 깔 매트, 놀잇감, 스케치북, 각

---

3) 코끼리에서는 선생님들 역시 각기 저마다의 개성에 따라 아찌, 햇님, 민들레, 레몬, 다람쥐, 콩쥐, 하트, 푸우, 도토리, 차차, 솔방울, 오로라, 팅커벨, 솜사탕, 작은별, 꼬부기 등 다양한 애칭으로 불리며 생활하는데, 이러한 애칭들은 모두 코끼리 아이들이 지었다. 선생님의 이름, 특징, 첫 만남의 옷차림 등 아이들이 가진 정보가 총망라되어 여러 별명들이 나오면 그중 아이들과 선생님들이 협의를 거쳐 최종 별명이 정해진다. 이때 별명을 수여받는 당사자는 마음에 들 때까지 거부할 수 있다.

종 채집통 등 왠지 숲에서 필요할 것만 같은 것일수록 더 챙기지 않는다. 숲에 갈 때는 빈손으로 갔다 빈손으로 돌아오고, 우리에게 놀이터를 내어 준 숲에게 오로지 고마운 마음만 남기고 돌아오는 것은 코끼리 구성원들 간의 오랜 약속이다. 그러나 이 약속을 어기게 되는 일이 있으니, 그것은 바로 노랑아찌차(a.k.a.노랑차[4])에 싣고 다니는 쓰레기봉투와 집게를 꺼내 들고 쓰레기를 한가득 주워 돌아오는 일이다. 그때도 원래 숲에 있었던 것이라면 작은 돌멩이 하나라도 가지고 오지 않는다. 소꿉장난 보석으로 쓰였던 작은 돌멩이, 작은 움막을 지을 때 썼던 나뭇가지가 너무너무 탐이 나지만, 아이들은 스스로 마음을 다스리고 서로를 확인하며 숲에서 아무것도 가져오지 않는다. 숲에 사는 친구들은 숲이 집이니 거기에 있어야 하며, 숲에 있을 때 행복하다는 것을 잘 알고 있기 때문이다.

빈손으로 가는 이유는 또 있다. 빈손으로 가야 아이들은 생각 주머니를 열고 주변에서 놀 거리를 스스로 찾는다. 숲에 도착한 아이들은 몸도 마음도 저절로 바빠진다. 가지고 간 것이 없으니 빠른 눈 놀림으로 먼저 놀잇감을 찾아내고, 동시에 어떻게 재밌게 놀 것인지를 생각해 내는 연구자가 된다. 놀잇감의 포착과 함께 이미 아이의 머릿속에서는 온 동네 친구들이 모이고, 보글보글 찌개가 끓고 있으며, 아픈 사람을 치료하기도 한다. 숲에 들어선다는 것은 곧 아이들의 생각 주머니가 크게 열린다는 것이고, 상상의 나래를 한계 없이 활짝 펼친다는 것이다. 숲에서 아이들은 나무가 뿜어내는 피톤치드와 충분한 산소로 두뇌의 기능이 높아짐은 물론, 저 스스로 온몸

---

4) 지금은 어린이 버스 두 대가 있지만, 예전의 코끼리에는 어린이 버스와 미니밴이 있었다. 아이들은 아찌 선생님이 운전하는 노란색 어린이 버스를 노랑아찌차(혹은 노랑차)라 부르고, 다른 초록색 미니밴 한 대를 초록아찌차(혹은 초록차)라 불렀다. 지금은 두 대 모두 노란색 어린이 버스가 운행되고 있으나, 한동안 한 대는 노랑차, 다른 한 대는 초록차로 불리고 있다.

자연의 재료들을 가지고 코끼리 아이들은 그 무엇이라도 만들어 낸다. 물놀이하다 쉬라고
깔아 둔 매트 위에 부러진 나뭇가지들로 뼈대를 세우고 튜브를 올리니 금세 근사한 아지트
가 완성된다. 빈손으로 자연의 품에 뛰어든 아이들의 상상력은 끝이 없다.

과 마음을 자유로이 조작하고 탐색하며 오감을 자극한다.

숲은 문명이 만든 장난감과 달라서 그 모양과 쓰임을 무한하게 변주할 수 있다. 아이들은 싫증을 느낄 틈도 없이 끊임없는 실험과 호기심으로 성장해 간다. 아이들의 숲 놀이는 때마다 다르며 때때로 기상천외하기까지 하다. 커다란 바위 틈새는 가장 먼저 발견한 무리의 아지트가 되고, 기울어져 깎인 바위의 반대쪽은 짧고 가파른 데도 옷에 구멍이 나도록 신나게 타는 미끄럼틀이 된다. 어떤 아이들은 다리를 펴고 누워 하늘을 보는 침대로 삼고, 물가에 있는 넓적한 돌판은 물 그림과 흙 그림을 그리는 도화지가 되기도 한다. 같은 계절, 같은 숲에서도 아이들은 언제든 새로움을 만들어 내는 빼어난 발명가이고, 창의적인 예술가이다.

숲을 탐구하는 아이들에게 솔방울, 나뭇가지, 언덕배기에 이르기까지 어느 것 하나 놀잇감 아닌 것이 없다. 빈손으로 갔기에 얻을 수 있는 즐거움이자 숲이 주는 선물이다. 다양한 변주와 경계 없는 상상의 경험을 통해 아이들은 숲에서 생각 주머니를 자신만의 색깔로 가득 채워 온다. 코끼리는 숲에 가면, 아이들이 몰입하여 충분히 놀면서 호기심을 스스로 충족시킬 수 있게 최대한 많은 시간과 넓은 활동 반경을 허용한다.

이를 위해서는 더 많은 전문가와 안전 요원들이 필요한데, 이때 코끼리의 폭넓은 인맥이 큰 힘을 발휘한다. 아찌를 비롯해 비버스카우트 대장님[5]들이 놀이와 안전을 위해 필요한 상황마다 아이들과 함께한다.

여기에 아이들의 호기심을 정확하게 채우고, 깊이 있는 탐구를 위해 모시

---

5) 한국스카우트 전북연맹 제9002대 코끼리비버스카우트 대를 운영하고 있는 코끼리유치원에는 아이들이 '대장님'이라고 부르는 사람들이 있다. 이똥 대장, 개리 대장, 도도 대장, 토르 대장은 코끼리 아이들의 비버스카우트 활동을 비롯해 신체 활동을 함께한다. 자칫 편중되기 쉬운 유아 교육 현장에서 코끼리 아이들은 남성성과 여성성을 고루 습득하며 성장하는 기회를 얻는다.

는 시민사회단체 활동가들도 아이들의 자유로운 활동을 지켜 주는 든든한 울타리가 된다. 이 울타리 안에서 코끼리 아이들은 능동적으로 생각하고 주도적으로 놀이한다. 마음껏 신나게 놀고 유치원으로 돌아오는 아이들은 마음이 충만하니 두고 온 숲이 아깝지 않다.

숲은 아이들을 키운다. 아이는 숲이 내놓는 너른 품에서 놀고 생각하며 자신의 가능성을 발견하고 삶과 세상을 긍정하는 태도의 기초를 다진다. 때마다 새롭게 피어나는 호기심을 마음껏 발산하고, 나를 있게 하는 주변의 것들을 느끼며, 살아 있는 세계를 인식하는 건강한 아이로 자란다.

모두가 한 곳을 바라봐야 하는 교실과 달리 숲은 아이를 둘러싼 모든 곳이 교실이고, 그곳에서 일어난 모든 일이 마땅히 일어날 수 있는 일이기에 숲에서는 누구나 주인공이 될 가능성이 활짝 열려 있다. 누구나 잘 하는 것을 하나쯤은 찾아낼 충분한 시간과 공간이 있고, 그것을 경험으로 아는 아이들은 자신감으로 충만하다. 아이들은 숲에서 자존감을 가진 주체적 존재로 성장해 간다.

사계절 생태 학교

    계절마다 아이들은 자연에서 수많은 생명을 만난다. 나무처럼 항상 그 자리에서 기다리고 있는 친구도 만나고, 장마철의 시작과 함께 짝짓기하러 반짝 나타났다가 이내 사라지는 맹꽁이 같은 친구도 만난다. 지난번에 만났을 때는 분명히 알이었는데 이번에 갔더니 올챙이가 되어 다음번에는 개구리로 변신할, 변화무쌍한 친구도 만난다.

    '사계절 생태 학교'를 통해 작고 귀여운 청개구리부터 높은 산, 커다란 바

위까지 수많은 생명과 자연을 귀하게 알고 그 안에서 겸손하게 배워 나가는 법을 익힌다. 익히려고 익히는 게 아니라 자연의 일부가 되어 온몸과 마음으로 자연의 이치와 섭리를 받아들인다.

사계절 생태 학교가 처음 세상에 태어난 건 단편적 생태 체험 프로그램으로는 충족되지 않는 아쉬움을 채우고 싶은 바람 때문이었다. 점과 점의 프로그램이 아닌, 긴 호흡으로 인간과 자연의 생태 고리를 탐색하고 지구인으로서 더욱 높고 넓은 차원의 생태적·환경적 이해의 틀로 아이들을 서서히 젖어 들게 하고자 하였다. 생성과 소멸, 그리고 변화와 시간의 흐름. 아이가 사

계절 속으로 들어가 함께 흐르며 이런 자연의 섭리를 깨닫길 바라는 마음에서였다.

회복할 수 없을 정도로 악화하고 있는 환경 문제는 우리가 대비하거나 쉽게 대처하지 못할 만큼 갈수록 심각해질 것이다. 아이들은 지금보다 더 크고 위협적인 환경 문제들과 마주하게 될 것이고, 그 앞에서 합리적이고 윤리적인 판단을 내리며 스스로 실천할 수 있어야 할 것이다. 코끼리의 생태 유아 교육은 어떠한 지식을 가르쳐 습득하게 하는 데 그 목적을 두지 않는다. 다만 수많은 다른 생명체들을 만나며 '더불어 함께 살아가야 한다'는 생명에 대한 바른 관점을 스스로 터득하게 도울 뿐이다.

계절을 따라가며 보고 듣고 만지며 얻는 것들은 아이가 '생명에 대한 바른 관점'을 가진 사람으로 자라게 한다. 코끼리의 선생님은 기꺼이 자연에게 교사의 자리를 내주고, 아이의 눈높이에서 아이와 함께 눈을 반짝이며 신나게 한바탕 같이 웃는 어른 친구가 된다. 사계절 생태 학교에는 가르치는 사람이 없다. 사계절 생태 학교는 계절의 흐름에 따른 자연의 변화를 온몸으로 받아들이고, 시간의 흐름과 함께 성장해 가는 자신을 직관적으로 느낄 수 있는 기회이기도 하다.

이 숲 저 숲을 오가며 각기 다른 생태를 마주하는 것도 매우 의미 있는 활동이지만, 계절의 흐름에 따른 변화를 아이들이 느끼기에는 다소 아쉬운 점이 있었다. '그렇다면 숲 하나를 아지트로 정하고 일 년 내내 그 숲을 가 보자!', '가까이에 있는 강을 따라 발원지부터 바다를 만날 때까지 함께 따라 걸어 보자!' 단순한 생각으로 시작된 사계절 생태 학교는 이전의 생태 교육 프로그램과는 전혀 다른 형태로 구성되었고, 전에 없던 재미와 배움을 아이들에게 선물해 주었다.

연령별로 수준에 맞춰 일곱 살은 '만경강 따라 걷기', 여섯 살은 '전주천 따라 걷기' 등으로 프로젝트 이름을 정하고, 아이들의 발걸음이 일 년 내내 같은 숲과 하천으로 향한다. 봄나들이부터 시작해 여름 캠프, 가을 소풍, 겨울 캠프. 그리고 일상적으로 자주 이루어지는 야외 활동까지 같은 공간을 수도 없이 드나든다.

　아이들은 봄에는 막 틔운 새싹이 비가 온 다음에 훌쩍 자라 있는 것을 보고, 꽃이 피어 벌과 나비가 날아드는 풍경을 즐긴다. 꽃이 진 자리가 온통 초록빛으로 물들고, 가을이 되면 알록달록 색깔이 변하며 겨울을 날 준비를 하는 것도 눈으로 확인한다. 입술 간질간질, 버들피리 꺾어 부는 봄, 틈만 나면 뛰어들어 물장구치며 신나게 보낸 여름, 낙엽으로 배를 만들어 띄운 가을을 지나, 꽁꽁 얼어 아무리 구르고 뛰어도 깨지지 않는 얼음을 지치던 겨울까지. 일 년 내내 같은 곳을 찾아가서 만난 자연은 사시사철 확연히 다른 모습으로 아이들을 맞이한다.

　매번 같은 장소에서 마주하는 사계절의 변화무쌍한 자연은 아이들에게 지루함보다는 친근함과 담대함을 선물하고, 자연의 선물을 받은 아이들은 더 깊고 진한 놀이와 재미를 찾아낸다. 자연스레 계절의 순환과 흐름을 체득한다. 어떤 날은 유치원을 떠나 종일 숲속에서 시간을 보내며 놀이에 흠뻑 젖다 돌아온다. 또 어떤 날은 환경 박사님과 함께 그동안 궁금했던 것도 물어보고, 숲과 하천의 깊숙한 곳에서 예상치 못했던 자연의 모습을 발견하기도 한다. 봄이 오기 전까지 개구리는 도대체 어디에서 무엇을 하다 다시 나타나는지, 옛날엔 안 그랬다는데 요즘 매미들은 왜 저렇게 시끄럽게 울어 우리 아빠의 낮잠을 방해하는지, 가을이 되면 왜 나뭇잎 색깔이 울긋불긋 물들다 떨어지는지도 알게 된다. 숲속에 다녀온 뒤 사후 활동이 진행되면, 아이들은 각자 마주했던 숲의 모습을 그려 보기도 하고 그곳에서 만난 물고기나 곤충, 꽃을 세밀하게 묘사해 보기도 한다. 아이는 계절의 흐름에 따라 변화하는 자연의 모습과 그곳에서 만날 수 있는 생명들에 대해 스스로 해석하고 나름대로 사유하는 시간을 통해 함께 배워 간다.

계절의 특성과 상황에 맞는 다양한 프로그램을 경험하며 아이들은 또 한 번 색다른 관점으로 자연과 만난다. 여러 가지 다양한 관점과 시선, 분위기 조성을 위해 캠프의 형식을 빌리기도 하고 온 가족이 함께 자연으로 가기도 한다. 자연의 한가운데로 들어가 신나게 놀며 아이는 자연의 일부가 되어 자란다.

꽃 피는 봄에는 '들꽃 학교'가 문을 연다. 온갖 봄꽃이 어우러진 곳을 찾아 아이들은 선생님과 친구의 손을 잡고 깊은 숲으로 간다. 놀고 먹고 자고 또 놀면서 아이들은 들꽃 학교가 열리는 내내 흐드러지게 핀 들꽃과 흐드러지게 어울린다. 눈 뜨면 지천으로 들꽃이 보이고, 눈 감으면 머릿속 가득 들꽃이 떠다니는 곳. 수많은 들꽃을 만나는데 교사가 모든 꽃에 대해 알고 있을 수는 없다(다 알고 있을 필요도 없다!).

들꽃 박사님과 함께 있을 때는 궁금증을 해결해 가며 깊이 있는 설명과 이름에 얽힌 이야기를 듣는 재미가 있고, 선생님과 아이들만 갈 때는 또 그 나름의 즐거움이 있다. 선생님은 아이에게 답을 주지 않고 베이스캠프로 돌아올 때까지 잘 기억했다가 직접 도감을 찾아보게 하거나, 꽃의 특징을 떠올리며 멋진 이름을 짓자며 변죽을 울리기도 한다.

숲길을 걸으며 각자 들꽃을 탐색하던 중 멀리서 한 아이가 대단한 걸 발견한 표정으로 친구들에게 달려온다. "얘들아! 내가 올챙이꽃을 찾았어! 작은 올챙이들이 엄청 많이 달려있어!" 교사가 아이들과 함께 달려간 그곳에

보고 또 들여다보며 인상적이었던 특징을 쏙쏙 골라내어 그린 캐리커처 식물도감. 사진이나 세밀화와는 다르지만, 누구라도 금색 알아볼 수 있다.

는 금낭화가 군락을 이루고 피어 있었다. 아이 눈에 금낭화는 방금 개울에서 만나고 온 올챙이가 조롱조롱 매달린 모양이었나 보다. 그날 이후 한동안 유치원에서 금낭화는 '올챙이꽃'으로 불리었다. 어느 해인가는 작은 종이 많이 달린 것 같다고 해서 '아기종꽃'이라고 불리기도 했다. 진짜 그 꽃의 이름

나무의 심장 박동 소리(수액 올리는 소리)를 듣는 표정이 사뭇 진지하다. 이런 경험을 가진 아이들이 어찌 자연을 사랑하지 않을 수 있겠는가!

이 궁금했던 다른 아이가 들꽃 박사님에게 물어보기 전까지는 이 독창적인 코끼리식 이름이 공식 명칭을 대신한다.

　제대로 배우는 건 학교에 가서 하면 된다는 생각. 코끼리만의 허용적인 분위기는 코끼리 아이들이 틀에 갇히지 않고 자유롭게 생각하고 마음껏 상상하게 하는 힘이다.

　들꽃 학교에서는 친구의 별명을 붙이는 것도 남다르다. 봄의 들꽃 찾기가 한창이던 어느 날, 한 친구가 가장 먼저 애기똥풀을 발견하고 그 줄기에서 나오는 노란 물을 얼굴에 발랐다. 그렇게 애기똥풀이라는 별명을 얻은 그 아이는 유치원을 다니는 내내, 그리고 초등학교에 다니는 동안에도 '애기똥풀'이라는 애칭으로 불렸다. 친구의 애칭이 된 애기똥풀은 당시 코끼리 아이들에게 가장 사랑받는 꽃이었다.

여름에는 '나무 학교'가 기다린다. 2박 3일 동안 나무와 함께하고 나면 아이들은 나무 박사가 된다. 나무 학교에서 아이들은 내 나무를 정하고 저마다 이름도 지어 준다. 아무 이유 없이 자기가 좋아하는 히어로 영화 주인공의 이름을 붙이는가 하면, 본인의 이름과 비슷한 돌림자를 써서 동생 같은 이름을 지어 주는 녀석도 있다. 혹은 나무의 특징을 잘 살펴 지어 주기도 한다. 고요한 새벽 피톤치드 가득한 산길 걷기를 통해, 어린이를 위한 숲 명상과 요가를 통해 아이들은 숲을 만끽한다. 나무에는 나이테가 있다는 것도 배우고, 따뜻한 남쪽을 향하고 있는 나이테의 간격이 더 멀다는 것도 알게 된다. 아이들의 질문을 통해 선생님들도 함께 배우며 성장한다.

나무 학교 수업 시간, 나무를 지켜 주는 의사 선생님이 되어 청진기로 나무가 힘차게 물을 끌어 올리는 소리를 듣는 모습이 사뭇 진지하다. "꾸르륵 꾸르륵, 우리 아빠가 배고플 때 나는 소리 같아요!", "나는 새소리가 들리는데?" 들리는 소리는 아이마다 다르다. "나무가 나보고 사랑한대요." 시인도 등장한다.

나무 학교에서 중요하게 고려되는 것 중 하나는 바로 물놀이다. 특히 시도 때도 없이 물만 만나면 훌러덩훌러덩 벗어 던지고 물속으로 뛰어들어 버릇한 코끼리 아이들이라면 더 그렇다. 무더운 여름날, 아이들이 나무를 만나러 갔다가 물을 만나면 누가 먼저랄 것도 없이 물놀이가 시작된다.

아이들은 그저 신나게 뛰어들지만, 사실 이러한 동선 역시 사전에 선생님들의 회의를 통해 계획된 것이다. 나무를 찾아 한참을 걷고 이야기하다 더위에 지쳐갈 때쯤 선생님은 아이들의 시선을 물가의 나무로 이끈다. 계곡에 서식하는 때죽나무 이야기를 들을 때쯤 몇몇 놀기 대장들은 이미 물속에 들어가 친구들을 부른다. 이때다 싶은 선생님과 아이들은 누가 먼저랄 것도 없이 풍덩풍덩 물속으로 뛰어든다. 그런 이유로 하루를 정리하는 워크북에 때죽나무와 관련된 글은 늘 내용이 부실하다. 그리고 매년 이 부실은 반복되지만, 그 누구도 이를 바로잡을 마음은 없다.

나무 학교에서 물놀이에 버금가는 인기의 프로그램이 있으니 바로 '한여름 밤의 곤충 강의'이다. 특히 반마다 한두 명씩은 있는 꼬마 파브르들의 눈빛이 그 어느 때보다 반짝이는 순서다. 저녁 식사를 마치고도 아직 환한 시간, 대부분의 아이들은 친구들과 함께 여유로운 시간을 즐긴다. 그런데 곤충 박사님과 아까 그 몇 명의 파브르들은 채집통을 들고 숲 구석구석을 누비며 밤에 있을 강의 자료를 구하는 데 열중한다. 뉘엿뉘엿 해가 서산으로 넘어가면 기다리던 곤충 강의가 시작된다. 숙소 안의 등을 켜고 아이들은 바깥으로 나와 창문 앞의 곤충 박사님을 중심으로 둘러앉는다. 곤충 박사님은 채집통에서 설명할 곤충을 한 마리 집어 방충망에 척 붙이고 설명을 시작한다. 안쪽에 불빛이 환하니 곤충들이 도망가지 않고 방충망에 찰싹 달라붙어 모델의 역할을 다하는 모습이 신기하다.

책 속에 있는 그 어떤 학습 자료들보다 생생하게 아이들의 눈빛을 모으고, 호기심으로 가슴을 설레게 한다. 그러다 곤충에 관한 설명이 절정을 찍고 내려올 무렵, 이제 떠나야겠다 싶은 곤충이 촤라락 밤하늘로 날아오르면 그 곤충에 관한 공부는 당황하지 않고 자연스럽게 끝. 굳이 붙잡아 설명하

한여름 밤, 시골길에 친구들과 벌렁 드러누워 선생님이 들려주는 옛날이야기도 듣고, 별자리도 찾아 본다. 아이들의 귓가에 풀벌레 소리가 평화롭다.

려 하지 않는 어른들의 태도 역시 자연스레 아이들의 가슴에 스며든다.

어느 해인가는 반딧불이 탐험을 떠났다. 허락된 건 각 반 담임 선생님 손에 쥐어진 손전등 하나. 조심조심 작은 불빛에 의존해 숨죽여 이동하다 반딧불이를 만나면 얼른 손전등을 끄고 그 자리에 앉아 오래도록 반딧불이의 공연에 빠져든다. 깜-빡 깜-빡 날아다니는 천연 형광이 아이들의 오감을 사로잡는다.

한바탕 반딧불이의 공연이 끝나면 선생님의 제안에 따라 하나둘 그 자리에 드러눕는다. 가만히 눈을 감고 자연의 소리를 듣는다. 새소리, 풀벌레 소리, 흐르는 시냇물 소리. 다양한 자연의 소리가 아이들을 감싸면 누운 김에 별을 바라보며 나만의 별도 정해 본다. '반짝반짝 작은 별'부터 시작해서 '옥수수 하모니카'까지 선선한 숲속 여름밤에 어울리는 동요를 끝없이 부른다. 지칠 줄 모르는 코끼리표 체력은 노래를 부를 때도 위력을 발휘한다.

친구들과 함께하는 밤, 선생님에게 재미있는 옛이야기를 청해 듣지 않는 것은 이 멋진 여름밤에 대한 예의가 아니다. 두런두런 이야기꽃이 피었다 지고 밤이슬이 내릴 즈음, 아이들은 숙소로 돌아와 못다 한 이야기를 나누면서 오늘의 배움을 워크북에 쓰고 그리며 색칠하는 것으로 긴 하루를 마무리한다. 모두 잠자리에 들었지만, 아직 잠은 들지 않았을 때, 코끼리에서는 아이들을 일부러 재우지 않는다. 불을 끄고 난 뒤에도 먼저 잠든 친구에게 방해되지 않게 도란도란 즐거운 이야기를 나누다 잠들어도 괜찮다. 친구와 집 밖에서 함께하는 밤의 설렘이 아이들이라고 다르겠는가! 그 작은 허용만으로도 아이들은 비할 바 없이 커다란 행복감을 느낀다.(그리고 내버려 둬도 피곤해서 금세 곯아떨어진다!)

겨울에 부피 생장을 하고 여름에는 길이 생장을 하는 나무처럼 나무 학교와 함께 여름을 지낸 아이들은 어느새 부쩍 자라 있다.

쓰레기 줍기 좋은(?) 계절 가을. 코끼리 아이들은 지구를 지키는 '쓰레기 특공대'로 변신해서 산과 하천 정화 활동에 나선다. 행락객이 많아지는 가을에는 산과 천변에 쓰레기도 덩달아 많아진다. 이때가 되면 유치원에서는 우리가 '어린이 환경 감시단'으로서 어떤 활동을 해야 할지, 어느 곳으로 가서 정화 활동을 할지 등에 대해 아이들과 이야기를 나눈다. 이번에도 당연히 선생님에게는 다 계획이 있다. 생생한 선생님의 연기와 호들갑이 한바탕 교실을 지나고 나면, 아이들은 환경을 지키겠다는 의지로 뜨겁게 불타오른다. 손에는 어느새 파란 봉투와 집게가 들려 있다. 어린이 환경 감시단은 그렇게 2인 1조가 되어 숲으로 향한다. 담배꽁초, 음료수 캔, 술병, 부탄 가스통, 신발, 텀블러까지 다양한 쓰레기들이 곳곳에 버려져 있다. "어른들은 정말 너무해!", "물고기가 너무나 아팠을 거야.", "우리가 어서 쓰레기를 가져갈게, 조금만 참아.", "아픈 지구야, 우리가 지켜 줄게." 아이들은 저마다 한마디씩을 보태며 생명을 지키는 실천가가 되어 진지하게 정화 활동에 임한다.

유치원으로 돌아와 가져온 쓰레기를 모아 분리배출을 한 다음 선생님과 이야기를 나누며 함께 활동을 뒤돌아본다.

어떤 쓰레기가 가장 많았는지, 어떤 걸 치울 때 가장 힘들었는지, 어떤 쓰레기가 가장 컸는지, 왜 그 쓰레기가 거기에 있었을지 함께 분석하고 진지하게 이야기를 나눈다. 아이들은 어린이 환경 감시단으로서 일회용품 대신 손수건과 텀블러 사용하기 물 아껴 쓰기, 가까운 곳은 걸어 다니기 등 생활 속의 실천을 다짐하고 아주 엄숙하고 그럴싸한 분위기에서 환경 감시단증을 받는다. 시민 의식이 투철해진 아이는 옆집 아저씨의 담배꽁초 투기를 그냥 지나치지 않는다. "아저씨! 쓰레기를 그렇게 아무 데나 버리시면 어떻게 해요!" 하며 볼멘소리를 하거나, 마트에서 분리수거를 하지 않은 쓰레기통을 보며 마트 사장님 듣도록 큰 소리로 말한다. "아빠, 그런데 분리수거 안 하면 나쁜 사람이지? 그러면 지구가 아프잖아."

부모는 아이의 말과 행동에 당황하면서도 유치원의 가르침을 자랑스럽게 여긴다. 그리고 대개는 이내 익숙해진다. 어른들에게 그토록 많은 예산을 투입해서 선물 주고 교육하고 방송해도 삶의 태도를 바꾸는 어른들은 많지 않지만, 아이들은 쉽게 감동하고 빠르게 반응하며 신속하게 행동으로 옮기기 때문이다. 그리고 아이가 삶의 태도를 바꾸면 엄마, 아빠까지 저절로 바뀌게 된다.

가을은 또 전주천이 아름다운 계절이기도 하다. 코끼리 아이들에게는 동네 마실길처럼 친숙한 전주천은 가을이 되면 억새와 갈대가 지천으로 피어 어우러져 아름다운 산책로를 자랑한다. '가족과 함께하는 한가로운 전주천 기행'은 아이가 가족과 함께 전주천을 따라 걸으며 자연에서의 여유를 만끽하는 주말 프로그램이다. 아이와 가족들은 구간마다 그룹별로 나뉘어 생태 해설사와 함께 걸으며 전주천의 식생과 역사, 문화에 대해 배운다. 아이는 부모와 손을 잡고 그동안 추억이 담긴 장소와 사건들을 소개하며 신이 나서 아는 체를 한다.

전주천의 어은교 아래에는 아이들이 손수 그린 타일 벽화가 설치되어 있고 그 아래로 놀이 마루 겸 무대가 설치되어 있다. 평소에는 이 동네 어르신들의 휴게 공간이지만, 아이들이 전주천에 관련된 노래와 공연을 펼치는 날이면 근사한 천변 음악회 공연장으로 변신한다. 천변 음악회에서 선보이는 아이들의 노래 '전주천엔 무엇이 살까'에는 그동안 전주천에서 만났던 생명들이 총출동한다. 말하자면 한국을 빛낸 100명의 위인들과 같은 느낌의 개

나무야, 예쁜 눈꽃을 달아 줄게.

눈이 아직 녹지 않는 숲속에서 저마다의 놀이가 한창이다. 빨개진 손으로 나무에 눈꽃을 달아 주는 모습. 나무에 예쁜 눈꽃을 피워 주겠다는 일념에 아이들은 손 시림도 잊는다.

사곡(a.k.a. 노가바[6])인데 송사리부터 피리, 쉬리, 돌고기, 갈겨니, 억새, 갈대, 수달, 물떼새, 오리, 왜가리 등 다양한 생명들이 등장한다.

코끼리들은 겨울에도 움츠러들지 않는다. 추우므로 더 밖으로 나가야 한다는 기적의 논리를 펴는, 더 기적 같은 선생님과 아이들이다. 아이를 등원시키는 부모가 추운 날 놀이터에서 신나게 놀고 있는 아이들을 바라보며 아찌에게 말한다. "아찌, 오늘 날씨가 너~무 춥네요.", "으하하!" 아찌는 호탕한

---

6) 노가바 : 노래 가사 바꿔 부르기를 줄여서 쓰는 말이다.

웃음과 함께 "아, 겨울이니까 당연히 춥지이~!" 부정할 수 없는 한마디를 남기고 다시 아이들과 술래잡기를 하러 돌아선다. 아니, 이미 돌아서서 저만치 달려가고 있다.

눈 내린 날, 맨손으로 눈을 뭉치는 아이들에게 지나가던 어른들이 묻는다. "애들아, 너희 손 안 시려?" 아이들은 두 볼과 손끝이 빨갛게 된 채로 대답한다. "아니요! 여기 눈꽃을 예쁘게 더 피워 줄 거예요."

그러고 보니 앙상한 나뭇가지 끝마다 동글동글 탐스러운 하얀 눈꽃이 예쁘게 피어나고 있다.

봄에 살랑 불어오는 꽃바람이나 푹푹 찌는 한여름의 무더위에도, 매섭게 부는 겨울 한복판의 칼바람에도 코끼리 식구들은 한결같다. 여름은 원래 더워서 여름이고 겨울은 원래 그렇게 추워서 겨울이라는 걸 이곳의 아이들은 잘 안다. 그래서 결코 덥다고 투정하거나 춥다고 움츠리는 법이 없다. 그건 원래 그런 거니까.

여름에 나무 학교가 있다면 겨울에는 '전래 놀이 학교'가 아이들을 기다린다. 이 기간에 아이들은 속세(?)는 모두 잊고 무려 3박 4일 동안 숲과 겨울에 완전히 몰입한다. 깊은 산속에서 꽁꽁 얼어붙은 폭포를 발견하면 조심조심 물가의 큰 바위를 밟고 폭포로 다가가 왕 고드름을 톡톡 따서 하나씩

무주 덕유산 자락의 깊은 산속. 고드름 빙벽은 코끼리들에게 아이스크림이자 무기 창고이자 보기만 해도 신나는 놀잇감이다.

입에 문다. 입에 물기 전 칼싸움부터 시작하는 것은 당연히 기본. 개구쟁이들의 웃음소리가 계곡을 울리면 어쩐지 고드름이 더 시원할 것만 같다. 깊은 산속 청정 계곡의 고드름이 있으니 텀블러 없이도 갈증을 해소한다.

콧물 훔쳐 가며 친구들과 비료 포대 썰매를 타고 차가운 겨울바람을 가른다. 웃고, 구르고, 또 웃고 구른다. 안 해 본 사람은 절대로 모를, 바라만 봐도 행복한 맛!

전래 놀이 학교에서 가장 인기 있는 놀이는 썰매 타기이다. 눈이 많이 내린 해에는 비탈길에 눈을 다지고[7] 온몸으로 미끄럼 썰매를 탄다. 비료 포대

---

7) 눈 내리는 날, 눈 덮인 비탈만 보이면 코끼리 아이들은 비료 포대부터 찾는다. 눈이 좀 모자라다 싶으면 눈을 퍼다 날라서라도 슬로프를 만들어 기어이 한바탕 놀고야 만다.

나 귤 상자가 있으면 더 좋지만, 없어도 아이들은 신나게 굴러 내려온다.

꽁꽁 언 논에서 아찌가 만들어 준 썰매를 지칠 때는 두 볼이 빨갛게 달아오를 때까지 신나게 달린다. 콧물이 흘러도 함박웃음이 찬란하다. 썰매로 경주를 하고 잡기 놀이도 한다. 썰매를 잘 타는 친구는 잘 못 타는 친구와 썰매를 연결해서 앞에서 끌어 준다. 끄는 아이, 타는 아이, 미는 아이 모두가 즐겁다. 혼자서 자유로워 즐겁고 함께 기차를 만들어 노니 더욱 즐겁다.

그 옆에서는 도대체 썰매의 필요성을 느끼지 못하는 몇몇 에이스(?)들이 온몸을 던져 미끄러지며 하루 종일 논다. 곁에는 선수(!)들의 컨디션과 체온 조절을 위한 모닥불이 마련되어 있으니 수시로 오가며 손발을 녹이고 엉덩이도 덥힌다. 국가 대표급 놀기 선수들을 위해 국가 대표급 선수 관리는 필수다! 방 안에서는 실뜨기를 하고 숙소 앞마당에서는 사방치기가 이어진다. 연날리기, 고누, 고무줄놀이, 꼬리 잇기까지. 전래 놀이 자유이용권을 끊고 그 어떤 놀이공원에서보다 즐겁고 신나는 하루를 보낸다.

해마다 겨울 캠프에는 손님이 찾아온다. 12월만 되면 기다리기 시작하는 아이들의 귀한 손님, 산타 할아버지다.

산타는 매번 다르게 등장하는데, 선생님들은 산타 할아버지의 인상 깊은 등장을 연출하기 위해 매년 새로운 아이디어를 짠다. 감히 대기업 임원 회의

보다 치열하다고 말할 수 있을 만큼 그 열기가 뜨겁다. 어느 해에는 선생님이 능청스럽게 전화를 받아 산타와 통화를 하다가 '바로 앞까지 왔는데 너무 힘들다고 루돌프가 투덜대며 도망갔다'라는 소식을 아이들에게 전한다. 통화를 마친 선생님과 함께 아이들이 숙소 앞 다리로 나가 보니 다리 밑 저편 캄캄한 얼음 계곡에서 루돌프 없이 "메리 크리스마스!" 큰 소리로 인사하며 손 흔들고 있는 산타 할아버지가 기다리고 있다. 아찌가 산타를 도와 선물 꾸러미가 실린 커다란 썰매를 루돌프 대신 끌고 행사장에 입장한다. 때로는 선생님이 길을 잃은 산타를 찾아 입장하기도 하고, 또 어느 때는 추운 겨울 캠프에 꼭 필요한 털모자 선물을 캠프장에 도착하자마자 사용할 수 있게 핀란드어로 쓴 편지와 함께 미리 택배로 보내 두었다 받기도 한다.

최근에는 산타가 아이들 앞에 등장한 다음 피곤해 잠깐 조는 사이에 선물을 너무 갖고 싶었던 도둑이 나타나 아이들이 보는 앞에서 순식간에 보따리를 가지고 달아나서 반별로 도둑의 뒤를 쫓아 다시 찾아오는 블록버스터급 시나리오가 아이들을 더욱 열광케 하기도 했다. 또 코비드-19로 인해 산타 할아버지와 가까이서 만나기가 어려운 상황에서는 산타 할아버지가 창문 너머에서 아이들에게 재롱(?)을 부리고, 코비드-19에 걸린 루돌프 대신 어린이 환경 감시단인 아이들에게 고마움을 표하고 싶었던 북극곰을 데려와 감사 인사를 시키는 등 주어진 환경에서 최선을 다해 아이디어를 쥐어짜낸다.

어떻게 하면 더 즐겁고 기억에 남을 추억거리를 만들어 줄까 고민하는 선생님들의 눈물겨운 노력이 고맙고 아름답다. 이렇게 예쁜 추억을 선물 받은 아이들이 자라서 어른이 되면, 그 기억으로 또 멋진 어린 시절을 물려주는 어른이 되리라.

더워도 추워도 신나는 코끼리 캠프

보통 유치원은 캠프가 거의 없거나 있더라도 대부분 1박 2일로 진행된다. 아직 아이들이 어리고 선생님의 손이 많이 필요하기 때문에 캠프를 진행하는 것이 유치원과 선생님으로서는 몹시 힘든 일이기 때문이다. 하지만 '용감한 코끼리(선생님들과 엄지)'는 여름 2박 3일, 겨울 3박 4일 일정으로 숲속 깊이 캠프를 떠난다.

겨울 캠프는 눈도 많이 내리는 1월의 맹추위 속에 진행된다. '야생 동물 먹이 주기'는 앞서 소개한 바 있는 '전래 놀이 학교' 프로그램 중 하나로, 아이들이 가장 부듯하게 여기는 활동이다. 추운 겨울 산속 깊이 들어가 야생 동물들이 남기고 간 발자국, 배설물, 털 같은 흔적을 발견하며 아이들은 더욱 몰입한다. 숲속 동물들이 춥고 배고픈 시기를 잘 날 수 있게, 인적이 닿지 않는 곳까지 산책로에서 최소 30m 이상 가파른 산길을 더 올라가서 미리 챙겨 온 묵은 곡식이나 작물, 과일 등 먹이가 될 만한 것들을 두고 내려온다.

캠프를 떠나기 전에 유치원에서 선생님과 했던 야생 동물에 관한 사전 학습을 통해 아이들은 사람들이 많이 지나다니는 길에는 동물들이 잘 오지 않는다는 것을 알기 때문이다. 숲에 사는 동물에게 먹이를 주고 나면 추운 겨울 먹이가 없어 고생하는 새들을 위한 시간도 주어진다.

가져간 고무줄과 낡은 가죽 가방 조각, 숲에서 주워 온 Y자 나뭇가지로 아찌의 도움을 받아 새총을 만들어 콩이나 곡식을 멀리 날려 보낸다. 누군가는 새를 잡는 목적으로 사용하는 새총이 코끼리 아이들의 손에서는 새를 살리는 도구가 된다. 작은 손으로 새총을 쥐고 아이들은 더 깊은 숲으로 콩을 날려 보내려고 열심히 조준한다. 친구들과 노하우를 나누며 조금씩 실력

바바이야기

▶12월 21일(월) ~ 24일(목) 3박4일 - 비버스카우트 겨울야영

역대 급 바바들의 탄생입니다!
코비드-19라는 전례 없는 질병과 팬데믹으로 모두의 혼란을 틈 타 꼬마코끼리들은 새로운 실험을 계속했죠.
인적이 드문 숲으로 들어가서 더 신나게 놀았고, 그동안 생각만 해왔던 거대한 프로젝트들을 시작했어요.
뚝딱뚝딱 모든 걸 스스로 하는 뚝딱캠퍼스도 만들었고, 매주 대장님들과 만나서 스카우트 활동에 깊이를 더했고요.
코끼리표 무한체력에 +α로 더해진 스카우트 기능까지! 이제 코끼리비버들 앞에 불가능은 없습니다! ㅋㅋㅋ
대박사건이라고 소문 난 임금님코끼리들의 3박 4일 캠프, 이제 야영까지 해버리면 탈 진짜 탈 유치원 급 넘사벽 완성!
첫 날은 그동안 갈고닦은 기능으로 대장님들과 함께 직접 텐트도 치고, 치이이익~ 삼겹살도 급급 (▽ͽ(oo)ͽ ▽)
우리끼리 오붓하게 모닥불에 둘러 앉아 도란도란 이야기도 나누고 텐트에서 갬성 넘치는 하룻밤을 보낼 거에요.
둘째 날은 올리반 동생들에게 텐트를 물려주고 뜨끈뜨끈 실내로 들어와 하룻밤, 마지막 밤은 꼬마코길에서 보냅니다.
산타할아버지 만나는 밤을 위해 맹연습 한 율동과 노래 공연도 준비완료!
언제나 잘 놀고, 무엇이든 잘 해내는 씩씩한 녀석들인 건 알았지만 이 게 가능하다고…? ㅋㅋㅋ
코끼리의 새로운 역사를 써내려갈 2020년 임금님코끼리 바바, 코끼리비버스카우트의 활약을 기대해주세요!

◈ 일   시 : 2020년 12월 21일(월) ~ 12월 24일(목) 3박4일
◈ 준   비
　- 출발복장 : 자유복/패딩 + 운동화 또는 부츠(#방수, #보온, #미끄럼방지) + 비버캡모자 + 넥워머 또는 목도리
　- 먹을거리 : 초간단도시락 + 스낵1 + 에너지바1 + 누룽지1 + 사과2 + 과일주스2
　　　　　　　※ 바바는 사과를, 올리는 오징어와 견과류를 가져와서 때때로 형남동생 사이좋게 나누어 먹습니다.
　- 여 벌 옷 : 노랑파랑활동복 + 여벌옷 2세트(내복, 팬티, 양말)를 각각의 봉투에 담아서
　　　　　　　+ 방한바지+ 장갑(스키장에서 쓰는 물건들처럼 방수기능이 있으면 더 좋아요!)
　　　　　　　+ 여벌신발과 양말 + 초록산타모자 + 비버스카우트제복(조끼/항건/조임)
　- 편   지 : 가족의 마음이 듬뿍 담긴 짤막한 사랑의 편지
　- 기   타 : 침낭, 빈 페트병(텐트 안에 잘 때 안고 자면 얼~마나 따뜻하게요? ^▽^♥)
　　　　　　　개인보온물병, 작은타월, 마스크4개(칫솔, 치약, 비누 등은 유치원에서 가지고 갑니다!)

ALL ABOUT 짐 싸기

[코끼리가방]
- 가방메인주머니 : 초간단도시락 + 스낵1 + 에너지바1 + 누룽지1 + 사과2 + 과일주스2
- 앞쪽 노랑주머니 : 작은타월 + 사랑의 편지(반드시 밀봉) + 마스크4
- 옆쪽 그물주머니 : 개인(보온)물병
　※가져오지 않으면 몹시 곤란한 상황이 펼쳐집니다. 지구의 건강과 개인위생을 위해 꼭꼭 챙겨옵니다!

[보조가방]
여벌옷세트(내복+팬티+양말)*2 + 노랑파랑활동복 + 방한바지 + 여벌신발과 양말1 + 비버조끼/항건/조임/
+ 초록산타모자 + 빈페트병(따뜻한 물을 담아 침낭에 미리 넣어 두는 슬기로운 비버스카우트)
※ 비버 대원들이 스스로 옷을 꺼내고 넣기 쉽도록 입구가 넓은 보조가방에 넣어 보내주세요~ (그림참조)

[기타] - (있다면)침낭

※ 참고사항
1. 위에 적어드린 것 이외에 더 필요한 물품들은 모두 유치원에서 준비합니다.(식판도 가져오지 않습니다.)
2. 모든 물건(개인용품 및 준비물, 여벌옷 등)에 **이름을 꼭 써주세요, 꼭이요!!**
3. 모든 준비물은 **반드시 아이와 함께 꾸리셔서** 내 소지품이 무엇인지 알고 스스로 챙길 수 있게 도와주세요!
   (선생님코끼리들은 절대로 도와주지 않는다는 거, 말로만 한다는 거! 잘~ 아시죠? ^◇^/)

코끼리에서 캠프는 단순히 노는 것이 아니다. 준비부터 마무리까지 '나는 할 수 있어요' 정신을 북돋고 아이들의 자존감과 자신감을 기르는 산 교육의 장이다. 다섯 살을 거쳐 여섯 살, 일곱 살이 되면 선생님의 눈빛만 보고도 일사불란하게 움직이는 모습이 경이롭기까지 하다. 참고 기다리는 만큼 아이들은 스스로 성장하는 기회를 얻게 된다. 아이들이 눈치채지 못할 만큼만 기술적으로 거들어 주어 자기효능감은 높여 주면서 캠프를 원활하게 진행하는 것은 오랜 세월 실전에서 쌓아온 코끼리만의 노하우다.

을 키워 나간다. 형님들이 웬만큼 익숙하게 날릴 수 있게 되면 선생님들은 동생들을 한 명씩 맡긴다. 아직 서투른 동생들을 위해 기술을 가르치고 뒤에서 지켜보다가 대견한 듯 "그래, 그렇게 하는 거야!", "좋아, 잘하고 있는데 조금만 더 당겨 봐!" 하며 칭찬과 격려를 더하기도 한다. 한 살 차이 형님의 격려는 동생들에게 정말로 큰 힘이 되며, 형님들은 가르치고 보살피며 한 뼘 더 성장한다. 아이들의 새총 쏘기 실력이 느는 것을 보고 있노라면, 우연한 학습과 지식의 전수를 통해 인간이 어떻게 진화했는지 어렵지 않게 상상할 수 있을 정도다. 우리는 아이들을 너무 과소평가하고 있는지도 모른다.

어느 해인가는 야생 동물의 먹이를 두고 돌아오는 길에 어린 고라니 한 마리가 죽어 있는 것을 발견했다. 아이들은 비쩍 말라 쓰러져 있는 고라니를 보며 눈물을 흘렸다. "우리가 조금만 더 일찍 왔더라면 고라니가 죽지 않았을지도 모르는데. 고라니야, 미안해." 양지바른 곳에 고이 묻어 준 뒤, 저마다 고라니에게 미안한 마음을 전하며 숙연해졌다.

숲에서는 사람도 동물도 나무도 모두 살아 있는 생명이다. 때로는 선생님의 설명보다 자연이 벌이는 일이 더 큰 울림으로 다가온다. 아이는 경험을 통해 생명이 더불어 살아감을 스스로 배우고 느낀다. 숲에서 놀고 배운 것들을 아이들은 오래도록 기억한다.

이 밖에도 코끼리 아이들은 야생 동물의 존재를 인식하고 그들을 존중해야 함을 다양한 상황에서 배우고 익힌다. 숲에서 함부로 폭죽을 터뜨리면 임신한 동물의 배 속 아기 동물이 깜짝 놀라 죽게 된다는 것, 숲에 놀러 온 우리가 마음대로 훼손하면 그곳이 집인 동물들과 식물들은 망가진 터전에서 살아갈 수 없어 떠나야만 한다는 것, 우리와 체온이 다른 물고기는 우리가 만지는 것만으로도 화상을 입고 죽음에 이를 수 있다는 것 등.

코끼리유치원 아이들은 자연을 선생님으로 모시고 인간 중심적 사고에서 벗어나 자연의 일부분으로 자연 앞에서 겸손하게 살아가는 지구의 한 생명으로 자란다.

여섯 살의 여정, 전주천 따라 걷기

내가 누군가를 진정으로 안다는 것은, 내가 사랑에 빠질 충분한 준비가 되었다는 신호이다. 하지만 제대로 안다는 것은 쉬운 일이 아니다. 우리는 수만 가지 중에 겨우 하나만 알면서도 모든 걸 안다고 쉽게 착각한다. 저기 있는 강을 보고 강이라고 말할 수 있으니 우리는 강을 다 아는 것일까?

어떤 대상을 잘 안다는 것은 그렇게 단순하지 않다. 강을 안다는 것은 날이 좋은 봄날 해가 질 무렵에 서쪽에서 낮게 비쳐드는 햇빛이 강물의 표면에 어떤 빛을 내는지 아는 것이다. 강을 안다는 것은 이끼 낀 돌 틈 사이로 흐르는 물이 계절마다 어떻게 다른 소리를 내는지를 아는 것이다. 강을 안다는 것은 그 안에 어떤 생명들이 살아가고 있는지 눈여겨보는 것이고, 강변에 자리한 버드나무가 어느 때 잎을 내는지를 아는 것이다. 무엇인가를 제대로 알기 위해서는 시간이 필요하고 꽤 많은 정성을 들여야 한다.

전주를 가로지르며 흐르는 전주천은 전주 시민에게는 오래된 친구처럼 가깝고 친숙한 대상이며 휴식의 공간이기도 하다. 코끼리 아이들은 틈만 나면 전주천에 간다. 계절마다 변신하는 전주천의 나무며 풀들이 아이들과 반

전주천에 들어가도 돼요?

개울물에 들어가는 당연한 일을 아무도 하지 않으니 특별한 일이 되고 말았다. 코끼리 아이들은 여름 동안 틈만 나면 가까운 하천을 찾는다. 개울과 시내가 없는 어린 시절의 추억은 얼마나 메마른 것인가.

갑게 만나고, 수면을 가르며 긴 선을 그리는 새와 물결 아래 어른거리며 헤엄치는 물고기들이 아이들의 호기심을 자극한다. 전주천을 따라 걸으며 아이들은 물, 바람, 하늘, 풀, 물고기, 새뿐 아니라 켜켜이 쌓여 있는 전주의 역사와도 마주한다. 그렇게 아이들은 사계절 전주천을 만나며 조금씩 알아 간다. 멀리서 지나치며 눈인사만 하던 전주천이 점점 더 가까워질 때쯤 아이들은 이미 전주천과 사랑에 빠질 충분한 준비가 되어 있다.

아이들에게 가장 인기가 좋은 다리를 하나 꼽자면 단연 '어은교(魚隱橋)'

다. 물고기가 많아 곳곳에 숨어 있다는 뜻을 가진 어은골. 그곳에 자리한 어은교 아래를 지날 때면 아이들은 그냥 지나치지 못하고 전주천에 뛰어들어 직접 물고기를 찾아 보면서 그 이름의 유래를 온몸으로 느낀다.

이렇게 특별한 구간을 지날 때면 더욱 깊이 있는 활동을 위해 물고기 박사님을 모신다. 신나게 물놀이가 진행되는 동안, 한쪽에서는 물고기 박사님과 아이들이 통발과 족대를 이용하여 전주천에 살아가는 다양한 생명체들을 조심스럽게 채집한다.

한바탕 수렵 활동 겸 물놀이를 마치고 나면 아이들은 옹기종기 모여 앉

많은 사람들의 노력으로 다시 쉬리가 돌아왔고, 전주천은 '생태 하천'의 대명사가 되었다. 족대로 잡은 물고기를 관찰하는 코끼리 아이들의 진지한 눈빛.

아 시원한 다리 그늘 아래서 물고기 박사님으로부터 물고기와 다리에 얽힌 이야기를 듣는다. 직접 경험하고 눈으로 확인한 것들이기에 아이들은 이야기에 온전히 빠져든다. 물고기는 우리의 체온에도 화상을 입을 수 있으니 맨손으로 만지면 안 된다는 것, 어은골에는 진짜로 물고기가 많이 숨어 있다는 것, 쉬리, 돌마자, 갈겨니, 모래무지가 전주천에 산다는 것, 쉬리는 1급수에만 산다는 것, 전주천의 수달이 서신동까지 내려온다는 것 등 사랑의 비밀은 이렇게 디테일에 숨어 있다.

아이들은 물고기를 조심스레 충분히 관찰한 다음 다시 물에 놓아 준다.

서당 개 삼 년이면 풍월을 읊고 '코끼리 삼 년이면 족대질을 한다'. 아찌, 대장님들과 함께 족대를 다뤄 본 경험으로 일곱 살 바바반 아이들이 어른도 쉽지 않은 족대 낚시를 척척 해낸다.

"물고기야, 고마워, 또 만나자." 따뜻한 인사로 헤어짐의 아쉬움을 대신한다. 그렇게 살펴본 물고기들을 유치원에 돌아와서 보고 느낀 대로 그려 본다. 이러한 과정의 반복을 통해 아이들의 작품이 모이면 각자의 '전주천 물고기 도감'이 만들어진다.

SBS의 '물은 생명이다'라는 다큐멘터리를 찍을 때였다. 섬진강 시인으로 유명한 김용택 선생님이 코끼리 아이들의 물고기 그림을 보고 감탄했다.

"아이갸아~? 요것들 진짜네에. 이건 물고기를 진짜로 본 아이들만 그릴 수 있는 그림인디?"

전주천에서 직접 만난 물고기를 그린 아이들의 그림은 모두 제각각이다. 물고기를 실제로 보고 난 아이들이 그린 그림이기에 같은 물고기라도 아이들마다의 개성이 살아 있어 얼핏 서로 다른 물고기처럼 보인다. 그러나 그 물고기만의 특징을 반드시 담기 때문에 누가 보더라도 어떤 종류의 물고기인지 알 수 있다. 사랑에 빠져 누군가를 잘 안다는 것은 이렇게 숨길 수 없이 정직하다. 전주천에서의 친수 활동은 생명을 만나고 그 소중함을 배우는 일에서 한 발 더 나가 자연의 이치를 체득하는 활동으로 이어진다. 코끼리 아이들은 전주천을 단순한 지명이나 개념으로 배우지 않는다. 그래서 아이들에게 전주천은 '내가 사는 도시를 가로지르는 하천'이라는 활자로 이루어진 지식이 아니다. 아이들은 살아 있는 전주천과 관계를 맺으며 세상과 자신을 연결한다.

매년 초, 여섯 살 올리반[8] 아이들의 '전주천 따라 걷기'는 전주천의 발원

---

8) 코끼리는 5세(만 3세) 호퍼반, 6세(만 4세) 올리반, 7세(만 5세) 바바반으로 편성되어 있다. 세 반의 이름은 모두 동화 속 주인공들에서 왔는데, 막둥이 호퍼반은 호기심 많은 깡충깡충 '아기 토끼 호퍼'라는 책에서 왔다. 작은 형님인 올리반은 '아기 코끼리 올리'라는 책의 영리한 개구쟁이 주인공 이름에서, 마지막으로 바바반은 지혜롭고 용감한 '임금님 코끼리 바바'에서 왔다.

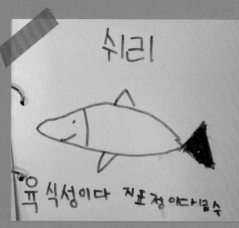

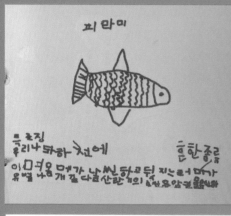

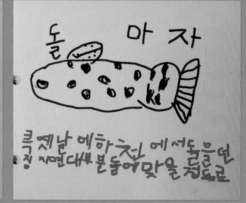

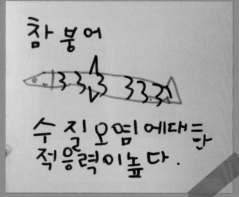

식물도감에 이어 이번에는 물고기 도감. 똑 닮지는 않았지만, 누가 봐도 돌마자, 누가 봐도 참붕어, 누가 봐도 딱 그 물고기이다. 찬찬히 들여다보며 자신만의 눈으로 캐릭터를 파악하고 그린 물고기 캐리커처는 물고기 박사님들도 감탄을 금치 못할 정도.

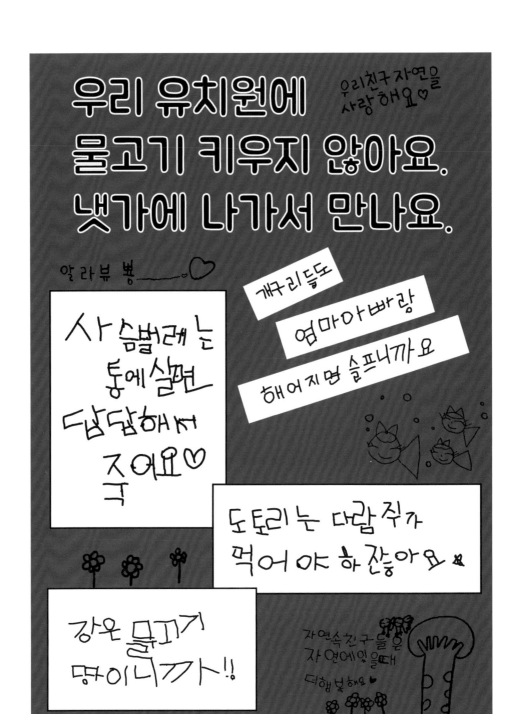

지를 찾아가는 것으로 시작된다. 아이들이 꼬불꼬불 산길을 걸어 도착한 전주천의 발원지는 슬치고개에 있다. 풀숲을 헤치고 발견한 작은 옹달샘을 마주한 아이들의 표정에는 어쩐지 실망한 기색이 역력하다.

지난여름 신나게 물장구치고 놀았던 전주천의 시작이라고 하기에는 기대했던 것보다 훨씬 작고 보잘것없기 때문이다. 그러나 아이들의 실망을 염려할 필요는 없다. 웅덩이처럼 보이는 작은 샘에서 시작했지만, 이곳저곳에서 흘러 내려온 작은 물줄기들이 모이고 모여 전주천이 되고, 또 다른 도심 하천인 삼천과 만나 마침내 만경강으로 흘러가는 줄기를 구간별로 따라 걸으며, 아이들은 온몸으로 알게 되기 때문이다.

샘은 작으나 전혀 작지 않다는 것을.

슬치고개에서 시작된 작은 물길을 따라 내려오며 시나브로 넓어지는 전주천과 함께 아이들은 자란다. 여섯 살 봄이 되어 만난 전주천의 발원지는 작은 샘이었지만, 봄, 여름, 가을, 겨울, 아이들이 전주천을 따라 걷는 동안 크고 작은 물길들이 합류하며 점점 너른 하천이 되어간다. 사전 활동을 통해 선생님과 함께 배우며 샘의 근원에 대해 어렴풋이 알게 되었던 아이들은 실제로 발원 샘을 보고 난 뒤에 질문이 훨씬 풍부하고 깊어진다.

"다람쥐, 근데 이게 점점 누구랑 모여서 전주천에 물이 많아지는 거야?", "아찌, 그런데 전주천이 점점 커져서 바다가 되는 거지?", "아니야, 더 큰 강물이 되는 거야. 그리고 나중에 바다하고 만나."

옥신각신 선생님과 아이들이 속 시원한 답을 찾지 못한 채 나름의 고민과 의문으로 지적 호기심이 가득 찼을 때, 짜잔~ 때맞춰 환경 박사님[9]이 나타

---

9) 주로 '전북환경운동연합', '전주지속가능발전협의회', '시민행동21', '전라북도 생태하천협의회', '생명의 숲' 등의 시민사회단체 활동가 들을 모셔서 가장 최신의 살아 있는 공부를 하게 된다.

난다. 물론, 미리 약속되어 모셔진 상태이지만, 아이들은 깜짝 놀랄 기가 막힌 타이밍에 반가운 박사님으로부터 깊이 있고 정확한 사실들이 전달되고, 아이들은 직접 겪은 하천에 대한 궁금증을 하나씩 풀어낸다. 직접 보고 느낀 것들이기에 아이들의 질문은 생각보다 예리하고 날카로워 전문가들도 설명하는 데 애를 먹기도 한다.

아이들의 생각도 점점 그 폭이 넓어지는 전주천과 함께 성장한다. 전주를 가로지르며 내달리던 전주천에 삼천이 합류하며 이제 강으로서의 면모를 갖추기 시작하면, 아이들 역시도 코끼리 최고 형님인 임금님 코끼리 바바반이 될 준비를 다해 간다. 그리고 겨울, 삼례로 내려가 만경강과 합류하는 지점에 다다르면 어느새 해를 넘긴 2월이 되고, 이제 갓 일곱 살이 된 올리반 아이들은 바바반이 될 준비를 마친다.

일곱 살의 여정, 만경강 따라 걷기

전라북도를 대표하는 강인 만경강은 코끼리 아이들에게 또 다른 자연 놀이터다. 여섯 살 한 해 동안 전주천의 발원지인 슬치고개부터 삼천과 만나 만경강에 합류하는 비비정 앞까지 따라 내려온 아이들은 이제 '만경강 따라 걷기'에 나선다. 전주천 따라 걷기와 마찬가지로 만경강 따라 걷기 또한 발원 샘부터 서해와 만나는 하구언까지 연간 진행되는 장기 프로젝트이다.

만경강의 발원지인 완주군 동상면 밤샘에서 첫걸음을 시작한 아이들은 대아저수지/대아수목원—오성교/세심정—남봉교—용봉교—봉동교—회포

이 사진으로 알 수 있는 세 가지.
하나, 긴소매와 긴바지를 입는 계절에 물속에 풍덩 뛰어들었다.
둘, 사전에 예정되어 있지 않은 물놀이였다.
셋, 그런데 누구도 당황하지 않고 자연스럽게 대처하고 있다.

대교/신천습지—하리교—비비정—익산(춘포)—김제(백구제수문)를 차례로 지난다.

아이들의 여정에는 새, 하천, 나무, 물고기, 지리, 역사 등 다양한 분야의 전문가와 환경 단체 활동가 등 지역 사회의 어른들이 때때로 자원해 함께한다. 코끼리 아이들과 함께하는 여정을 훈장처럼 여기는 활동가들도 있고, 소문난 코끼리 아이들이 얼마나 잘 노는지 궁금해서 놀러 왔다는 교수님도 함께한다. 이렇게 핑계 삼아 함께해 주시는 귀한 분들 덕(사실은 이게 다 엄지 덕이라는 걸 모두가 알고 있다)에 만경강 따라 걷기에서는 수질 측정 실험, 식물 군락 탐사, 탐조 활동, 보트 탐사, 곤충 채집처럼 유치원 자체의 힘만으

비가 온 다음이면 둘레길에 졸졸졸 작은 물길이 생길 때가 있다. 코끼리들은 그 틈을 놓치지 않는다. 신발을 벗어 들고 찰박찰박 물장구치며 맨발로 만경강변(물길)을 따라 걷는 해방감!

로는 수행할 수 없는 다양하고 의미 있는 활동들이 시기와 상황에 맞게 이루어진다.

　강을 따라 걷기 전 아찌는 아이들 앞에 만경강 생태 지도를 꺼내 놓고 그날 걸을 구간의 특성과 주변 환경에 대해 들려준 다음 아이들과 이야기 나누는 시간을 갖는다. 아찌가 알려 준 정보를 바탕으로 아이들은 오늘 어떤 일이 있을지 친구들과 함께 예측해 보기도 하고 열띤 목소리로 의견을 나누기도 한다. 함께하는 어른들은 이때 천연덕스러운 연기와 다소의 과장을 곁들여 아이들의 생각 주머니에 생각의 불씨를 던져 주는 불쏘시개가 된다.

　아이들은 생태 지도를 이해하려고 노력하는 사이에 지도 보는 방법을 터득하고, 물수제비를 더 많이 뜨기 위해서는 내 손에 맞는 적당한 크기의 납작한 돌을 구해야 한다는 것도 알게 된다. 물수제비 뜰 돌멩이를 들추다가 돌멩이 아래 숨어 있던 작은 생명들이 꼬물거리는 것을 발견하고, 보이지 않는 곳에도 생명이 살아가고 있다는 것을 배우기도 한다.

코끼리 아이들은 수없는 경험을 통해 개미가 많은 곳, 방아깨비가 있을 만한 곳을 직감적으로 찾아내고, 흙탕물 앞에서 가만히 기다렸다가 윗물에 손을 씻는 법도 터득한다. 땅바닥에 철퍼덕 주저앉고, 물웅덩이에 빠져 신발과 옷이 젖고, 질척한 진흙에 신발이 빠져 맨발이 되어도 전혀 개의치 않는다. 하나하나 신경 쓰기에는 너무 잦은 일들이기에 숲에서는 묻으면 털고, 젖으면 말리면 된다.

강을 따라 걷고 또 걸으며 아이들은 만경강에 기대어 사는 무수한 생명들

각자 제 속도대로 편하게 걷다 보면 선두부터 제일 뒤까지 멀게는 1km 정도가 벌어지기도 한다.

과 눈 맞추고 교감하며 자란다. 여름에는 물수제비 뜨기와 물놀이, 그리고 다양한 곤충들, 물고기와 함께 시간 가는 줄 모른다. 겨울에는 팽이치기와 얼음지치기도 하고, 바람이 쌩쌩 부는 날에는 노랑차를 타고 만경강 둔치로 달려가서 한바탕 연날리기와 전래 놀이를 하며 만경강을 누빈다. 만경강을 따라 걷는다는 핑계로 일 년 내내 만경강은 코끼리 아이들의 가장 친한 친구가 된다.

일 년에 걸쳐 구간별로 나누어 걷는다 해도 보통의 또래 아이들에게는 다소 벅차게 느껴질 법한 거리인데도 누구 하나 불평 없이 씩씩하게 걷는다. 간혹 먼저 위험을 발견하면 "자동차!", "돌부리!", "웅덩이!" 미리 약속한 대로 뒤따라오는 친구들에게 뒤로 뒤로 이어서 전달하며 친구들을 보호하는 일에도 열심이다. 때때로 지친 친구의 다리를 주물러 주고, 지친 친구의 가방을 대신 들어 주기도 하면서 그 긴 여정을 서로 손 맞잡고 함께 간다.

특히, 재미있는 점은 맨 앞에 가는 아이와 가장 뒤에 가는 무리의 거리가 멀어질 때는 1km쯤까지 벌어질 때도 있지만, 누구도 재촉하거나 조급해하지 않는다는 것이다. 저마다의 시선, 각자의 속도로 코끼리들은 천천히 그러나 끝까지 걷는다. 해찰을 허용하니 어떤 녀석들은 도중에 술래잡기를 하기도 하고, 또 어떤 녀석은 날아가는 철새를 쫓아 한참을 따라가기도 한다. 먼저 도착하면 도착한 대로 그 주변을 탐색하며 기다리거나 나름의 재미를 찾아 즐거운 시간을 보낸다.

코끼리 아이들의 '만경강 따라 걷기' 프로젝트는 '전국 강의 날 대회'에 우수 사례로 뽑혀 환경부 장관상을 받기도 했다. 이 대회는 전국에서 하천과 강을 주제로 활동하는 그룹들이 모여 각자의 활동을 소개하고 서로 격려하는 축제이다. 코끼리 아이들은 만경강 따라 걷기 프로젝트에 어울리도록 노래 가사를 바꾸어 부른 노래와 율동으로 사례 발표를 했고, 어른들은 아낌없는 박수와 환호로 아이들의 활동을 칭찬했다.

내가 살아가는 지역의 강을 시작부터 끝까지 따라 걸으며 탐사하는 활동을 어린아이들이 해냈다는 것에 더하여, 한 차례에 그치지 않고 연간 프로젝트로 진행했다는 사실에 대해 많은 사람들이 놀라워했다. 제4회 강의 날 대회에서 혜성같이 나타나 어른들만의 전유물이었던 이 축제의 지평을 넓힌 코끼리 아이들은 내외국인을 가리지 않고 몰표를 받으며 사상 최다 득표로 예선을 통과했고, 이후 매해 본선에 진출하여 수상했다.

이러한 경험을 통해 아이들은 자신들이 한 일이 얼마나 의미 있는 일인지 깨달았다. 그리고 세상에는 이렇게 의미 있는 일을 더 적극적이고 전문적으로 실천하고 있는 멋진 어른들도 많다는 것을 어렴풋이나마 알게 되었다.

코끼리 아이들의 이러한 활동은 아이들뿐 아니라 지역 사회의 어른들께 성장할 수 있는 기회를 제공하는 뜻밖의 부수입(?)도 올렸다. 개별 유아 교육 기관이 독자적으로 진행하기에는 어려운 활동을 시민사회단체가 함께 한다면 더욱 규모가 크고 의미 있는 일도 실현 가능하다는 것을 보여 주는 하나의 모델이 된 것이다.

아이들은 강을 따라 걸으며 강물에 사는 물고기뿐만 아니라 갈대밭과 돌멩이 아래에도 수많은 생명이 기대어 함께 살아가고 있다는 것을 알게 된다. 그리고 그 안에서 펼쳐지는 삶과 죽음, 다양성과 순환의 가치를 자연스레 배워 간다. 전주천을 따라 걸어 만경강에 이르고, 만경강을 따라 걸어 서해에 다다른 아이들은 우리가 살아가는 지구가 얼마나 거대하고 촘촘하게 연결된 생명들의 네트워크이며, 그 안에서 우리는 건강한 생태계를 위해 어떻게 살아가야 하는지를 스스로 깨닫게 된다.

나는
할 수 있어요

쉿! 조용! 지구가 우리에게 할 말이 있대요

'얘들아, 나 좀 살려 줘~!'

북극곰이 살고 있는 곳 빙하가 녹고 있어요

사람들의 욕심 때문에 지구가 더워진대요(더워져!)

버스를 타고 다녀요(좋아, 좋아!)

자전거를 타고 다녀요(그럼 더 좋지)

가까운 곳은 걸어 다녀요

지구 친구 위해서(위해서!)

어? 어쩌지? 어떡하지~?

'얘들아, 너희들이 할 수 있는 일을 찾아 봐!'

우리가 어른이 되면 사계절이 없어진대요

사계절 지구의 모습 지켜 주고 싶어요(지켜 줘!)

일회용품 절대 안 돼(절대 안 돼!)

음식을 남기면 안 돼(그것도 안 되지!)

쓰레기 분리수거 지구 친구 위해서(위해서!)

얘들아~ 지구가 다시 시원하게 우리가 도와주자

'얘들아, 고마워. 나도 힘을 낼게!'

지구야, 걱정하지 마 우리가 지켜 줄게

뜨거워진 지구 친구를 우리 함께 지켜 줘요(지켜 줘!)

플러그를 뽑아 주세요(뽑아 뽑아!)

수도꼭지 잠가 주세요(당근이지!)

나무를 많이 심어요 지구 친구 위해서

지구 친구 위해서(위해서!)

하나뿐인 지구에게 바로 지금 관심을 보여 주세요!

    아이들이 환경 캠페인에 나가 무대에 올라 불렀던 노래의 한 소절이다. 지구상의 동식물들은 물론, 사람들도 스스로 만들어 낸 변화의 속도를 따라가지 못하고 있는 지금, 빠르게 녹아내리는 빙하 앞에 속절없이 죽음에 이르는 북극곰, 무서운 속도로 퍼지는 바이러스 앞에 무력하게 쓰러져 가는 사람들의 소식을 듣고 있으면 아이들의 노래가 더욱 무겁게 다가온다.

    너도나도 소리 높여 4차 산업 혁명을 이야기하지만, 그것이 만들어 낼 미

제23회 환경의 날 기념행사에 초청된 코끼리 아이들. 이런 공연을 할 만한 아이들이 우리나라에 코끼리밖에 없으니 꼭 부탁한다는 한 마디에, 전주에서 서울 마포구까지 1박 2일의 여정으로 출동한 열혈 꼬마 환경 감시단. 아이들이 살아갈 세상을 위한 일이라면 지원을 아끼지 않는 엄지와 선생님들이 있기에 가능한 일이다.

래는 어떤 모습일지 누구도 명확하게 이야기하지 못하는 시대. 쫓아가기 힘든 속도와 예측 불가능한 변화, 무엇도 쉽게 정의하기 힘든 세상이 우리 앞에 닥쳐왔다는 것만큼은 명확해 보인다. 지금까지와는 전혀 다른 세상, 즉 지식 기반의 시대가 지나고 기존의 시스템이 작동하지 않을 것이 확실한 미지의 세상에서 우리는 아이들에게 어떤 것들을 가르치고 물려줘야 할 것인가?

코끼리에서 이뤄지는 모든 교육은 아이들에게 진짜 세상을 열어 주고, 그 안에서 살아 숨쉬는 지식을 아이들이 얻어 세상과 자신을 연결할 수 있게 돕는다. 그래서 코끼리의 교육 내용은 살아 있는 생물처럼 아이들의 요구와 날씨, 그리고 계절과 세상이 건네는 화두에 따라 시시각각 변화하며 아이들과 함께 성장해 간다.

코끼리의 연간 교육 계획과 주간 교육 계획은 아무 데서나 엎드려 개미를 바라보고, 더우면 일단 강물에 몸을 던지는 코끼리 아이들만큼이나 자유롭다. 어른들의 계획이 자유로우니 아이들 역시 자유롭다. 이러한 자유를 통해 선생님들은 아이들에게 많은 것들을 '허용'하고, 아이들은 허용을 밑거름 삼아 도전하고 또 '도전'한다.

코끼리의 원훈인 '나는 할 수 있어요!'는 코끼리 교육이 아이들에게 전하고픈 가치가 무엇인지를 잘 나타내고 있다. 어린 시절 실컷 누린 자유의 기억을 꺼내 먹으며 마음의 힘이 강한 아이로 자라, 정의로운 어른이 되어 세상을 이끌어 가라 말한다. 나보다 약한 사람을 괴롭히지 않고 강한 사람 앞에서 비굴하지 않는 것, 어려움에 맞서기 위해 옆 사람과 손을 맞잡는 것, 변화를 두려워하지 않고 능동적으로 유연하게 대처하는 것, 끝까지 포기하지

숲길을 걷다 보면 다양한 장애물이 나타난다. 가야 할 길에 바위가 있어도, 지난 태풍에 쓰러진 나무가 있어도 아이들이 스스로 극복할 수 있는 정도라면 코끼리 선생님들은 정리해 주지 않는다. 주의해서 지날 수 있게 도와주는 것이면 선생님도 아이들도 충분하다. 복수초를 찾으러 떠난 초봄의 숲길.

않고 최선을 다하는 것 다른 사람의 아픔을, 보고 그냥 지나치지 않는 것, 함께 눈물을 흘려 주는 것, 이기고 지는 것보다 훨씬 중요한 것들이 많다는 것…. 코끼리 교육이 추구하는 가치들이다. 한 번에 이뤄질 수도 없고 도달하기에도 힘들어 보이지만, 코끼리는 어느 하나도 포기하지 않고 거미줄처럼 촘촘히 짜인 3년의 프로그램 안에서 이 모든 가치를 곳곳에 심어 놓고 서로 연결하기 위한 도전을 멈추지 않는다. 그렇다면 이 많은 가치를 성취해 나가는 데 가장 기본이 되는 것은 무엇일까?

　이 시기의 아이들은 사회와 배움에 첫발을 내디디며 세상을 배우고 자신을 세운다. 이 과정에서 가장 기본이 되는 것은 바로 자기 자신을 세우는 것인데, 아이들은 자신을 둘러싼 세상을 다양한 형태로 경험하며 스스로의 정체성을 정립해 간다. 아이는 세상을 통해 자신을 바라보고, 크고 작은 어려움을 이겨 내며 성취를 맛본다. 친구들과 싸우고 형님들과 부딪히고 깨지며 한발 물러서는 법도 배우고, 강하게 밀어붙여야 할 타이밍도 재어 본다. 아이는 도전을 통해 자신이 가진 능력을 시험하고 가늠해 보는데, 이때 반드시 실패와 좌절을 경험하게 되어 있다. 그렇게 좌절을 극복하거나 실패를 받아들이면서 아이는 자신의 수준을 스스로 파악하고, 이 거친 세상에서 본인은 어느 정도의 위치에 있는지 객관화시켜 바라보는 능력을 기른다. 이러한 과정이 다양한 장면에서 무수히 반복되며 아이는 자기가 누구인지를 알아 간다. 이 시기에 기회를 차단당하거나 좌절감을 느끼는 일이 반복되면 아이는 세상을 냉소적으로 바라보게 되거나 불안과 우울감에 휩싸인 어른으로 자라게 된다. 결국, 자기를 알지 못하는 아이는 스스로를 사랑하기 어렵고, 외부의 자극을 쉽게 소화하지 못하게 된다. 어린 시절 친구들과 놀면서 마주치는 다양한 상황에서 겪는 숱한 실패와 좌절은 급변하는 현대 사회에서 필요로 하는 빠른 판단과 상황 대처 능력을 길러 주는 보약인 셈이다. '교육은 체계적인 좌절'이라는 코끼리유치원 주 교육 계획안에 쓰인 글이 허투루 읽히지 않는 까닭이다. 코끼리는 아이들이 체계적으로 마음껏 좌절할 수 있는 기회를 제공하고, 아이들은 좌절을 통해 배우고 성장한다.

코끼리 선생님들은 '안 돼'라는 말에 신중하다. 안 된다고 말하기 전에 정말로 아이가 해서는 안 되는 행동인지, 정말로 아이가 가서는 안 되는 장소인지, 그 위험은 아이에게 허용될 수 없는 위험인지, 이 '안 돼'가 아이를 위축시켜 활동 반경을 좁게 만들지는 않을지 고민한다.

이러한 연유로 코끼리에서 '안 돼'가 선생님의 입 밖으로 나올 때는 매우 엄하고 단호하다. 반드시 필요한 순간의 '안 돼'이기 때문이다. 코끼리는 아이의 활동 반경을 최대한 넓게 보장해 주는 것만큼 아이가 스스로 할 수 있는 일의 반경 또한 중요하게 여긴다. 아이들은 어른들이 도와주는 것을 매우 자존심 상해하며 거의 모든 일을 스스로 할 수 있다고 믿는다(섣불리 말없이 도와주었다가는 아이로부터 "안 돼요!" 거꾸로 불호령이 떨어질지도 모른다!). 어른이 대신하면 훨씬 더 빠르고 보기 좋게 해결되겠지만, 그것은 아이가 자신을 알아 가는 과정을 방해하는 것이다. 다시 말해 자신의 능력을 시험하고 결함을 발견하며 극복할 수 있는 기회를 빼앗는 것이다.

코끼리 아이들은 스스로 옷을 입고, 2박 3일, 3박 4일 캠프에 필요한 짐을 스스로 정리한다.[10] 어른들이 도와주는 것은 물놀이 뒤, 물기가 몸에 남아 있어도 갈아입기 쉬운 헐렁한 옷을 챙겨 주는 것 정도이다. 주로 코끼리

---

10) 캠프에 앞서 각 가정으로는 캠프 안내문과 함께 짐 꾸리기 Tip이 전달되는데 이때 가장 강조하여 굵은 글씨로 표시되는 내용이 '아이가 스스로 짐을 꾸릴 수 있게' 도와달라는 것이다. '선생님들은 절대로 도와주지 않는다'는 다소 불친절한 내용이 매우 친절하게도 쓰여 있다.

아이들은 늘 자신감에 차 있는데 그게 무엇이든 자기 앞에 놓인 과제를 스스로 해낼 수 있다고 믿기 때문이다.

그런 믿음은 아이들로 하여금 도전을 두려워하지 않고 실패에 좌절하지 않으며 문제를 해결하려는 동기를 부여한다. 이런 태도는 코끼리가 목표하는 가치에 도달하는 데 아주 중요하고 밀접하게 연결되어 있다. 그리고 아이들의 이러한 태도를 위해 코끼리의 어른들은 긍정적인 말, 더 나은 미래를 기대하는 말로 아이들의 모든 노력을 칭찬한다. 아이에게는 내가 신뢰하는 주변의 어른들이 말하고 바라보는 그 사람이 바로 나이고, 스스로 그런 나를 만들어 가기 때문이다.

노랗고 파랗고 커다란 코끼리 가방에는 코끼리의 교육 철학이 단 한 마디로 새겨져 있다. '나는 할 수 있어요!' 이 한없이 간결하게 나를 긍정하는 말은 코끼리가 추구하는 모든 가치의 바탕이다.

코끼리비버스카우트

코끼리의 활동을 더욱 특별하게 만들어 주는 것, 바로 스카우트 활동이다. 청소년들이 대자연 속에서 단체 생활을 통해 스스로 자신의 잠재 능력을 개발하여, 국가 사회와 세계 평화에 이바지한다[11]는 목표를 가진 세계적 청소년 운동인 스카우트 활동은 코끼리의 철학과 많은 부분에서 닮았다. 엄지는 코끼리 아이들이 끝까지 포기하지 않고 스스로 해낼 수 있는 아이,

---

11) 한국스카우트연맹 홈페이지에서 발췌.

'나'에 머물지 않고 크고 넓은 세상을 품는 아이로 자라나기를 바라는 마음으로 스카우트 활동을 코끼리 교육에 접목했다.

여섯 살이 되면 코끼리 아이들은 '선서식'과 함께 본격적인 스카우트 활동을 시작한다. 가족들을 하객으로 모시고 진행되는 선서식은 엄숙하지만, 코끼리답게 발랄하다. 이밖에도 코끼리는 다양한 활동을 스카우트 프로그램과 연계해서 진행하며 다양한 시너지를 만들어 낸다. 특히, 2016년도부터는 코끼리 가는 길 비버 대장님들의 합류로 코끼리들의 스카우트 활동이 더욱 체계적이고 깊이 있게 진행되고 있다. 여섯 살, 일곱 살 대원들은 매주 대

매주 열리는 코끼리비버스카우트의 대(隊)집회. 어려운 매듭도 포기하는 법 없이 참을성 있게 끝내 해내는 모습이 기특하다.

집회를 진행한다. 스카우트 노래부터 스카우트 게임, 스카우트 매듭법, 스카우트 추적 기호 등 스카우트 대원으로서 갖추어야 할 기본 역량을 착실히 쌓아 가는 코끼리비버스카우트 대원들은 졸업할 즈음이 되면 웬만한 컵 스카우트 대원들보다 높은 수준의 실력을 갖춘 대원으로 성장한다. 이렇게 훌륭한 대원들의 성장 뒤에는 비버 대장님들의 머리 빠지는 고민이 숨어 있다. 성인 지도자들도 어려워하는 매듭을 쉽게 가르치기 위해 대장들은 숨 쉬듯 고민하며, 또 그 고민에 고민을 거듭한다. 대원들이 더욱 흥미롭게 스카우트 활동에 참여할 수 있게 엄지와 이똥 대장이 머리를 맞대고 고안해 낸 '해냄장'은 스카우트의 진보 제도를 비버스카우트에 처음 도입한 사례로, 한국스카우트연맹 중앙 본부에서 거꾸로 코끼리비버스카우트의 제도를 요청하기도 하였다. 코끼리 대장님들이 농담처럼 던지는 '대한민국 대표 비버스카우트', '우주 최강 비버스카우트'라는 말은 그냥 하는 말이 아니다.

시골에 있는 아찌 집 근처에 마련된 뚝딱 캠퍼스[12]는 비버스카우트 활동을 하기에 안성맞춤인 곳이다. 아찌가 뚝딱뚝딱 손수 만들어 주신 모험 놀이터, 일곱 살이 된 비버스카우트 대원들은 이곳에서 비박을 한다. 화장실도 없는 곳, 대장님들은 간이로 화장실을 만들고 그사이에 대원들은 일사불란하게 주변의 돌멩이를 주워 불자리를 만들고 마른 나뭇가지를 모은다. 쌀을 씻고 냄비에 물을 받아 밥 지을 준비를 하는 것도 모두 비버 대원들의 몫이다.

준비를 마치고 나면 대장님들이 불을 붙여 주는데, 돌멩이의 배치에 따라 어떤 편은 불이 자꾸 꺼지기도 하고 어떤 편은 벌써 밥이 다 되었다. 공기 구

---

12) 원래 아이들이 지은 이름은 '뚝딱 놀이터'였으나 코비드-19 당시 분산 활동을 위해 다른 캠퍼스들을 마련하면서 뚝딱 캠퍼스로 이름이 변경되었다. 하지만 여전히 뚝딱 놀이터라 불러도 오케이!

멍을 두고 쌓아야 불이 오래오래 붙는다는 것도, 불씨가 꺼져갈 때는 후우바람을 불어서 되살린다는 것도 아이들은 대장님을 보며 경험으로 터득하고, 가르쳐 주지 않아도 바람을 불어 불씨를 지켜 낸다.

뚝딱 캠퍼스는 시골로 이사 간 아찌가 집 앞 공간에 조성한 놀이터다. 오직 코끼리비버스카우트만을 위한 비밀스러운 이곳은 뚝딱뚝딱 뭐든지 만들어 내는 아찌와 아이들이 공동 작업을 할 수 있는 마음껏 공간이다. 아이들은 이곳에서 아찌, 대장님, 선생님과 함께 안전이 확보된 상태에서 망치질도 하고 불도 피운다. 낑낑 팔레트를 끌어 날라 진지를 구축하고 나무를 타고 저 높은 망루에도 오른다. 최소한의 안전을 확보하면 모든 것이 '허용'되는

후우! 후우!

불씨를 살리느라 불었던 입바람이 어느새 즐거운 놀이가 된다. 이미 활활 잘 타고 있는데도 후우 후우 입바람을 불어 넣는다. 그것도 진지하게.

얼기설기 대나무를 엮어 바닥을 깔고 기둥을 올린 다음, 비닐막을 쳐서 만든 집(?)에서 하룻밤을 자는 비박. 침낭 안에 쏙 들어가 옆 친구와 도란도란 이야기 나누는 그 재미를 어떻게 말로 다 설명할 수 있을까.

곳, 코끼리 아이들의 원더랜드가 여기에 있다.

아찌가 한쪽에서 망치로 못을 쳐가며 놀이터 보수를 하고 있었다. 망치질하는 모습이 신기한 아이들이 하나둘 모여들고 아찌가 일을 모두 마치자 한 녀석이 외친다. "아찌! 나도 한번 해 보자!" 기다렸다는 듯이 몰려드는 지원자들을 진정(?)시키고 곧이어 아찌의 공구 교실이 열린다. 안전하게 망치질하는 법, 장도리를 이용해 박은 못을 다시 빼는 법, 다음 친구에게 망치와 못을 건네는 법까지 강의를 마치면 이제 실전이다. 아예 망치와 못을 더 가져와서 제대로 시작된 망치질이 신명 나게 이어진다. 망치질을 하며 아빠가 벽에 못을 못 박아서 엄마한테 혼난 이야기, 우리 아빠는 망치 말고 전동 드릴을 잘 쓴다는 이야기, 이제 내가 엄마보다는 망치질을 잘하겠다는 이야기까지 이어지는 즐거운 시간이다.

무엇이든 다 되는 뚝딱 캠퍼스의 매력 포인트 또 한 가지, 아이들을 위해 공수한 질 좋은 황토에서 펼쳐지는 미끌미끌 신나는 우리끼리 머드 축제가 원한다면 언제든지 열린다는 것이다. 높게 쌓인 황토 언덕에 시원한 물벼락을 내리는 것으로 시작되는 '코끼리끼리 머드 축제'는 보는 사람의 피부도 함께 좋아지는 느낌이다. 일단 머리부터 황토로 감고 보는 녀석, 주르륵주르륵 끝도 없이 미끄럼틀을 타고 노는 녀석, 철퍼덕 주저앉아서 무언가를 짓는 데 열중하는 녀석, 에라 모르겠다 마구 소리 지르고 웃으며 냅다 뛰어다니는 녀석…. 머드 축제가 시작되면 뚝딱 캠퍼스는 온통 즐거운 비명으로 가득하다. 혹시라도 이 비밀의 공간에 놀러 와 코끼리끼리 머드 축제를 보러

일단 머드 축제가 시작되면 선생님이고 아이들이고 인정사정없이 논다. 뒤집히고 엎어지고 넘어지고 뒹굴어도 울거나 떼쓰는 아이는 없다. 금방 다시 일어나서 함께하는 것이 국룰, 아니 코룰(코끼리들의 룰)이다.

왔는데 '어라, 저 녀석은 유치원생치고는 덩치가 크다' 싶으면 신나게 놀고 있는 코끼리 선생님이니 놀라지 마시라!

위험을 만나는 경험, 상처가 주는 힘

어디를 쳐야 똑바로 못이 들어가는지, 어떻게 빼야 못이 안 휘어지는지 경험을 통해 배워 간다. 먼 훗날, '어? 나 왜 망치질 잘해?' 하지 말고 이 책을 잘 보렴. 몸이 기억하는 거란다.

코끼리는 용감한 유치원이다. 내일 태풍 예보가 있어도, 지금 태풍이 지나가고 있어도, 지레 포기하는 법 없이 당일 아침에 기상 상황을 확인하고 결정해야 직성(?)이 풀린다. 그러니 숲으로 가는 날 예상치 못한 비가 억수같이 쏟아져도 절대로 일정을 취소하는 법이 없다.

의지의 코끼리들은 비옷을 입고서라도 기어코 가려던 길을 간다. 코끝이 꽁꽁 얼어붙는 겨울의 새벽에도 약속한 대로 그 추운 산길을 오른다. 소처럼 밭을 갈다 벌레에 물리고, 신나게 강둑을 달리다 돌부리에 걸려 넘어져 무릎이 깨지기도 한다. 넝쿨 사이를 지나다 가시에 얼굴이 긁힐 때도 있고 놀이 기구에 매달리고 구르다가 자신도 알지 못하는 틈에 무릎과 정강이 곳곳에 멍이 들어도 재미있으면 그만이다. 날씨를 자세히 살피지만, 그것은 날씨에 맞춰 더 신나게 놀기 위함(비 오는 날의 물놀이라든지, 바람 부는 날의 연날리기 같은)이지 포기하기 위함이 아니다.

어떤 일을 해내는 사람에게는 백 가지 해낼 이유가 있고, 하지 않고 주저앉는 사람에게는 하지 않을 백 가지 이유가 있을 뿐이다. 그리고 오늘 놀아야 할 백 가지 이유가 있는 코끼리 아이들의 매일은 구차한 핑계가 없이 시원하다. '나는 할 수 있어요!' 마법의 주문을 외운 다음, 하면 되는 의지의 문제인 것이다.

어려서 마주하는 작은 위험은 아이들이 커나가며 맞닥뜨리게 될 더 큰 위험에 대비할 수 있는 힘을 길러 준다. 어른들의 생각과는 달리 아이들은 도전 정신, 모험 정신, 순발력, 자신감, 상상력, 창의력 등 거의 모든 분야에 걸쳐서 어른들보다 뛰어나다. 그러나 단 한 가지, 아이들보다 나은 어른들의 능력이 있으니 바로 경험을 통해 체득한 예측 능력이다. 그래서 코끼리 선생님들은 외부 활동을 시작하기 전 예상되는 위험 요소들을 안내하고 자유롭게 놀기 위해 꼭 지켜야 할 것들을 약속한다. 어른들이 작은 위험을 허용할 때 아이들은 더 커다란 생각과 활동의 반경을 갖게 되고, 넓어진 마음의 땅에서 다양한 도전을 통해 경험을 넓혀간다. 처음에는 주저하며 망설이던 아이들도 한 번, 두 번 도전과 실패를 통해 경험을 쌓다 보면 비슷하게 반복되는 상황에 능숙히 대처할 수 있게 된다.

처음 마주하는 위험 상황에서 아이는 당연히 상처를 얻기 쉽지만, 스스

안 되는 것이 별로 없는 코끼리에는 '안 돼' 대신 '허용'이 자리하고 있다. 안전을 지키는 방법과 위험 요소에 대해 충분히 숙지한 뒤 조심조심 톱질도 하고, 도끼로 장작도 패 보고, 망치질도 해 본다. 어른들이 하는 건 다 해 보고 싶은 나이에, 코끼리 아이들에게는 무엇이든 도전하고 경험해 볼 수 있는 기회를 '허용'하는 어른들이 있다.

로 고민하고 판단한 결과로 얻은 영광의 상처는 위험이 주는 훈장이고, 아이의 자존감을 세우는 단단한 기둥이 된다. 그리고 그간의 상처는 진짜 세상을 겪게 된 작은 탐험가에게 더 큰 위험을 피할 수 있는 데이터가 되어 쌓인다. '이 벌레는 건드리면 안 되겠구나.', '이런 바닥에서는 너무 빨리 달리면 안 되겠어.', '여기서는 몸을 좀 낮춰야겠는데.', '엉덩이부터 들이밀고 가야 하는구나.'

아이는 직접 만난 위험을 잊지 않는다. 발을 헛디뎌 구를 때 얼굴을 들면 덜 다친다는 것도, 산을 오를 때는 보폭을 줄여야 덜 힘들다는 것도, 산을 내려갈 때 속도가 너무 빠르면 지그재그로 내려가야 쉽게 속도가 줄어든다는 것을 기억한다. 다양한 새로운 기술이 친구들 사이에 전파되고, 오래도록 전해 내려온 선조(!) 코끼리의 지혜가 선배에서 후배로 전해진다. 위험은 곧 살아 있는 지식이 되어 아이가 상황과 환경에 맞게 자신의 몸과 행동을 스스로 통제하고 조절할 수 있게 도와준다. 어린 시절의 작은 상처들에서 얻은 경험이 자라서의 큰 상처를 예방해 주는 것이다. 자연과 함께한다는 것은 늘 크고 작은 위험과 함께한다는 말과 같다.

　언젠가 땅벌이 기승을 부리던 계절에 산길을 오르다 한 아이가 땅벌 집을 건드렸다. 위잉~ 하는 소리와 함께 벌들이 쏟아져 나오고 아이들은 야단법석이었다. 그때 선두에서 걷던 선생님이 "얘들아, 그대로 멈춰!" 하고 큰 소리로 외쳤다. 아이들은 순간 모두 멈춘 상태가 되었다. 대다수의 아이들이 겁먹은 얼굴을 하고 이미 벌에 쏘인 한 두 아이는 울기도 했지만, 대견하게도 모두 멈춘 상태를 유지했다. 선생님은 다시 나직하고 단호하게 말했다. "얘들아, 벌은 가만히 있어야 공격하지 않아. 우리가 움직이면 벌은 더 화가 나서 달려들 거야. 벌에 쏘인 ○○보다 앞서 올라온 친구들은 선생님을 따라서 살금살금 최대한 천천히 올라오고, 벌에 쏘인 ◇◇ 뒤에 따라오던 친구들은 뒷걸음으로 안 움직이는 것처럼 살금살금 걸어서 내려가자. 알았지? 너희들은 할 수 있어." 아이들은 소리 없이 고개를 끄덕였다. 겁먹은 몇몇은 눈물을 삼키며 조심조심 걸음을 옮겼다. 침착하게 대처한 덕분에 땅벌 집을 밟아 벌에 쏘인 아이는 단 두 명뿐, 나머지 아이들은 무사했다. 벌에 쏘인 친구를 위해 텀블러에 남은 얼음조각을 쏘인 곳에 대어 주고, 선생님은 소지하고 있던 카드로 침을 제거한 다음 비상약으로 소독했다. 그리고 선생님은 아이들의 침착했던 행동에 대해 칭찬을 잊지 않았다. 아이들은 모든 과정을 함께하고 지켜보면서 실제 상황을 통해 '벌에 쏘였을 때의 대처법'을 익혔다.

야외 활동 중 발생한 돌발 상황에서 이런 일사불란한 호흡은 단시일 내에 이루어질 수 있는 것은 아니다. 선생님과 아이들이 다양한 상황에서 함께 손을 맞췄던 신뢰의 시간들이 쌓여야만 가능한 것이다. 위험은 좋은 학습 자료가 되기도 한다. 땅벌 대첩을 아군(?)의 큰 희생 없이 선방해 낸 다음, '벌'에 대한 아이들의 관심이 한창일 때 선생님은 그 틈을 놓치지 않고 아이들을 배움의 장으로 이끈다. 관련된 책과 자료를 유치원뿐만 아니라 각자 집에서도[13] 찾아와 주제에 대해 알아보고, 아이들의 요청이 있는 경우에는 환경 박사님을 초청해 더욱 깊고 풍부하게 궁금증을 해결할 수 있게 돕는다. 실질적이고 다양한 경험과 사후 활동을 통해 벌은 겹눈을 가지고 있어 자신보다 큰 대상이 움직이면 공격으로 받아들이고 벌침을 쏜다는 걸 배운 아이들은 이제 벌을 이해하게 된다. 겹눈 도구를 이용해 벌의 눈으로 세상을 바라보고 난 아이들은 이제 벌의 입장도, 선생님이 그때 왜 가만히 있으라고 했는지도 완전히 이해할 수 있게 되었다. 내 물통에 있던 차가운 얼음이 어떤 역할을 했고, 카드를 이용해 어떻게 벌침을 제거할 수 있었는지도 알게 된다.

그러다 보면 어느새 꼬마 벌 박사가 되기도 하고 머리, 가슴, 배로 나뉘는 생물만 쫓아다니는 희귀한 짝사랑에 빠지기도 한다. 어떤 녀석은 동물에 꽂히고, 다른 친구는 이름 모를 꽃에 푹 빠져 지내기도 한다. 아이들이 마주하는 세상에 따라 아이들의 이러한 관심은 '곤충'으로 확장되기도 하고 '꽃'이나 '식물' 등으로 옮겨가 새롭게 시작되기도 한다. 자연에서 만나는 대상과

---

13) 주 교육 계획안에 상세한 전후 상황과 내용, 그리고 필요한 부모님의 도움과 행동 요령(?)까지 자세히 적어서 안내한다.

경험뿐만 아니라 아이들의 상태나 호기심의 대상, 날씨, 동아시아의 국제 정세, 아이들 사이에서 유행하는 종이접기, 캐릭터 등 아이들을 둘러싼 다양한 관심사에 따라 살아 움직이도록 구성된 교육 과정을 통해 코끼리 아이들은 삶과 유리되지 않은 진짜 배움을 얻는다.

꼬마 마라톤

코끼리의 프로그램들은 사전 기획된 것이기보다는 자연 발생적인 경우가 많다. 아이들의 흥미와 본능적인 놀이 욕구를 발견하면 그에 맞춰 선생님이 프로그램을 구상하고 그 안에 교육적 목적을 이리저리 배치한다. 이렇게 기획의 순서가 바뀌게 되면 프로그램을 끌어가는 주체가 선생님에서 아이로 바뀌고 이는 곧 코끼리 교육의 큰 차별성으로 나타나게 된다.

아이들이 전주천변을 달리는 꼬마 마라톤은 이렇게 만들어진 대표적인 프로그램이다.

여름철 내내 전주천에 나가 몸 담그고 물놀이하는 것이 일상인 코끼리 아이들은 물고기와 헤엄치고 잠자리, 물새와 놀면서 갯버들과 억새를 따라가다가 어느새 바람을 가르며 신나게 전주천을 따라 달렸다. 그리고 그것이

꼬마 마라톤의 시작이 되었다.

꼬마 마라톤은 어린이날이 다가올 즈음에 펼쳐지는 '코끼리 어린이날 축제 3종 세트(꼬마 마라톤—줄줄이 파티—봄 소풍으로 이어진다)' 중 하나로 아이들이 손꼽아 기다리는 날이다.

연령(수준)별로 4km부터 12km까지 달리는 꼬마 마라톤은 참가 선수들의 옷에 마라톤 등 번호표를 부착하는 것부터 출발 신호를 알리는 총소리, 중간에 달리면서 물을 마실 수 있는 테이블, 결승 테이프와 기념사진 촬영까지 실제 마라톤 대회를 방불케 준비된다.

아이들 스스로 진짜 마라토너가 되어 온 힘을 다해 달릴 수 있는 환경을 제공한다. 어디서 저런 힘이 나왔을까 싶을 만큼 열심히 달리고 또 달린다. 마음처럼 몸이 따라 주지 않는 한 아이는 천천히 선생님과 가자는 권유에도 끝내 울먹이며 완주를 해낸다. 친구들의 진심 어린 응원과 도움이 큰 힘이 된다.

이 밖에도 어른들은 상상할 수 없는 다양한 장면들이 꼬마 마라톤을 더욱 아름답게 한다. 힘들어하는 친구의 손을 잡고 함께 달

배 번호표도 착용하고 지점마다 물통이 놓인 테이블도 비치하는 등
꼬마 마라톤은 제법 진지하게 준비된다.
최선을 다하는 저 꼬마 선수들! 모두 최선을 다하는 한판.

'빨리 가려면 혼자 가고 멀리 가려면 함께 가라'는 아프리카의 격언을 이미 몸으로 배워서 알고 있는 코끼리 꼬마 마라토너들.

리는 아이도 있고, 신발을 벗어 들고 달려가는 녀석도 있다. 지쳐서 벤치에 잠깐 앉았다가 메뚜기와 방아깨비에 온통 정신이 팔리기도 하고 잠깐 물고기를 구경하러 갔다가 그만 미끄러져 젖은 바지를 말리면서 달리기도 한다. 구름 따라 잠자리 따라 흘러가는 역주행 마라토너도 한 해에 서너 명씩은 기본으로 나온다. 두 번이나 쥐가 났던 녀석도 있고, 아침에 건전지라도 끼워 넣고 왔는지 멈추지 않는 인간 탄환들도 한둘은 꼭 있다.

이렇게 천태만상 레이스를 펼치다 보니 선두와 후미의 거리는 거짓말 조금 보태면 전체 마라톤 코스 길이와 맞먹을 만큼 벌어진다. 그런데 정말 놀라운 것은 누구도 옆 사람에게 빨리 달리라고 채근하지 않으며, 어떤 아이도 중간에 포기할 생각이 없다는 것이다. 학풍으로 전해져 내려오는 코끼리 아이들의 근성으로 "우린 코끼리니까!"를 외치며 포기하지 않고 즐겁게 달려 마침내 결승점을 통과한다.

대아 수목원 전망대 도장 깨기

성취의 경험과 그 과정을 통해서 아이는 자신의 가능성을 확인하고 자신감을 얻는다. 이 자신감은 아이언맨이나 토르처럼 자신의 능력을 넘어서서 어떤 일이든 무조건 할 수 있다는 근거 없는 자신감이나 과정 없이 생긴 터무니없는 긍정과는 다르다. 코끼리에서는 고되고 힘들지만, 포기하지 않고 노력하면 끝내 성취할 수 있는 정도의 과제를 제시하고 해결하도록 하여 그 기쁨을 경험할 수 있게 한다. 아이가 이 성취를 통해 얻는 자기 긍정은 자신을 지나치게 드높이거나 깎아내리지 않고 있는 그대로의 나를 받아들이는 긍정이다.

일 년 내내 온 천지를 누비고 다니는 코끼리 아이들은 숲 탐색을 위해 자연스레 등산을 자주 하게 된다. 천변을 달리다 탄생한 꼬마 마라톤에 이어 수시로 산을 타다가 자연히 생겨난 프로그램이 있으니, 바로 '대아 수목원 전망대 도장 깨기'이다. 완주군 운장산 자락의 대아 수목원 등산로에는 3개의 전망대가 있는데 1 전망대부터 2 전망대를 돌아 3 전망대까지 가기 위해서는 약 4.5km의 가파른 산길을 끊임없이 오르내려야 한다. 코끼리 아이들은 어른들에게도 만만치 않은 이 산을 매년 찾아 꼴딱꼴딱 잘도 넘는다. 처음 이 등산로를 유치원 아이들이 오른다고 했을 때 수목원 관계자들 모두 "가파른 전망대만큼은 중도에 포기하고 돌아올 것"이라고 장담했다. 코끼리 아이들을 좀 안다는 대아 수목원의 숲 선생님들도 부정적이었는데, 전망대 가는 길은 산악회 회원들도 수준별로 나누어 등반하는 코스이기 때문이다.

출발은 다섯 살 동생들부터 여섯 살, 일곱 살 형님들까지 모두 함께하는데, 어린아이들이 와르르 출발하는 모습은 언제 보아도 장관이다.

처음에는 다 같이 출발하다가 서서히 선두 그룹과 중간 그룹, 후미 그룹으로 나뉜다. 1 전망대까지 이르는 동안 언니 오빠들은 동생들의 손을 잡아

코끼리 아이들은 혼자 척척 옷을 벗고 입으며 체온을 조절하는 것도, 옷을 잘 개서 가방에 넣는 것도 스스로 한다.

주기도 하고 제 물통의 물을 나눠 주기도 하며 부지런히 오른다. 1 전망대에 도착하면 마지막 무리가 들어와 충분히 쉬며 숨도 돌리고 간식도 먹을 수 있는 자유 시간이 주어진다. 경치도 즐기고 수다도 떨며 여유롭게 휴식을 취하고 나면 다섯 살 호퍼들의 미션 성공 축하 세리머니가 한바탕 펼쳐진다.

형님들이 대견하다고 박수와 환호를 보내고 나면 선생님은 호퍼반 아이들을 향해 혹시 전망대까지 형님들을 따라 오르고 싶은 친구가 있는지 묻는다. 이때 선생님과 형님들은 '호퍼반이 여기까지 온 것만으로도 정말 대단한 일'이라고 칭찬하는 한편, 여섯 살 올리반을 향해서는 '선생님도 작년에 힘들어서 동생들 따라서 내려갔었다'라는 등의 이야기로 컨디션이 안 좋거

코끼리 아이들은 어려서부터 험난한 길을 간다. 급한 경사를 오르거나 내릴 때, 장애물을 마주했을 때 아이들은 사족보행은 물론 엉덩이부터 들이밀어 보기도 하고, 빙 둘러가는 등 다양한 시도를 해 본다. 놀이로 다져진 아이들은 서로 돕고 연구하며 성장한다.

나 힘이 부치는 아이에게 내려갈 기회를 주어 무리하지 않게 한다. 그러면 호퍼반 아이들 대부분은 내려가는 길을 택하는데 기수마다 있는 에너자이저 대여섯 명이 꼭 형님들과 함께 2 전망대로 가는 어렵고 힘든 길을 택한다.

하산하는 동생들을 뒤로하고 바바반, 올리반 형님들은 다시 발걸음을 재촉한다. 등산로는 아까보다 더욱 가파르고 험해져서 줄을 잡고 올라가는 구간이 나타나는가 하면 엉덩이를 깔고 조심조심 미끄럼으로 내려가야 하는 곳도 나타난다. "돌부리 조심!", "오른쪽 낭떠러지!", "나뭇가지~ 머리 조심!" 제 몸 가누기도 힘들 텐데 뒤로 뒤로 전달해 가며 위험한 곳을 알려 약속대로 안전하게 움직인다. 오르락내리락하는 구간이 많아 아이들의 체력이 빠르게 소모된다. 다시 모두가 2 전망대에 모이면 이번에는 여섯 살 올리반 아이들을 대상으로 여기서 내려갈지 아니면 바바반 형님들과 함께 3 전망대에 도전할 것인지 선택하게 한다. 선생님의 칭찬과 격려, 바바반 형님들의 찬사도 더해진다. 마지막 3 전망대는 대부분 바바반 형님들과 올리반 예닐곱 명 정도가 도전에 성공한다. 호퍼반부터 차근차근 이런 과정을 거쳐 온 아이들이기에 가능한 일이다. 코끼리는 단순히 나이로 나누지 않고 아이들 각자의 특성과 능력에 맞추어 스스로 판단하고 선

자연이 선물하는 다양한 상황, 늘 허용되는 '해찰'과 곳곳에서 펼쳐지는 '우발적 탐색'은 코끼리 아이들의 트레이드 마크다.

택할 수 있게 한다. 선택의 결정권이 쥐어지고, 그 선택이 존중받는 분위기를 경험해 본 아이는 다음에도 스스로 판단하고 도전을 결심할 수 있는 사람이 된다.

아, 그리고 또 한 가지. 힘든 훈련을 마친 군인 사이에 전우애가 생기듯 호퍼반, 올리반, 바바반을 지나며 거친 산을 함께 타고 높은 계단에서 손을 잡아주며 텀블러의 물 한 모금을 함께 나눈 코끼리 아이들은 전우애처럼 끈끈한 우정 이상의 감정으로 돈독하다. 함께 고생했고, 언제든 서로 어려울 때 손을 내주어야 하는 코끼리 아이들의 우정은 어른들의 그것보다 순수하고 진하다.

숲에서 아이들은 마음껏 자유롭다. 나비도 만나고, 나무도 만나고, 도토리도 만난다. 자연을 깊이 숨 쉬며 아이들은 오늘도 자란다.

계획된 즉흥 여행

해마다 4월이면 전주동물원은 벚꽃놀이를 즐기는 사람들로 대만원을 이룬다[14]. 일대의 교통이 마비될 정도로 동물원 야간 개장은 전주 시민들의 아주 인기가 좋은 봄나들이 코스이다. 아이들의 요구와 계절에 따라 즉흥적으로 만들어지는 코끼리의 교육 프로그램은 일 년간 상시로 진행된다. 그중에 꽃 피는 봄에 꽃 때문에 생겨난 '야간 벚꽃놀이'가 있다.

'야간 벚꽃놀이'는 코끼리의 원훈인 '나는 할 수 있어요!'의 일곱 살 버전 현실판이라고 할 수 있다. 반복되는 이야기이지만, 이런 프로그램이 만들어질 때 교사는 주로 프로그램의 기획자이기보다는 훌륭한 연기력을 갖춘 배우이자 선동가가 된다. 아이들의 혼을 쏙 빼서 들었다 났다 하는 선생님의 연기는 '윤여정도 울고 간다'.

"얘들아, 요즘 동물원에 벚꽃이 활짝 피었는데, 선생님 동생이 어젯밤에 다녀와서 정말 좋았다고 엄~청 자랑을 하는 거야. 어휴~ 선생님도 벚꽃 보러 가고 싶다." 선생님의 이야기가 끝나면 아이들의 입에서 저마다의 해결 방안들이 쏟아져 나온다. "오늘 밤에 선생님들끼리 보러 가면 되잖아!", "동생한테 한 번 더 보러 가자고 해!", "그럼 우리랑 가자!" 아이들은 사랑하는 선생님을 위해 진심 어린 조언을 아끼지 않는다.

선생님은 순간을 놓치지 않고 함께 가자는 기다리고 있던 제안을 잽싸게 낚는다. "그래? 그럼 진짜 좋겠다. 우리 벚꽃 보러 동물원에 같이 갈까?"

선생님의 대답에 유치원이 떠내려갈 듯 커다란 환호성이 터져 나온다. 선

---

14) 생태 동물원으로 변모한 전주동물원의 야간 개장은 동물들의 편안한 휴식을 위해 2018년을 끝으로 중단되었다. 따라서 최근에는 전북현대모터스의 K리그 경기를 보러 떠난다(코끼리는 포기하지 않지!).

생님은 다시 능청스러운 연기를 이어간다. "그런데 우리… 엄마랑 아빠한테 말씀도 안 드렸는데 어떡하지? 너희들이 말도 없이 집에 안 들어가면 엄마랑 아빠가 걱정하실 텐데?" 문제에 봉착한 아이들은 해결하기 위해 머리를 맞댄다. 선생님 휴대 전화로 문자를 돌리라는 의견도 나오고 지금 바로 엄마와 통화를 연결해 달라는 의견도 많이 나온다.

어느 정도 의견이 모여 대책이 수립되어 갈 때쯤 가만히 지켜보던 선생님이 새로운 문제를 던진다. "엄지 허락은? 저녁밥은 어떡하지? 동물원까지는 걸어갈 거야?" 생각하지 못했던 새로운 난관에 아이들이 다시 소란스럽다. 다시 한참 동안 아이들의 생각이 모아진다. 엄지는 우리가 노래 불러 주는 걸 좋아하니까 노래를 들려 드리면서 부탁해 보기로 한다. 쿠쿠 이모는 저녁밥을 준비하려면 힘드니까 안마 잘하는 친구가 안마를 해 드리며 부탁하기로 한다. 그리고 마지막, 코끼리에서는 BTS가 부럽지 않은 인기쟁이 아찌는 서로 제가 친하다고 나서니 모두 함께 가서 부탁드리기로 한다. 이제 선생님은 아이들의 의견을 잘 모아 실행만 하면 된다.

먼저 아이들은 엄지를 설득하기 위한 촬영을 하기로 의견을 모았다. "푸우, 우리 지금 시작할 테니까 푸우 핸드폰으로 동영상 좀 찍어서 엄지한테 보내 줘!" 그동안의 경험과 기억을 되살린 아이들은 대형을 갖춰 노래와 율동을 하고 한 땀 한 땀 정성스레 만든 피켓에 메시지를 담아 엄지의 마음을 녹인다. "엄지! 우리 오늘 저녁에 벚꽃 보러 가고 싶어요! 우리 부탁 꼭꼭 들어주세요! 재미있게 놀다 올게요!"

피켓을 마주한 엄지는 거절할 수 없는 아이들의 부탁에 환한 웃음과 함께 안전하게 잘 다녀오라며 허락의 동영상을 찍어 답장했다. 밤 나들이를 위한 첫 관문을 통과한 아이들은 날아갈 듯 기뻐한다. 일곱 살 인생, 이보다 더 큰 성취의 기쁨은 없다!

기세를 몰아 엄지의 허락과 함께 긴급통신문이 선생님의 휴대 전화를 통해 각 가정에 발송된다. 예고 없이 이뤄지는 갑툭튀 나들이에도 이미 익숙한 엄마와 아빠들은 당황하지 않고 자연스럽게 동의의 회신을 보내온다. 이어 쿠쿠 이모의 저녁밥과 노란 버스의 운행도 착착 해결된다. 코끼리에서 아이들과 함께하는 어른들은 아이들의 활동을 위해서라면 때때로 시간, 날짜를 불문하고 가용한 모든 자원을 동원해 교육 활동을 지원하는 역할을 맡고 있기 때문이다. 어른들끼리의 암묵적 합의이자 30년 동안 쌓아 온 코끼리의 학풍이다.

미리 공지하고 하루 이틀 설렘의 시간을 갖는 것도 즐거운 일이지만, 때로는 이렇게 예고 없이 긴박하게 아이들 주도로 이뤄지는(것처럼 느낄 수 있게 잘 설계된) 이벤트는 아이들에게 또 다른 선물이다. 느닷없이 계획하고 아이들 스스로 전략을 짜서 이루어 낸 쾌거! 꽃구경 떠나는 노랑차 안의 공기는 그 어느 때보다 설렘과 즐거움으로 가득하다. '스스로' 해냈다는 것 자체로 이미 놀이는 시작되었다.

항상 유치원에 비치되는 노란색 나들이옷[15]을 입은 아이들이 동물원에 도착하여 입구에서 가장 먼저 하는 일은 인파에 휩쓸려 길을 잃거나 일행을 놓쳤을 때 만날 곳을 정하는 것이다.

다수의 의견에 따라 멀리서도 잘 보이고, 물어봐서 찾기도 쉬운 동물원 정문 안쪽 머릿돌로 정한다. 어느 해에는 길을 잃어버린 녀석이 침착하게 머릿돌 위에 앉아 있어 다시 만났던 일도 실제로 있었다. 아이들은 스스로 기

---

15) 놀러 나가기 좋아하는 코끼리유치원 선생님과 아이들을 위해 유치원 옷장에는 사전 계획 없이 나들이 갈 때를 대비한 단체복용 전천후 노란색 바람막이가 24시간 5분 대기하고 있다.

획한 나들이인 만큼 교사의 통솔에 매우 능동적으로 따르고 약속을 지키기 위해 노력하며 야간 벚꽃놀이를 마음껏 즐긴다.

우발적 프로그램이 가능해지려면 수많은 나들이를 통해 얻은 경험과 오랜 시간 교사와 아이들 사이에 쌓아온 신뢰가 필요하다. 부모와 유치원 간의 신뢰도 이와 다르지 않으니 일곱 살 바바반쯤 되면 이러한 도전이 그리 어렵지 않게 이루어진다. 그리고 또 한 가지, 아이들도 어둡고 사람 많은 벚꽃축제가 조금은 위험을 감수한 도전이라는 것을 잘 알고 있기에 수시로 선생님을 눈으로 챙기며 스스로 안전을 지킨다.

코끼리에서는 이따금 이런 방식의 이벤트를 아이들 스스로 기획하고 실행해 볼 수 있게 의도적으로 유도하고 프로그램을 진행한다. 그룹별로 시내버스를 타고 한옥 마을에 가서 지도에 표시된 경기전을 찾아가는 미션을 수행하기도 했고, 쿠쿠 이모의 점심 준비를 위해 장바구니와 약간의 돈을 들고 유치원 근처의 모래내 시장에 걸어가서 문제지에 적힌 힌트를 풀어 물건을 사 오는 등의 프로그램들이 그렇다.

아이들은 이러한 과정을 통해 당면한 문제를 하나하나 해결해 가며 협동하는 방법을 배우고, 성공 경험을 통해 새로운 도전을 주저하지 않게 된다. 머리를 맞대고 의논하며 합의하는 과정을 통해 내린 결론이기에 혹여 실패하더라도 좌절하기보다는 다른 해결 방법을 다시 모색해 보는 건강한 삶의 태도를 획득해 간다.

놀기 대장
코끼리

사시사철 같은 숲을 찾아가서 그곳을 온전히 가슴에 담고, 일 년 내내 전주천과 만경강을 따라 걸으며 아이들은 세상에 속한 모든 것들이 서로 연결되어 있다는 것을 배운다. 모든 물길은 서로 흘러가고 이어지는 것이 자연스럽다는 것을 알게 되는 것이다. 아이들의 작은 세상인 놀이도 마찬가지여서 코끼리의 놀이는 모든 것들이 서로 흘러가고 이어지기에 충분한 놀이 시간, 이쪽에서 들어갔지만, 저쪽에서도 나올 수 있는 유기적으로 이어진 놀이 공간, 그리고 물놀이와 모래놀이가 만나 물·모래놀이가 되는 것처럼 서로 만나 하나가 되고 하나가 나뉘어 둘, 셋이 되며 놀이가 이어지는 놀이 방법, 이 세 가지의 물 흐르는 듯한 '자연스러움'을 강조한다.

보통의 학교나 교육 기관은 하루를 보내기 위해 잘 짜인 시간표가 있고 구성원 모두가 그 시간표에 따라 하루를 보낸다. 만들기 시간, 뒤늦게 가위질에 불이 붙은 아이는 다음 시간을 위해 이제 막 타오르기 시작한 열정을 스스로 싹둑 자르거나 선생님께 혼날 것을 각오하고 폭풍 가위질을 이어가

언제든, 어디서든, 어떻게든 노는 코끼리들! 나들이 가기 전에도 그 틈을 놓치지 않고 놀기 시작. 구름판을 가지고 나오더니 빗자루를 막대 삼아 높이뛰기 한판이 즉석에서 펼쳐진다.

거나 하는 갈림길에서 선택해야 한다. 푹 빠져서 그리던 그림을 아직 마무리하지 못했지만, 이제 식사 시간이 되었으니 붓을 씻고 급식실로 발걸음을 옮겨야 하는 경우도 흔하다. 이미 흥이 끊긴 채로 집에 돌아가서 그림을 마무리하는 아이에게 아까의 집중력과 몰입은 찾아볼 수 없다. 시간표가 만든 분절은 흘러가며 이어져야 할 '자연스러움'을 끊고 '흥미와 열정'을 차갑게 식힌다. 시간의 분절은 호기심의 분절이다. 특히 아이들의 호기심은 어른과 달라서 일단 맥이 끊기면 그것을 다시 이어가기가 매우 어렵다. 코끼리는 놀이에 시간의 틀을 두지 않는다. 유아 교육 기관이므로 당연히 하루의 일정이 짜여 있지만 대략적이며, 아이들의 상태, 날씨 변화 등에 따라 매우 유동적이다. 선생님과 아이들, 주변의 모든 상황들을 종합적으로 고려하여 판단한다. 다음 일정보다는 아이들이 몰입한 놀이의 흐름을 이어가는 것을 더 우선하기에 코끼리 선생님들은 시시각각 상황을 파악하고 민첩하게 다음의 일정을 조정한다.

커다란 흐름은 정해 두었지만, 세밀한 시간의 분배나 조정은 아이들의 마음에 따르기 때문에 선생님은 그 마음과 주변의 상황, 상태를 항상 주의 깊게 살피며 교육 활동을 조절한다. 시간의 제약이 없으니 코끼리 아이들은 흥과 흥이 만났다가 헤어지고 또 생기고 사라질 때까지 신나게 놀면서 무엇인가를 계속 시도한다. 넉넉한 시간은 아이의 자연스러운 놀이가 심화되고 진화하는 첫 번째 조건이다. 놀이가 아이들에게 밥이라면 꼭꼭 씹어서 맛있게 먹을 수 있는 충분한 시간이 필요할 것이고, 놀이가 세상을 배우는 공부라면 심화 학습을 위한 시간 연장은 필수라는 것이 40년을 이어온 엄지의 철학이고, 그 길을 함께 걷는 코끼리 선생님들의 생각이다.

파격적인 코끼리는 시간에 이어 공간에도 별다른 제약을 두지 않는다. 어디에 있든 아이들이 놀고자 하는 곳이 놀이터가 된다. 선생님과 아이들은 미끄럼틀, 그네, 시소 같은 놀이 기구나 시설이 없어도 어디서든 마음대로 놀이터를 만들어 내고 신나게 논다. 유치원의 모든 문은 주로 열려 있고 덕분에 공간과 공간은 서로 연결되어 통한다. 칼바람 부는 한겨울에도 코끼리의 문이 추워서 닫히는 법은 없다. 아이는 교실에서 코끼리 석상으로 달려가

서 놀다가 미로처럼 얽힌 나무 데크를 따라 엄지 방(교육지원실)에 이른다. 한 바퀴 둘러본 다음 계단을 내려가서 작은 도서관을 지나 다시 밖으로 나오면 나무 놀이터에서 놀고 있는 친구들이 보인다. 그 틈으로 숨어들었다가 다시 나무 층계를 오르면 모래 놀이터, 여기서 아이는 어느 틈에 모래 구덩이를 신나게 파고 있는 녀석들 사이로 사라진다. 앞마당에만 있어야 할 것 같은 모래는 이러한 까닭으로 유치원 모든 곳에 있다.

어른들이 보장하는 최대한의 공간을 누비며 마음껏 노는 아이는 공간을 구분하거나 기능으로 한정 짓지 않는다. 이에 응답이라도 하듯 코끼리 아이들은 계절과 실내외의 구분 없이 맨발과 양말로 모든 공간을 누빈다. 신발이 무

모래 놀이터 옆 나무 놀이터에는 타고 올라가서 2층 높이의 종을 치고 내려올 수 있는 봉이 설치되어 있다. 두세 명이 얽히기도 하지만 자유자재로 방향 전환을 하는 능숙한 솜씨!

슨 의미가 있나 싶은 이 아이들 앞에 분절 없이 이어지는 코끼리유치원의 공간들은 그 자체로 놀이의 재료이고 무한한 실험이 펼쳐지는 아이들의 연구실이다. 이 연구실에서 아이는 어디서든 놀 수 있고, 무엇이나 만들어 낼 수 있는 '놀이 박사'로 자란다. 아이들은 공장에서 멋지고 예쁘게 만들어져 나온 장난감을 처음 만나면 금방 매료되어 사랑에 빠진다. 그러나 대부분 아이는 이런 종류의 장난감에 금방 싫증을 내며 구석에 던져두고 잊는다. 정해진 사용법이 구체적이고 제한적이며 지시적이기 때문이다. 이런 류의 장난감들은 내 생각이 곁들여지는 순간 망가진다. 앞뒤로만 흔들어야 하는 손을 좌우로 벌리는 순간, 좌우로만 돌려야 하는 고개를 위로 드는 순간, 장난

여차하면 뛰어나가는 코끼리 아이들의 양말은 성할 날이 없다. 추운 겨울에도 신발 없이 뛰놀다 보면 양말에 구멍은 예사. 아이들도 어른들도 훈장처럼 자랑스러워하니 코끼리에 처음 오는 사람들은 혼란스럽다.

감은 부서지고 만다. 코끼리 놀이 박사들이 노는 것을 지켜보고 있으면 무릎이 탁! 쳐지고 감탄이 절로 나온다. 주어진 것이 없으니 능동적이고, 능동적으로 놀이를 고민하다 보니 아이디어가 샘솟는다. 따끈따끈하게 만들어진 놀이가 세상으로 나와 확장되고 소멸한다. 소멸했다가 또다시 생겨나고 더 새로운 놀이로 변신했다가 전혀 새로운 놀이인 듯한데 아까 봤던 놀이인 것 같기도 하고 아까보다는 훨씬 재미있고 흥겨운… 무한한 놀이의 생성과 확장, 소멸로 이루어진 하나의 뫼비우스 띠.

형태가 없는 놀잇감 중 가장 인기 있는 재료는 흙과 물이다. 3월 초만 되어도 코끼리 모래 놀이터는 이미 맨발의 청춘들로 가득하고, 놀이터 곳곳에서 펼쳐지는 대규모 토목 공사(?) 현장으로 발 디딜 틈이 없어진다. 정해진 형태와 쓰임이 없는 흙과 물은 아이들 손에서 작은 강물로, 그 위를 지나는 다리로, 댐으로 두꺼비가 사는 집으로, 밥과 빵으로, 주먹밥으로 다시 태어난다. 무엇이든 상상하고 꿈꾸는 아이들에게 시간과 공간의 허락은 하늘과 땅, 바다는 물론 우주를 선물하는 일이다.

오늘도 놀고 있습니다

코끼리 교육은 놀이에서 시작해 놀이로 끝난다. 농사도 놀이가 되고 숲에서의 시간도 놀이, 유치원 생활도 다 놀이다. 경험을 통해 '아이는 놀기 위해 이 세상에 왔다'라는 것을 코끼리의 어른들은 잘 알고 있다. 그것이 아이의 본능이며, 놀이 경험을 통해 무궁무진하게 성장할 수 있다는 것을 수없이

놀이터에 공수되는 모래는 깨끗한 육상 모래나 강 모래로 까다롭게 선택한다. 그래야 동글동글 공도 만들고 두꺼비 집도 지을 수 있다. 바닷가의 고운 모래는 촉감은 좋지만, 물로 뭉쳐지지 않아 아이들이 좋아하지 않는다. 어른들의 생각과 아이들의 실전은 이렇게 다르다. 실전을 통해 익혀 가는 코끼리의 노하우 가운데 하나다.

확인했기 때문이다. 어른의 역할은 아이가 놀기 시작하면 실컷 놀 수 있게 충분한 시간을 주는 것, 노는 데 개입하지 않는 것, 너무 많은 놀거리를 제공하지 않는 것뿐이다. 이 놀이 원칙은 빈손으로 가는 숲 나들이에서뿐만 아니라 3박 4일 겨울 캠프에서도 매우 코끼리답고 재미난 장면들을 만든다.

캠프를 즐기는 동안 아이들은 수많은 놀이를 창조한다. 코끼리 가족들은 일회용품을 사용하지 않기 때문에 항상 개인 물병을 가지고 다니는데, 캠프에 가면 숙소 거실 한쪽 벽 아래 개인 물병을 한 줄로 세워 두고 필요할 때마다 가져다 사용한다.

그리고 심심함이 찾아온 순간, 장난감이 없는 환경[16]에서 아이들의 물병은 흥미로운 놀이 도구로 다시 태어난다. 각자 제 물병을 가져와 눕히고 누구 물병이 더 오랫동안 도는지 내기를 한다. 하나, 둘, 셋! 구령이 떨어지기 무섭게 아이들의 물병이 동시에 돌기 시작한다. "더, 더, 더!" 환호와 응원 속

---

16) 코끼리유치원에서는 캠프를 떠날 때 게임 도구나 여타의 놀잇감을 따로 챙기지 않는 것을 원칙으로 한다. 맨몸으로 친구와 함께하는 심심한 시간을 견디다 못할 때 상상력이 발휘되고 아이디어가 떠오르기 때문이다.

에서 가장 마지막에 멈춘 물병의 주인은 영광스러운 승자가 된다.

아직 남아있는 게임이 많으니 내 물병이 조금 일찍 멈췄다고 슬퍼할 필요는 없다. 물병이 안 되면 이번에는 물병 뚜껑으로 시합을 신청하면서 자신들도 모르는 사이에 금방 놀이 종목 하나가 더 추가된다. 수없이 게임이 반복되다 보면 선수가 바뀌기도 하고 옆자리에 다른 신생 리그가 생겨나기도 한다. 처음엔 금세 멈추던 아이들의 뚜껑이 시간과 횟수를 거듭할수록 점점 오래 돌아간다.

시행착오를 거치면서 요령을 터득하고, 나름대로 패인을 분석해서 스스로 진화하기 때문이다. 숱한 시도와 반복 속에서 가장 효과적인 방법을 찾았을 때 아이는 이겨서 얻는 것보다 더 큰 기쁨을 느낀다.

성취감은 자신감이 되고 노하우는 인류가 진화할 때 그랬던 것처럼 입에서 입으로 친구들에게 전파된다. "뚜껑을 꽉 쥐지 말고 손가락으로 잡아 봐.", "이 뚜껑은 납작해서 안 돼. 다른 뚜껑 없어?" 새로운 기술을 개발해낸 아이는 으쓱해지고 더 잘하고 싶은 아이는 적극적으로 기술 제휴를 맺으며 불과 몇 시간 전에는 상상도 할 수 없었던 뚜껑의 가능성을 재발견한다.

물병 리그의 인기가 내림세로 접어들고 시즌이 종료에 다다를 때쯤 자연스레 새로운 종목이 개막을 알린다. 넓고 긴 모양의 방에서 아이들이 배 미끄럼을 타기 시작한다. 반들반들한 방바닥은 아이들이 한 덩이의 컬링스톤이 되기에 충분하다. 아이들은 앞다투어 배를 깔고 주르륵 미끄러진다.

누가 더 멀리 나가는지는 크게 중요치 않다. 너도나도 번갈아 가며 방바닥을 얼음판 삼아 노는 동안 방바닥은 어른들이 지켜보기에도 제법 흥미로운 놀이터가 된다. 미끄러지고 엎어지고 뒤엉키면서 신나는 비명과 행복한 웃음이 터져 나온다.

영원한 왕조는 없는 법. 신나게 한판 벌어졌던 인간 컬링(?)도 슬슬 인기가 시들어 가면 어디선가 또 다른 놀이가 시작된다. '드르르륵' 저쪽 어디에선가 바퀴 굴러가는 소리가 나더니 한 녀석이 짐 싸 온 여행용 가방을 타고 나타났다. 마음속으로 하나, 둘, 셋을 세기도 전에 온 방에서 캐리어 범퍼카가 '쏟아져' 나온다. 순식간에 숙소 안은 인도 어느 도시의 거리가 되어 무질서의 질서가 생기고 무면허 꼬마 레이서들은 신이 난다. 당연히 부딪히고, 깔깔깔 넘어지고, 어쩌다 피하고, 쫓고 또 쫓기며 그렇게 또 한참을 논다. 일반 가방을 가지고 온 친구들도 교통경찰, 동승자, 교대 운전자 등 각자의 역할을 잘도 찾아내어 어울린다.

주어진 놀잇감이 아니기에 아이들은 특별히 소유권을 주장하지도 않고, 나에게 그 놀이 재료가 없다고 해서 실망하지도 않는다. 있다가도 없을 수 있고 없다가도 있을 수 있기에 서로 빌려주고 나누는 데도 코끼리 아이들은 익숙하다. 놀이를 통해 배웠기에 자연스럽다.

도구가 필요 없는 놀이도 무궁무진하다. 놀이를 통해 단련된 코끼리 아이

더! 더! 더!

물통 뚜껑 돌리기 대회에 참가한 선수들과 훈수꾼들의 표정이 사뭇 진지하다.

들은 몸도 곧 놀이 도구가 된다.

한 마리 원숭이가 되어 방문을 활짝 열고 양손과 다리를 쫙 벌려 문틀을 타고 오르기도 하고, 퉤퉤! 손바닥에 침을 튀겨 마찰력을 높인 다음 각진 나무 기둥을 타고 다람쥐처럼 천장까지 올라갔다 내려오기도 한다. 그렇게 꼭대기까지 오른 후에는 천천히 내려온다. 오르는 것보다 내려오는 것이 더 어렵고 조심해야 한다는 것쯤은 그동안의 경험으로 알고 있기 때문이다.

몸 쓰는 일을 자주 했던 아이들은 내 몸을 잘 조절하고, 상황에 맞게 이용할 줄 안다. 문틀 원숭이 한 마리가 성공하고 나면 연이어 도전하는 원숭이 지원자들이 줄을 잇는다. 운동 신경이 좋아 손쉽게 성공하는 아이도 있지

한 발 먼저 올려!

다양한 놀이 경험과 도전은 제 몸을 잘 통제하고 사용할 수 있게 한다. 코끼리들은 동그란 기둥, 각진 기둥, 넓은 기둥, 좁은 기둥을 가리지 않고 못 오르는 기둥이 없다.

만, 아직은 요령을 터득하지 못한 아이도 있다. 아이들은 서로 방법을 가르쳐 주고 도와주며 또 한 번 스스로 진화한다. 다른 친구가 해내는 모습을 보면서 나도 할 수 있다는 자신감과 도전에 필요한 용기도 얻는다.

"올라가지 말고 그대로 있어 봐.", "한 발 먼저 올려!" 친구들의 진심 어린 응원과 원 포인트 레슨까지 더해지면 손끝 발끝에서 코끼리 기운이 솟아나기라도 하는지 더디지만 포기하지 않고 끝까지 문틀을 오른다. 긴 노력으로 성공한 아이는 친구들과 선생님들의 축하 세례를 받는다.

끝까지 올라간 아이, 발 위치를 훈수 둔 아이 모두 이 성공의 주인공이다. 내가 아는 것을 나누었더니 친구와 내가 둘 다 행복해지는 경험을 하는 것은 더 큰 배움이다. 이렇게 코끼리 아이들은 빈손으로 놀이를 만들고 그 안에서 성취와 감동을 맛본다.

코끼리의 놀이는 정해진 '틀'이 없다. 그날 날씨와 아이들의 상태, 호기심 등에 따라 바뀐다. 밖에서 활동할 때도 정해진 일정에 아이들을 가두지 않으며 아이들이 몰입하고 있는 놀이의 흐름을 끊지 않는 것이 모든 일에 우선한다. 집중하여 놀고 있는 아이들에게 '간식 먹자'라고 부르지 않는다. 그 순간 아이들에게 필요한 것은 간식이 아니고 놀이의 심화이며, 놀이는 시간과 함께 진화하기 때문이다.

그리고 또 한 가지, 코끼리의 놀이에는 '좌절'이 없다. 수없이 많은 종목(!)의 놀이가 생겼다 없어지고, 수없이 많은 경기(!)에 출전하기에 모든 아이가 저마다 '내가 잘하는 놀이'를 가지고 있기 때문이다.

이번 게임을 내가 못해도 다음 게임은 얼마든지 내가 잘할 수 있다는 나에 대한 믿음을 코끼리 아이들은 경험을 통해 가지고 있다. 비교하며 좌절하고 샘낼 시간에 내가 잘할 수 있는 다음 놀이를 생각한다.

놀이에 집중할 수 있게 충분한 시간을 허용하는 것은 코끼리의 중요한 원칙이다. 아이들을 이런저런 명분과 틀에 가두려 하지 않고 의식의 흐름을 따라가며 실컷 놀 수 있게 허락한다.

여기에는 아이를 완전한 하나의 인간으로 존중하는 마음이 자리하고 있다. 아이는 선생님의 결정과 명령에 따라야만 하는 수동적이고 불완전한 존재가 아니며, 아이에게도 자신만의 세계가 있다는 것을 인정한다. 배고픔도 잊은 채로 땀을 뻘뻘 흘리며 놀이에 열중하고 있는 아이에게서는 놀라운 기운이 뿜어져 나온다.

아이들은 줄 두 개만 가지고도 친구들과 함께 날마다 새로운 놀이를 만들어 낸다. 해체된 조립식 미끄럼틀 조각들을 썰매 삼아 나무 계단 위에서부터 덜컹덜컹 미끄러져 내려가는 놀이를 만들어 내기도 한다.

같이 탈 친구를 태우기 위해 맨 위 출발 지점에서 능숙하게 위치를 잡고 균형을 조절하는 모습은 언제 봐도 경이롭다. 이렇게 놀아 본 아이들은 언제 어디서나 나의 놀거리를 창조해 낸다.

놀이에 에너지를 쏟으며 다양한 시도를 통해 얻어진 경험으로 아이는 스스로의 가능성을 발견한다. 놀이는 아이가 자라 어른이 되었을 때 자신의 힘으로 삶을 선택하며 나아갈 수 있는 용기의 바탕이 된다. 용기 있는 아이들은 남과 다른 질문을 던질 줄 알고 정의로운 편에 설 수 있으며, 낡은 틀 밖으로 나와 자유롭게 사고할 수 있다.

창의성이란 결국 용기로부터 시작되며, 용기는 한계를 두지 않고 시도해 보는 놀이의 경험에서 비롯된다.

코끼리들은 부서진 놀잇감도 쉽게 버리지 않는다. 원래의 노릇을 잃어도 새로운 역할이 주어지기 때문에 노병은 쉽게 사라지지 않고, 아이들의 즐거운 시간을 오래오래 함께한다.

진정한 호모 루덴스가 자란다

유치원에 처음 방문하면 누구나 거치게 되는 몇 가지 관문이 있다. 그중 제일 먼저 마주하게 되는 것이 유치원 출입문이다. 유치원의 대문은 '당연히' 이곳의 주인인 아이들의 신체 사이즈에 맞추어져 있어서 유치원에 오는 모든 어른들은 반드시 겸손한 마음으로 격식을 갖추고 고개를 숙이는 예를 다해야만 아이들의 세상에 입장할 수 있다. 작은 문을 통과하고 나면 꽤 낮

설고 다소 복잡한 좁은 통로들을 거쳐야 한다.

유치원의 모든 구조와 크기는 아이들에게 맞춰져 있기 때문에 이곳에 처음 온 어른들은 예고 없이 나타나는 요주의 구간에 들어설 적에 위로는 머리가 부딪히지 않도록 조심해야 하고, 아래로는 송사리 떼처럼 날쌔게 유치원을 휘젓고 다니는 아이들을 조심해야 한다(그나마 위로가 되는 것은 급하면 사다리를 타고 내려오거나 줄을 타고 올라가기도 하는 선생님들의 모습을 어렵지 않게 볼 수 있다는 것이다).

모든 안내문이나 표지판은 아이들의 눈높이에 맞게 게시되어 있고, 이것들은 모두 일곱 살 아이들이 삐뚤빼뚤 직접 쓴(혹은 그린) 글씨로 만들어

코끼리 놀이터에는 아이들의 손때, 발걸음이 만든 오랜 역사가 켜켜이 쌓여 있다. 덧대어지고 이어지고 연결된 놀이터를 오늘도 아이들은 다람쥐처럼 잽싸게 오간다.

져 있다.

유치원의 놀이터는 미로와 같이 사방으로 연결되어 있어 금방 이쪽에서 들어간 아이가 저쪽에서 튀어나온다. 분명 눈앞에서 들어갔는데 등 뒤에서 나타나기도 하고, 계단을 올라 본관 교실로 들어가는 걸 똑똑히 보았는데 별안간 별관 아래층에서 등장하기도 한다. 이런 독특한 구조를 가진 유치원의 실내 구조는 한 번에 설계되고 건축된 것이 아니다. 오랜 시간 누적된 코끼리의 역사가 켜켜이 쌓여 만들어진 것이기에 독특하고 소중하다.

전주의 평범한 주택가에 위치한 코끼리는 1990년대 초 작은 유치원을 인수해 자리 잡았고, 30여 년의 세월 동안 상황과 필요에 따라 더하고 빼고 붙이고 나누며 지금의 모습을 갖추게 되었다. 유치원의 공간이 바뀌고 덧붙여질 때마다 안전을 제외하고는 최우선으로 고려하는 부분이 아이들이 새로운 변화를 얼마나 재미있어할지, 그리고 아이들의 눈높이와 동선에 적절한지 여부이다. 코끼리 아이들에게 유치원은 그 자체로 호기심의 대상이자 마음 편히 신나게 놀 수 있는 놀이터이기 때문이다.

유치원의 마당(모래 놀이터)은 백여 명의 아이들이 생활하기에는 어쩐지 좁아 보인다. 좁아서 오는 불편은 크게 없지만, 그래서 자연스레 생겨나고 유지되는 아이들 간의 관계와 질서가 있다. 간혹 오가며 어깨가 스치거나 팔이 스치는 일은 있지만 다툼은 없다. 가장 큰 형님인 일곱 살 바바반의 배려와 치안 유지(?) 아래 (아직 개념이 없는) 막둥이 다섯 살 호퍼반 동생들은 때때로 대장처럼 행동하거나 여섯 살 올리반 형님들에게 하룻강아지 범 무서운 줄 모르는 도전을 감행하기도 한다. 그러나 호퍼반은 늘 안전하다. 상급반이 동생들에게 양보하고 감싸 주는 것은 코끼리의 오랜 전통이자 학풍이기 때문이다. 코끼리 아이들은 형님들이 동생을 지켜 주고 보호하는 것을 기사도와 같이 중요한 가치로 인식한다.

좁은 놀이터에서는 서로 배려하고 양보할 때 더 즐겁게 놀 수 있고, 질서를 지켜야 더 넓게 쓸 수 있다. 물모래 놀이, 잡기 놀이, 공놀이, 심지어 자전거 타기까지 다양한 놀이가 동시다발적으로 이루어지는 코끼리 놀이터에서는 반드시 필요한 미덕이다. 비행기마다 하늘에 자신이 가야 할 항로가 정해져 있고, 각 항로에는 규칙과 질서가 있는 것처럼 코끼리 아이들의 놀이도 그들만의 질서가 있어 서로 엉키지 않고 물 흐르듯 이루어진다. 너무나 당연

한 말이지만, 놀이를 통해서 기를 수 있는 힘은 많이 놀아 본 아이들만 가질
수 있다.

유치원의 문은 무더운 여름에도, 칼바람이 매서운 겨울에도 웬만해서 닫
혀 있는 법이 없다. 아이들의 자유로운 통행을 위해서이기도 하고 문단속에
필요한 규제에서도 자유롭기 위해서이다. 그 대신 여름에 조금 덥게 지내고,

모래 놀이터에서 코끼리 아이들은 우주인이 유영을 하듯 자유롭다. 저 흙투성이의 옷을 어
쩌나 하다 보면 곁에서 철퍼덕 주저앉아 함께 모래놀이에 집중하고 있는 선생님들을 보게
된다. 기꺼이 감내하는 어른들의 허용 속에서 아이들의 육체와 정신은 더욱 자유롭다.

겨울에 옷 한 겹 더 껴입으면 된다는 게 코끼리들의 생각이다. '여름이 원래 덥지 뭐!' 하는 아찌의 말에 '맞아, 그리고 겨울은 원래 추운 거잖아!' 하는 아이들이다.

아이들의 통행이 자유로우니 공기의 순환도 당연히 자유로울 터, 뜻밖에 우리나라에서 가장 실내의 공기 질이 좋은 유치원으로 비공식 인증받은 적도 있다. 어느 날, 국가 기관으로부터 위탁받아 전국 유아 교육 기관의 공기 질을 검사하러 다니는 분이 오셔서 교실마다 공기 질을 측정한 적이 있단다. 금방 끝난다는 안내와는 달리 머리를 자꾸 갸웃거리며 측정하고, 또 측정하고, 여기서 쟀다가 저기서 재고…, 한참을 재더니 돌아온 검사원은 "세상에, 전국을 돌아다녀 봤지만, 이런 유치원은 처음이네요!" 하며 놀라워했다. 환경 호르몬 검출 수치가 거의 나오지 않은 것이다. 전국을 돌아다녀 봤지만 우리나라 유치원·어린이집 중에 이런 곳은 없었다며 검사원은 감탄을 멈추지 않았다.

찬찬히 코끼리의 교실을 돌아보면 그럴 만도 한 것이 코끼리는 예쁘게 보이기 위해 알록달록 색을 입히기 위한 페인트를 사용하지 않았다. 꼭 필요한 곳에만 친환경 수성도료를 조금 사용했을 뿐이다. 목재를 보호하기 위해 책상에 비닐을 씌우거나 코팅하지 않고, 아이들이 나무의 질감을 그대로 느끼며 사용할 수 있게 배려했다. 이러하다 보니 코끼리유치원은 '우아!' 감탄이 절로 나오는 멋지고 세련된 분위기와는 거리가 멀어도 너무 멀다. '아니, 우리 아이가 이렇게 형형색색 예쁜 빛깔인데 왜 굳이 페인트를 써가며 색을 입히죠? 누구를 위해서?' 엄지의 항변 아닌 항변이다.

언제나 문이 활짝 열려 있는 곳은 엄지 방(아이에 따라서는 햇님 방)이라고 불리는 교육지원실인데, 사실 교육지원실(혹은 원장실)이라기보다는 차라리 '다목적실'이라는 이름이 더 어울린다. 아침마다 종이접기와 실뜨기를 배우러 오는 아이들로 북적이는 놀이방이고, 여기저기 오가다 잠시 들러 가는 사랑방이며, 여러 가지 민원과 고충을 처리하는 민원실이다. 또 아무 이유 없이 들러서 맥없는 장난을 걸고, 괜한 수다를 떨다가 배꼽 빠져라 웃고 가는 참새들의 방앗간이다. 모래 놀이터인 앞마당과 교실을 수없이 오가는 아이들 때문에 문은 늘 열려 있고 유치원 계단이며 교실 바닥은 자글자글 모래가 밟힌다. 한쪽에서는 매일 치우고 한쪽에서는 매일 모래를 쌓는 무한한 반복이 즐거움 속에 이루어진다. 유치원

어지간한 꼬마 원숭이들 뺨치는 코끼리 아이들의 실력은 하루 이틀의 노력으로 이루어진 것이 아니다. 막둥이부터 형님들까지 모두에게 인기 만점.

엄지가 고안하고 아찌가 뚝딱 만들어 낸 마주사다리. 높은 곳에 올라 조망하는 것을 좋아하는 아이들을 위한 것이다.

에서 아이들이 뛰어다니지 못할 공간은 없다.

코끼리 다목적실에 관련해서 엄지가 들려준 일화 하나. 코끼리가 만경강 따라 걷기, 전주천 하천 탐사 등으로 신문과 방송에 생태 유치원으로 소개된 이후, (우리 유치원에는 애들 노는 것 말고는 볼 게 하나도 없다는 엄지의 거듭된 거절에도 불구하고) 전국 각지의 유치원 원장들이 코끼리유치원을 찾은 적이 있단다. 한참 유치원을 둘러보고, (명목상 원장실인) 엄지 방에서 함께 이야기를 나누던 중에 한 원장이 엄지에게 물었다고 한다. "원장님, 그런데 원장실은 어디야?" 이런 질문이 사실은 한두 번이 아니었다며 킥킥대는 엄지. 그리고 돌아가는 길, 일행은 입을 모아 '아이들 노는 수준이 다르다.', '선진지 견학으로 일본에 갔을 때 오랜 전통의 유치원을 본 적이 있었는데 딱 그 느낌'이라는 말을 남기고 갔다고 전하는 엄지의 어깨가 어쩐지 평소보다 조금 높아 보인다. 호부호형을 못한 홍길동은 서러웠으나 원장실을 원장실로 부르지 못하는 엄지는 묘하게 신나 있다.

코끼리는 공간 배치와 쓰임의 중심에 아이들을 두는 것을 중요하게 여긴다. 아이들은 오랜 시간 엄지와 아찌가 자신들을 중심에 두고 고민하며 만들어온 이 작고 소박한 공간을 무척 사랑한다. 건물과 건물을 연결한 나무다리들을 지나 미끄럼틀을 타고 마당으로 내려오는 길을 다니는 것마저도 아이들에게는 즐거운 놀이가 된다.

2층 데크의 천장에서 늘어뜨린 두 개의 순면 밧줄은 아이들 손에서 날마다 새로운 모습으로 태어난다. 두 개를 묶어 그네를 만들어 타기도 하고 서로 맞잡은 채로 빙글빙글 돌려서 얽히고설키어 놀기도 한다. 일곱 살쯤 되면 밧줄을 타고 끝까지 올라가서 놀이터를 내려 보거나 박쥐처럼 거꾸로 매달려서 아예 두 발을 천정에 붙이기도 하는데 스파이더맨이 따로 없을 정도로

능수능란하다.

유치원의 복잡하고 재미있는 공간처럼 이곳의 놀이 기구들 또한 아찌의 손길로 태어나서 진화되어 온 것들로 대부분 세상에 단 하나뿐인 것들이다.

무더운 여름날이면 아이들은 아찌가 만든 '셀프 물벼락 놀이 기구'를 애용한다. 빗물저금통의 수도꼭지를 열어 유치원 입구 살구나무 위에 매달린 양동이를 가득 채운 다음, 그 아래 발판에 자리를 잘 잡고 서서 양동이와 연결된 줄을 힘껏 잡아당기면 물벼락이 와락 쏟아져 아이들의 더위를 시원하게 씻어 준다.

모래 놀이터 한쪽에 자리한 마주사다리[17]도 엄지와 아찌의 합작품이다. 일반 초등학교 운동장에 있는 늑목보다도 높아서 어른들은 아래에서 바라보는 것만으로도 아찔한 이 마주사다리를 아이들은 수시로 오르내린다. 다섯 살 호퍼반도 꼭대기까지 올랐다가 반대편으로 내려오기를 반복한다. 가끔은 맨 꼭대기에 엎드려 친구들이 노는 것을 한참씩 구경하기도 하는데, 마주사다리에서 떨어져 다친 아이는 없다. 바라보는 어른들만 가슴 졸일 뿐, 아이들의 표정은 운동장에 있는 것처럼 평온하다.

코끼리 모래 놀이터에는 아찌의 작품도 아니고 놀이 기구도 아닌데도 아이들의 사랑을 한 몸에 받는 명물이 하나 있다. 유치원을 상징하는 코끼리 석상이 바로 그것이다. 장난스럽게 코를 말아 올리고 한 발 앞으로 내디디고 있는 모양이 씩씩하고 힘차다. 그 모습이 코끼리 아이들과 딱 어울리는 이 석상에 얽힌 이야기도 참 코끼리스답다.

2001년 제12회 졸업생들의 학부모들이 기념으로 제작하여 유치원에 기

---

17) 늑목(사다리) 두 개가 'ㅅ'자 모양으로 가파르게 서로 기대어 서 있는 구조물로 엄지가 고안하고 아찌가 제작한 인기 만점(?) 놀이 기구이다. 꼭대기는 2층 높이로 생각보다 높고 가파르다. '마주사다리'란 이름은 아이들과 엄지가 지었다.

12회 졸업생 학부모들이 마음을 모아 세워 준 코끼리 석상. 당시 학부모들은 아이들에게 안전하고 사실적인 코끼리를 선물하기 위해 작가님과 오랜 논의를 거쳤다. 상아의 높이를 조절하고, 코끼리 코의 각도를 조절하는 등 배려와 사랑이 가득 배인 코끼리 석상. 20년 동안 한결같이 그 자리에서 아이들과 함께해 온 코끼리 모래 놀이터의 영물이다.

증한 이 석상 또한 아이들을 고려해 만들어졌다. 하늘을 향해 부드럽게 굽어 올라간 상아는 아이들의 키를 고려하여 그 끝부분에 아이들이 다치지 않도록 설계되었고, 말아 올려 접힌 코 부분은 아이 하나가 모글리처럼 올라앉아 내려다볼 수 있게 만들어져 있다. 여러 아이가 어른과 함께 탈 수 있는 코끼리의 너른 등도 인기가 좋다. 무엇보다도 아이들의 교육적 목적을 위해 최대한 실제 아기코끼리와 비슷하게 만드느라 일반적인 석상보다 비용과 시간이 더 많이 들었다고 하니 그 유치원에 그 학부모들이다.

유치원의 공간 하나하나 모두가 아이들이 주인이다. 우당탕 뛰어다니는 발걸음 소리, 아이들의 웃음과 재잘거림. 코끼리는 아이들의 행복과 함께 자라는 공간을 꿈꾼다. 그래서 코끼리는 앞으로도 계속 미완성일 것이다.

아이를 살리는 칭찬

J는 다른 아이들보다는 조금 늦은 여섯 살 때 코끼리에 왔다. 어딘지 모르게 J는 표정이 어둡고 다소 신경질적이었다. 이전에 다니던 유치원에서 야단도 많이 맞고 꾸중도 많이 들었다고 했다. 그래서인지 J는 때때로 폭력적인 모습을 보이곤 했다. 낯선 친구들을 더욱 배려하고 감싸 안는 코끼리 아이들도 조금은 특별한 J의 모습에 다들 적응하지 못했고, 결국, J는 아이들과 잘

어울리지 못한 채 가장자리를 맴돌았다. 그런 J도 시간이 흐르면서 코끼리에 젖어 들더니 조금씩 달라지기 시작했다. 그 변화의 시작은 교사 회의로부터였다. 코끼리 선생님들은 아이에게서 문제가 발견되면 그것을 해결하기 위해 매일 서로 관찰한 아이의 모습을 공유하면서 어떻게 하면 좋을지 머리를 맞대고 고민한다.[18] 회의 결과에 따라 필요한 경우 아이의 긍정적 변화를 유도하기 위해 작전을 짜서 직접 개입하기도 한다.

  J의 경우가 그랬다. 교사들은 J가 이전에 다니던 유치원과 가정에서 칭찬을 많이 받지 못했고, 이 때문에 자존감이 많이 낮아져 있으며 관심이 필요하다는 것에 생각을 모았다. 그리고는 곧장 'J 칭찬하기 프로젝트'에 돌입했다. 프로젝트가 시작된 후 어느 날, J가 함께 놀던 다른 친구를 배려하는 모습을 본 아찌는 그 순간을 놓치지 않고 엄지손가락을 치켜들며 큰 소리로 칭찬의 말을 건넸다. "우와아~ 우리 J, 친구를 챙기는 모습이 엄청나게 멋진데!" 그러자 J는 어색한 표정으로 아찌를 빤히 바라보더니 수줍게 도망쳤다. 때를 놓치지 않는 이런저런 칭찬과 인정의 시간이 지나던 어느 날, 집에서 무슨 일이 있었던 듯 시무룩한 얼굴로 유치원을 들어서던 J가 아찌를 지나쳐 가다 문득 생각난 듯 다시 돌아와 물었다. "아찌, 아찌는 내가 진짜로 멋있어?" 아찌는 "그러엄~ 우리 J가 멋지게 행동하는 걸 내가 직접 봤잖아!" 이번에는 쌍 엄지를 치켜들며 대답했다. 물끄러미 한참을 바라보고 서 있다가 돌아서 간 J. 놀랍게도 이 순간을 기점으로 J의 표정과 행동이 눈에 띄게 달라지기 시작했다. 아이가 얼마나 멋지게 피어났는지 엄지와 선생님들은 J

---

18) 엄지는 원장과 교사가 모든 아이의 이름을 불러 줄 수 있고, 아이를 제대로 파악할 수 있는 정도의 최대 규모가 100명 내외라고 생각한다. 그런 이유로 유치원에 들어오고 싶어 하는 아이들이 아무리 많아도 최대 120명의 정원을 넘기지 않는다. 그래서 코끼리 선생님들은 내 반 네 반 할 것 없이 모든 아이의 특징과 성격 등을 파악하고 있다.

를 지켜보는 것만으로도 즐겁고 행복했다고 한다. J는 어느새 아이들 사이에서 리더의 역할을 할 만큼 자존감이 높아졌고 즐거운 에너지로 놀이에 집중하는 아이가 되었다.

유치원의 어른들이 관심과 사랑의 눈길로 지켜보며 적절한 순간에 마음의 지지를 보내는 것만으로도 아이들은 백조가 된다. 미운 오리는 원래부터 밉지 않았다. 오리가 자신이 백조임을 깨닫고 멋지게 날개를 펼치기 위해서는 어른들의 관심과 지지, 사랑이 필요하다. 그냥 필요한 게 아니라 아이의 마음이 정해 놓은 그만큼을 넘을 때까지 의심 없이, 아낌없이 무조건적으로 넘치게 부어 주어야 한다.

코끼리의 자랑, 모래 놀이터

코끼리에서 아이들에게 가장 사랑받는 공간은 누가 뭐라 해도 모래 놀이터이다. 유치원은 일 년에 한두 차례 새 모래를 들이는데 모래가 들어오기 전날부터 코끼리 분위기가 묘하게 들뜬다.

아이들은 새 모래를 받기 위한 준비로 분주한 시간을 보낸다. 새 모래가 들어와 산을 이루기 전에 모래 놀이터의 평탄화(?) 작업을 진행하는데 모래가 새로 쌓일 곳의 모래들을 구석구석 고루 펼치고 멀리 이사 보내는 모습을 보고 있으면 개미 역사라는 말이 절로 떠오른다. 이 작업은 아이들에게 또 다른 놀이가 된다. 넓지 않은 유치원 앞마당에 새 모래가 들어오는 날, 두근두근 흥분한 아이들로 온 유치원이 들썩인다. 미끄럼틀 위, 나무 위의 오

새 모래가 들어오는 날! 아이들이 없을 때 하면 좋지 않겠냐는 것은 모르시는 말씀. 코끼리는 일부러 아이들의 일정에 맞춰 모래 차를 부른다. 모래가 듬뿍 쏟아지면 아이들은 축제라도 하듯 모래에 뛰어든다.

두막, 2층 나무 데크… 모래 놀이터를 둘러싼 모든 전망 좋은 곳에 아이들이 빽빽이 들어차 반짝이는 눈빛으로 트럭의 움직임과 모래의 이동을 하나라도 놓칠세라 집중한다.

미니 덤프트럭이 뒷걸음질 쳐 들어와 뒤쪽 빗장을 풀고 와르르 쏟아 놓은 모래가 산처럼 쌓이면 아이들은 앞다투어 모래 산 정상에 뛰어오르고 힘을 합쳐 크고 작은 동굴을 판다. 그러다 동굴이 무너지면 구덩이가 되고, 다른 아이가 판 동굴과 구덩이가 연결되면 토끼굴이 되어 또 다른 놀이가 시작된다.

한쪽에서 모래찜질하는 녀석들도 있다. 베테랑 놀이꾼인 바바반 아이들은 제법 큰 규모의 토목 공사를 벌인다. 놀이터 곳곳을 연결하는 수로를 만든 다음 빗물저금통[19]에서 물을 길어다가 정상에 부으면 물길을 타고 흐르는 하천이 만들어지고, 중간중간에는 보를 쌓아 물길을 바꾸기도 한다. 그렇게 흘러온 물로 아이들은 두꺼비집을 짓고 동글동글 공도 만든다. 신발은 일찌감치 벗어 던졌고 아무 곳에나 아무렇게나 주저앉는다. 온몸으로 놀이에 젖어 드는 동안 바지 주머니는 물론 머리카락 사이사이, 양말에 속옷 틈까지 파고든 모래는 마침내 코끼리 아이

---

19) 빗물저금통은 빗물 저장 장치에 아이들이 붙인 이름. 3부 '빗물저금통을 만들었어요' 참조.

들과 하나가 된다. 물과 모래를 이용한 놀이는 아이들의 감각을 만족시킨다. 맨손과 맨발에 닿는 모래는 아이들의 손바닥과 발바닥을 끊임없이 자극하고, 흐르는 물과 모래를 이용해 다양한 형태를 만들어 보며 아이는 자신의 몸을 모두 이용하고 조절해 본다.

선생님들은 모래 놀이터에서 모래뿐 아니라 다양한 방식으로 아이를 자극한다. 어느 날 아침, 유치원에 들어서는 아이들의 눈앞에 놀라운 광경이 펼쳐진다. 거미줄처럼 연결된 수십 가닥의 알록달록한 줄들이 모래 놀이터를 가득 채우고 있다. 전혀 신경 쓰지 않고 마이웨이를 외치는 녀석이 있는가 하면 줄 아래로 포복하여 가는 아이, 기어이 줄만 밟고 목적지까지 가거나 반대로 줄만 피해 가는 아이도 있다. 어떻게든 묶어 보려 애쓰는 아이까지 아이들은 각자 저마다의 방식으로 줄을 즐긴다.

점심 식사를 위해 나눠 먹을 국이 들어있는 제법 커다란 들통을 들고 가는 친구를 따라가며 막힘없이 갈 수 있게 한 줄씩 쉼 없이 머리 위로 들어 올려 주는 배려와 협동도 아이들에게는 특별한 놀이가 된다.

한겨울이 되어도 코끼리 모래 놀이터는 쉴 틈이 없다. 선생님들이 돌아가며 꽁꽁 얼어붙은 땅을 삽으로 파내면 아이들은 단단한 흙덩이를 쌓아 성을 쌓고, 도로를 낸다. 밥 먹는 것도, 집에 가는 것도 잊을 정도로 내가 좋아하는 일에 즐겁게 몰입하는 경험 역시 자주 할수록 는다.

어른들이 기획한 이런 이벤트는 아이들의 기발한 상상력이 더해져 다양한 방식으로 진화한다. 아이의 놀이를 북돋기 위해 코끼리의 선생님들은 늘 (놀) 생각을 나누고 부지런히 몸을 놀린다. 재빠른 상황 판단과 그에 따른 놀이 태세 전환은 코끼리 선생님들에게 가장 요긴한 덕목이며, 코끼리 선생님들이 가진 가장 탁월한 능력이다.

느닷없이 생겨났다 사라지는 다양한 재미가 아이들을 자극한다. 짐을 든 친구가 쉽게 지나
갈 수 있게 한참 동안 줄을 들어주기도 하고, 줄 닿지 않고 걸어가기, 어떤 색깔 줄만 밟기
등 아이들은 즉석에서 수만 가지 놀이를 만들어 낸다.

줄줄이 파티

코끼리 아이들에게 일 년에 딱 한 번 달콤한 일탈이 허락되는 날이 있다. 매년 어린이날을 전후해서 열리는 '줄줄이 파티'는 코끼리 아이들이 손꼽아 기다리는 특별한 날이다.

선생님들은 전날 저녁부터 유치원 곳곳을 풍선, 우산, 리본, 장난감 등으로 장식하고 해마다 특별한 분장[20]으로 아이들을 맞이한다. 평소에는 놀기 편한 트레이닝복에 운동화 차림이던 아이들도 이날만큼은 가장 멋진 파티복을 골라 입도록 각 가정에 안내한다. 애니메이션과 영화의 주인공부터 화려한 드레스를 차려입은 공주님, 슈트를 멋지게 빼입은 꼬마 신사도 파티에 참여한다. 평소와 다른 친구들의 모습을 지켜보고 서로 얘기하는 재미는 그렇지 않아도 기쁨 가득한 줄줄이 파티를 더욱 들뜨게 한다.

유치원에서는 해마다 색다른 이벤트를 준비하는데 에어바운스, 마술쇼, 피에로 공연, 저글링쇼, 인형극 등 외부 전문가를 초청하여 파티를 풍성하게 채운다. 아이들의 즐거움을 위해 코끼리 주변의 많은 어른이 힘을 모으는 것이다. 비버 대장님들이 준비하는 스카우트 방식의 레크리에이션도 아이들이 정말 좋아하는 공연이다. 비버 대장님들이 연구에 성공했다며 호들갑을 떨다가 요란한 뻥튀기 기계에 이쑤시개를 넣으면 각목이 튀어나오고, 사탕 하나를 넣으면 사탕 비가 쏟아져 내리는 식이다. 한번은 똑 닮은 호퍼반 동생과 졸코(졸업생 코끼리) 형님을 등장시켜 아이들의 배꼽을 잡게 하는 등 유쾌한 무대로 아이들을 사로잡는다.

---

20) 줄줄이 파티를 위해 선생님들은 아이들이 좋아하는 캐릭터로 깜짝 변신하여 충격적인(!) 즐거움을 준다. 해마다 새로운 변신을 시도하는 선생님들의 노력은 눈물겨울 지경이다.

최고의 줄줄이 파티를 위해 코끼리의 어른들은 몇 달 전부터 고민하며 준비한다. 어느 해는 에어바운스, 어느 해는 깜짝 마술쇼, 또 다른 해는 인형극을 선보인다. 어른들이 고민하는 만큼 아이들이 즐겁다는 것을 코끼리는 잘 알고 있다.

줄줄이 파티를 특별하게 하는 또 다른 한 가지는 '달콤함'이다. 건강하고 투박한 밥상을 받는 코끼리 아이들에게 시중의 덜 건강하지만 맛있는 음식이 허락되는 유일한 날. 이렇게 특별한 날인 만큼 부모님들에게도 협찬을 받는다. 치킨, 피자, 햄버거, 샌드위치, 어묵꼬치, 소떡소떡, 떡볶이, 튀김, 김밥, 국수, 과일, 솜사탕, 케이크, 아이스크림, 각종 음료와 과자 등 다양한 먹을거

해마다 특별한 분장으로 아이들을 깜짝 즐겁게 하는 선생님들의 눈물겨운 사랑!

리가 속속 도착하여 유치원을 가득 채운다.

파티가 시작되면 자신이 좋아하는 음식 코너를 찾아 신나게 뛰어다니며 즐거운 시간을 보낸다. 여기저기 친구의 이름을 부르고 이거 먹었냐 저거 맛있다 하는 소리에 유치원 마당은 순식간에 왁자지껄한 잔칫집이 된다. 입에

도 한가득, 양손에도 한가득, 이보다 더 좋을 수 있을까!

잔치 음식은 나누는 게 미덕이라고 음식을 따로 포장해 두었다가 경로당, 건너편 이발소, 유치원 앞집, 옆집, 근처 카페, 주민 센터 등 유치원 이웃의 어른들과도 함께 나누는데, 이는 언제나 바바반 형님들의 몫이다. 우리가 떠들어도 예쁘게 봐 주셔서 고맙다는 감사의 편지를 쓰는가 하면, 어떻게 인사하고 드릴지 한쪽에서 저희들끼리 입을 맞춰 보는 녀석들도 있다.

어른들을 만나 인사드리고, 맛있는 음식을 나누는 것을 준비하는 것부터 모든 것이 즐거운 공부가 된다.

줄줄이 파티는 졸코[21]들에게도 문이 열려 있다. 졸업생들은 졸코 부모들의 차량을 이용해 같은 학교나 동네를 중심으로 하교 후에 하나둘씩 모여들어 현코[22]들이 한바탕 즐기고 난 후에 삼삼오오 기수별로 파티를 즐긴다. 저학년일수록 반갑고 신나는 마음을 감출 길이 없다. 선생님, 아찌, 대장님들은 물론 친구들과도 반가운 재회가 이루어진다.

졸업생과 주변의 이웃들까지 기다리는 줄줄이 파티는 코끼리 가족들이 손에 꼽는 즐거운 날 중 하나이다.

---

21) 졸업생 코끼리의 줄임말로 코끼리 졸업생을 칭하는 말.

22) 현역 코끼리의 줄임말로 재학생을 이르는 말. 이 외에도 예코는 '예비 코끼리'의 줄임말로 앞으로 코끼리에 입성하겠다는 의지를 표현할 때 사용한다.

추억의 밤, 엄지 집에서의 잊지 못할 하루

졸업을 앞둔 2월이 되면 여덟 살이 된 바바반 아이들에게 아주 특별한 하룻밤이 찾아온다. '추억의 밤' 캠프는 매년 졸업을 앞둔 아이들을 엄지가 집으로 초대해서 하룻밤을 함께 보내는 프로그램이다.

해마다 조금씩 차이는 있지만, 대략 서른다섯 명 내외의 아이들이 선생님과 함께 엄지의 집에 모인다. 20여 년째 이어지고 있는 이 캠프는 코끼리 졸업생들에게 가장 기억에 남는 캠프로 기억된다. 엄지가 '3~4년 동안 귀하게 키운 내 새끼들과 내 집에서 같이 하룻밤 자고 내 손으로 아침밥 한 번 지어 먹이고 싶어서' 시작한 이 캠프는 처음 시작했던 엄지의 마음처럼 캠프 내내 포근하고 따뜻하며 애틋하다.

캠프는 엄지 집 근처의 초등학교 운동장[23]에서 선생님들과 아이들이 어우러진 깊은 겨울 달밤의 축구 한판으로 시작된다. 운동장에서 마음껏 떠들고 내달으며 추위를 떨치고 나면 선생님과 아이들은 본격적인 마실에 나선다. 아무리 추워도, 함박눈이 펑펑 내려와 앞이 잘 보이지 않아도 씩씩한 임금님 코끼리들의 발걸음은 멈추지 않는다. 평소 허락되지 않은 어두운 저녁 시간, 낯선 길거리를 친구들과 기세 좋게 활보하며 일탈을 만끽한다. 거리에서 마주치는 어른들이 늦은 시각 밤거리를 몰려다니는 어린아이들의 모습에 의아해하면 누가 먼저랄 것도 없이 "우리는 코끼리유치원에서 나왔어요.", "우리 추억의 밤 캠프 중이에요.", "우리 오늘 엄지 집에서 하룻밤 잔다요!?" 묻지도 않은 말과 알아듣지도 못할 말들을 신이 나서 외쳐 댄다. 그렇게 거리를 활보하다 슬슬 배가 고파질 때쯤이면 마침(?) 포장마차가 나타난다.

---

23) 상황에 따라 풋살장이나 체련 공원을 빌리기도 한다.

도란도란 그동안 마음에 담아 두었던 이야기를 꺼내어 수줍게 고백하는 친구들과의 마지막 밤. 진지하고 속 깊은 이야기에 어른들도 아이들도 모두 뭉클한 밤이다.

손 큰 엄지가 미리 부탁해 둔 포장마차에는 이미 어른들이 먹어도 차고 넘칠 양의 간식이 준비되어 있다. 아이들은 어묵 꼬치, 떡볶이, 튀김, 호떡 등 온갖 음식들을 취향껏 골라 마음껏 먹는 호사를 누린다.

배를 채우고 나면 길가에 있는 두더지 잡기 게임을 시작으로 오락실에 있는 각종 오락을 해 보거나 코인 노래방에 들어가 목청껏 노래를 부른다. 여덟 살 아이들이 평소에 엄마·아빠 없이는 상상해 볼 수 없었던 일들을 친구들과 맘껏 즐긴다. 어깨춤이 절로 나온다. 이토록 즐거운 일탈은 1312[24]아이스크림 가게에서 각자 먹고 싶은 맛을 골라 먹는 것으로 마무리된다.

캠프의 2부는 엄지 집에 돌아와서 펼쳐진다. 스스로 씻고 알아서 척척 잠자리를 준비한 아이들은 거실에 동그랗게 둘러앉아 촛불 의식을 거행한다. 천장의 등이 꺼지면 선생님은 아이들이 둘러앉은 원 안의 탁자에 놓인 크고 작은 색색의 촛불을 켠다. 컵에 담긴 촛불 하나를 들고 엄지가 먼저 이야기를 시작한 다음 옆자리에 앉은 아이에게로, 선생님에게로, 다시 선생님 옆의 아이에게로…. 촛불을 건네받은 사람의 이야기를 차례로 듣는다. 촛불을 돌리고 또 돌리며 아이들은 이 시간을 통해 친구와 선생님에게, 그리고 유치원에 하고 싶었던 말들을 제법 진지하고 뭉클하게 풀어 놓는다.

'힘들어도 꼭 참고 다 같이 한라산 정상까지 갔을 때 정말 자랑스러웠어. 에베레스트산도 같이 가자.', '학교에 가서도 잊지 않을게.', '우리 또 만나자.', '선생님, 아찌. 우리 말을 잘 들어주시고 같이 놀아 주셔서 고맙습니다.', '엄지, 코끼리유치원을 만들어 줘서 고마워.'….

아이들의 이야기를 들으며 어른들은 아이들의 성장을 느낀다. 3년이란 긴 시간을 함께하면서도 다 알지 못했던 아이들의 깊은 마음속 이야기들을 촛불 아래서 확인하고 기억에 담는다. '추억의 밤이 없었더라면 나는 이 아이들을 다 모르고 보낼 뻔했어. 난 정말 행복한 사람이야.' 매년 반복되는 엄지의 감탄과 감동은 해마다 진심이다. 아이들에게서 전해지는 감동과 사랑의 이야기는 각자 다른 색깔로 빛난다. 진심은 진심을 알아본다. 아이들은 더욱 그렇다. 코끼리를 졸업하고도 유치원을 그리워하고 자랑스러워하는 아이들의 마음에는 어른들이 전한 진심이 아름답게 남아 있다.

---

24) 배스킨라빈스 아이스크림 간판의 BR이 아이들 눈에는 1312로 보였는지 많은 아이들이 '1312'라고 외치며 입장한다!

추운 겨울 신나게 축구 한판 마치고 걸어가다 계획대로 '우연히' 마주치는 포장마차에서 아이들은 마음껏 먹고 실컷 웃는다. 코끼리에서의 마지막 캠프, 행복한 추억들로 가득해서 '추억의 밤' 캠프이다.

2부 **생명**을 키우고 **생명**을 먹으며

페스탈로치는 노동과 직업을 무엇보다 신성하게 여기며 기초 교육에 있어 노작 교육을 특히 강조하였다. 완전한 교육을 위해 필수적이라 주장했던 노작 교육의 '일하면서 배우고 배우면서 일한다'라는 원리를 코끼리 아이들은 꼬마농부학교를 통해 매년 온몸과 마음으로 깨우치고 있다. 필요를 얻으며 감사함을 배우는 꼬마농부들의 한 해는 어리다고 봐 주는 것 없이 어른들과 똑같이 힘든 거로 주변의 어른 농부들에게 소문이 자자하다.

코끼리의 꼬마농부들은 해마다 500여 평의 밭과 두 마지기의 논에 농사를 짓는다. 농약과 화학 비료를 전혀 사용하지 않기 때문에 뙤약볕 아래서 엄청난 양의 풀과 씨름해야 하고, 벌레와 한바탕 전쟁을 치러야 하지만 꿋꿋이 고된 길을 걷는다.

꼬마농부들이 감당하기에는 버거운 일이고, 그걸 기획하고 준비하며 아이들의 안전까지 책임져야 하는 아찌와 선생님들에게는 어쩌면 더 신경 쓰이고 복잡한 일일 것이다. 하지만 코끼리 교육의 목표 달성과 가치의 실현을 위해 코끼리는 20여 년 동안 한 해도 거르지 않고 농사를 지어 왔다.

꼬마
농부학교

코끼리 아이들은 바른 먹을거리를 먹는 것에서 그치지 않고, 직접 농사를 지어 건강한 농산물이 식탁에 오르기까지의 모든 과정을 경험한다. 코끼리 아이들은 어린 나이에 농사를 통해 인생은 실전임을 미리 체득한다. 얼마나 힘든 과정을 통해 먹을거리가 밥상에 올라오는지 경험한 아이들은 식탁 위의 밥 한 톨, 양파 한쪽도 허투루 여기지 않는다.

어른들이 다 길러 놓으면 잠깐 와서 수확하고 사진 찍는 체험과는 비교할 수 없는 코끼리만의 프로그램이다. 꼬마농부학교는 코끼리 아이들이 가장 힘들어하는 고행의 프로그램이면서도 수확의 기쁨으로 또다시 도전하게 만드는 마법의 프로그램이다. 어려움을 견디고 성취해 본 아이들은 새롭게 나타나는 또 다른 어려움도 버티고 뛰어넘는다.

꼬마농부들의 농사는 일반적인 유아 교육 기관이나 초등학교에서 이뤄지는 농사와는 매우 다르다. 시골 어르신들이 평생 해 오시던 '지어 먹는 농사'에 더 가깝다. 꼬마농부들은 자신들만의 밭과 논이 있고, 이곳에서 한 해의 농사를 준비하고, 짓고, 수확하고, 정리한다. 낑낑거리며 친구들과 함께 친환경 비료가 담긴 포대를 나르고 닭똥 냄새를 꾹 참고 밭 구석구석을 누비며 퇴비를 뿌린다. 그리고 나면 트랙터가 밭을 갈아엎는데, 꼬마농부들은 이 작업을 왜 하는지도, 그리고 이걸 어른들이 '로타리 친다'라고 말한다는 것도 안다. 고랑과 이랑을 만들고, 멀칭[25] 작업도 직접 수행한다.

씨를 뿌리거나 모종을 심고 수백 보를 걸어 근처 저수지에서 물을 길어다 주는 것도 당연히 꼬마농부들의 일이다. 한여름 비 한 번 오고 나면 우후죽순처럼 자라는 잡초를 뽑는 것도, 뙤약볕 아래서 굵은 땀방울을 뚝뚝 흘리며 벌레들을 죽이지 않고 멀리 떨어진 풀밭으로 강제 이주(?)시키는 것도 꼬마농부들의 중요한 과업이다. 작물들이 한참 자라는 여름에는 심는 일과 거두는 일을 병행하기도 하고, 산짐승이 왔다 간 다음에는 밭을 정비하고 울타리를 치는 것도 스스로 해내야 한다.

이렇게 체험이 아닌 '실전'으로서 아이들이 경험하는 농사는 코끼리가 추구하는 교육적 가치를 두루 담아낸다.

시간의 흐름과 계절의 순환으로부터 깨닫는 삼라만상의 이치, 그 앞에서 우리가 갖춰야 할 태도, 내 입으로 들어오는 건강한 먹을거리와 생명의 존엄함, 함께하고 도움을 받으며 실천하는 나눔의 필요, 자연 놀이터가 선사하는 즐거움, 논밭 생태계의 신비로움이 알려 주는 환경에 대한 책임감 같은 것들이 모두 꼬마농부학교안에 담겨 있다.

아이들은 농사를 지으며 자연스레 계절의 순환과 이치를 체득하고, 그것이 어떻게 생명을 만드는지 경험하고 목격하며 자연의 섭리를 익힌다. 이러한 배움은 아이가 받는 밥상의 먹을거리 교육으로 자연스레 이어진다. 꼬마

---

[25] 농작물을 재배할 때 식물이 마르거나 밟히는 걸 방지하고 지표면의 침식 방지나 잡초 번식을 억제하기 위해 짚, 수피 조각, 톱밥, 마른풀 등으로 경작지 토양을 덮어 주는 일. 일반적으로 비닐을 이용한다.

다양한 상황, 다양한 장면들이 펼쳐지는 꼬마농부학교. 그 속에서 아이들은 다양한 경험을 통해 어른들의 지혜를 보고, 배우고 체득하며 '일머리'와 '센스'를 키워 나간다. 경험은 그 무엇과도 바꿀 수 없는 소중한 자산이다.

농부들의 경험은 먹을거리가 얼마나 힘든 과정을 통해 밥상 위에 오르게 되는지를 알게 하고, 얼마나 귀한 작업의 결과인지 알게 한다.

나는 얼마나 많은 생명에 빚을 지고 살아가는지, 그래서 나는 얼마나 귀한 사람인지도 생각하게 된다. 진정으로 생명이 귀하다는 것의 의미를 알고 있는 아이는 생명을 함부로 대하지 않으며, 다른 사람도 나와 똑같이 귀하다는 것을 안다. 농사는 절대 혼자의 힘으로 지을 수 없다. 땅, 햇빛, 비, 바람 등 헤아릴 수 없이 많은 자연에 신세를 진다. 이 과정을 통해 아이들은 우리가 혼자서는 살아갈 수 없으며 우리 모두 서로에게 필요한 불완전한 존재라는 것을 경험으로 체득한다.

꼬마농부학교가 자랑하는 여러 무기 중 가장 강력한 것은 바로 고사리같이 여리지만 포기를 모르는 꼬마농부들의 부지런한 두 손이다. 100% 수작업과 유기농법으로 짓는 농사는 생명과 환경을 몸으로 익히며 그 속으로 천천히 스며들게 하는 기회가 된다.

농사를 지으며 아이들이 마주하는 수많은 돌발 상황들과 변수, 날씨, 도구, 생명 등 꼬마농부들을 둘러싼 모든 것들은 저마다의 가르침을 주는 선생님이다. 시골에서는 '깨진 바가지도 함부로 버리지 말라'는 이야기가 있는

조금 전까지 가지고 놀았던 나뭇가지가 물동이를 쉽게 나르는 데 쓰이는 훌륭한 도구가 된다. 위기에 빠진 지렁이를 살리기 위해 후다닥 신발을 벗어 옮겨 준다. 그때그때 필요에 따라 쓰임새를 바꿀 수 있는 아이디어와 유연한 사고의 경험이 아이들의 몸에 차곡차곡 쌓인다.

데 아주 하찮아 보이는 것도 언젠가는 다 쓸모가 있다는 어른들의 지혜가 담긴 말이다. 우리가 사는 도시와 달리 자연과 가까워질수록 생활은 점점 실전이 되고, 실전으로 가득한 야전(!)에서는 언제나 하찮은 것도, 영원히 대단한 것도 없다.

'쇠뜨기'라는 어엿한 이름이 있지만, 이 세상 거의 모든 사람이 잡초라고 부르는 식물이 있다. 어찌나 생명력이 강한지 농약을 치는 밭에서도 기어이 한 자리 차지하고 얼굴을 내미는 이 강력한 녀석을 꼬마농부들은 호미로 캐서 비닐 멀칭 대신으로 사용한다. 천덕꾸러기였던 잡초가 지구도 보호하고 가까이에서 쉽게 가져다 쓸 수 있는 좋은 멀칭의 재료가 되는 것이다.

또한, 지난번에 신나게 놀다 흥미가 떨어져 밭 한쪽에 던져둔 굵은 나뭇가지가 친구와 함께 물동이를 나를 때 쓰는 편리한 손잡이가 되기도 하고, 누군가가 쓰고 버린 현수막들이 얼기설기 고라니를 막아 주는 울타리로 새로운 임무를 부여받기도 한다.

꼬마농부들은 농사를 지으며 많은 '새로운 쓰임'과 '다시 쓰임'을 마주한다. 이러한 경험이 자꾸 쌓이면 아이들은 무엇을 함부로 버리기보다는 자연스레 먼저 새로운 쓰임을 궁리하게 된다. 무언가를 쉽게 하찮다고 여기거나 쓸모없다고 단정하지 않게 된다. 그리고 자신도 언젠가 꼭 필요한 곳에서 귀하게 쓰일 것을 안다.

아찌는 매일 농사를 짓기 전 우리가 지난번에 했던 일들의 까닭과 오늘 해야 할 일, 그리고 일들의 연관성에 대해 브리핑하는 시간을 갖는다. 농사는 계절의 순환이고, 시간이 빚어내는 단순하지만, 심오한 예술이어서 아찌의 간단한 설명과 함께 이뤄지는 장난스럽고 유쾌한 꼬마농부들의 선문답 대잔치는 어느 대학 강연 못지않게 깊은 울림을 준다.

봄이 오면 아찌는 버들피리를 만들어 불면서 꼬마농부학교의 피리 부는 사나이가 되는데, 신나게 한바탕 논 다음 아찌는 버들강아지 꽃이 필 때만 버들피리를 만들어 불 수 있다는 것을 알려 준다.

버들강아지 꽃이 피는 것을 보고 버들강아지 줄기에 물이 통통하게 차올랐다는 걸 알 수 있다는 것, 그때를 기다리지 못하고 가지를 잘라도, 그때를 놓치고 그다음에 가지를 잘라도 버들피리는 만들 수 없다는 것을 아이들은 배운다. 노느라 눈코 뜰 새 없이 빡빡한 스케줄의 코끼리 아이들이 다른 일정[26]이 겹치면 어쩌다 농사일을 한두 차례 거르게 되는 경우가 있다.

잡초를 뽑아야 할 때를 넘기면, 풀이 아니라 나무 수준으로 자란 잡초를 제거하느라 평소보다 몇 곱절 고생을 하는 일도 있고, 수확의 시기를 넘기면 땅속에서 썩거나 싹이 나기 시작해 애써 기른 감자를 포기해야 하는 일도 있었다. 아이들은 또 이러한 경험을 통해 때를 놓치지 않는 것이 얼마나 중요한지를 배운다. 가르쳐서 배우는 것이 아니라 경험으로 익히고 스스로 깨우치는 진짜 배움인 것이다.

아이들에게 때를 가르쳐 주는 것은 꼬마농부학교어디에나 있고 언제든지 있으며 얼마든지 있다. 씨앗과 모종 심을 때, 모판에 상토를 담고 볍씨를 놓을 때, 모내기할 때, 고추를 수확할 때, 비가 오래도록 내리지 않아 물을 길어야 할 때… 농사는 누가 좋은 때를 놓치지 않고 생명에 대한 책임감으로 부지런히 움직이느냐가 성패를 가르는 게임이다.

농사를 통해 무엇이든 귀하게 여겨야 한다는 것을 몸으로 익힌다. 생명에 대한 무거운 책임감으로 때를 기억하고 기다려야 함을 알고 있는 아이들은,

---

26) 사회를 이롭게 하는 일, 특히나 지역 사회에서 필요한 일이라면 물불 가리지 않고 협조하는 코끼리는 이미 시민 사회 영역은 물론 관공서에서도 유명해 아이들은 큰 무대에 서는 일이 낯설지 않다.

아이들이라고 해서 무턱대고 어른들의 말을 따르지 않는다. 오늘 우리가 어떤 일을 할 것인지, 왜 이때를 놓치지 않아야 하는지, 파종에서 수확까지 전체 농사 중에 지금 어느 단계에 와 있는지, 농사에 필요한 다양한 이야기가 이 자리에서 오간다. 때로는 매우 철학적인 방향으로 흐르기도 한다.

자라서 함부로 무엇을 단정 짓거나 쉽게 미워하지 않는다.

　무르익기를 기다릴 줄 알고 지나치게 욕심내지 않으며 함께하면 더 큰 힘을 낼 수 있다는 것을 안다. 세상에서 가장 아름답고 힘센 낱말이 '함께'라는 것을 코끼리 아이들은 진짜 노동의 경험을 통해 배운다. 코끼리는 아이들이 사람다운 사람으로 자라기를 바라며 해마다 아이들의 가슴에 농부의 마음을 심는다.

코끼리 한 해 농사 이야기

코끼리에는 매주 월요일 아침이 되면 월요병을 앓는 아이들이 있다. 월요일은 비가 오나 눈이 오나 바람이 부나 꼬마농부학교로 향하는 날이기 때문이다.

다시 이야기하지만, 코끼리 아이들에게 농사는 그냥 한번 해 보는 체험의 수준이 아니다. 농부 아저씨들과 똑같이 하는 진짜[27] 밭일이고 고된 노동이다. 현장 체험 학습에 가서 고구마 캐고, 딸기 따서 인증 사진 찍고 돌아오는 것은 아이들을 위한 것이기보다는 부모나 교사 같은 어른들의 만족을 위한 것이다.

---

27) 코끼리는 유치원과 학부모가 같은 철학을 공유하는 것을 매우 중요하게 생각한다. 그래서 학부모회 때마다 '엄지의 부모교육' 시간을 갖는데 이때 엄지는 "아이가 농사가 너무너무 힘들고 논밭에 가는 게 싫다고 한다면 꼬마농부학교를 통한 교육이 제대로 먹히고 있는 것이니 유치원과 선생님을 믿고 등 떠밀어 유치원에 보내시라."고 자신 있게 말한다.

　맥락 없이 수확의 기쁨만 누려 본 아이들은 그 뒤에 감춰진 땀방울과 시간의 무게가 어느 만큼인지 알지 못한다. 코딱지만 한 텃밭 가꾸기 체험 활동만이 쌓이고 반복되면 아이들에게 농사는 그저 쉽고 재미있는 이벤트로 인식되게 된다. 언젠가부터 학교에 유행처럼 번지고 있는 스쿨 팜[28]도 마찬가지다. 커다란 (그래 봤자) 대야만한 넓이에서 진행되는 모내기 체험을 통해 과연 우리 아이들은 농사로부터 배워야 할 것들 중에서 무엇을 얻을지, 혹시 잃는 것이 더 많은 건 아닌지 한 번쯤 생각해 볼 일이다.

　쉽게 얻은 것은 쉽게 버려진다. 무엇이든 귀하지 않아 쉽게 버리는 요즘 아이들의 모습은 그렇게 가르친 어른들의 잘못이다.

　맥락을 통해 배워야 하는 꼬마농부학교는 그래서 연간 프로그램으로 진

---

28) 평상복에 운동화를 신고 운동장 한쪽에서 편하게 모를 심는다. 차례를 기다렸다 후다닥 한 포기 심은 다음에는 곧장 수돗가로 달려가 손을 씻는다. 한 평도 안 되는 논에서 거머리가 살 리 만무하고, 솎아 낼 피가 자랄 리 만무하다. 이렇게 경험한 농사일은 참 쉽다. 쉽게 배우고 쉽게 잊히고 쉽게 버려진다.

행된다. 겨울이 지나고 슬슬 모래 놀이터로 뛰쳐나가야 할 것만 같은 봄이 오면 일곱 살, 여섯 살 꼬마농부들과 선생님들은 어딘가 모르게 마음이 분주하다. 작년에 일곱 살 형님들과 함께 가벼운 마음으로 떠났던 당시 여섯 살이던 올리반 아이들은 이제 그 일곱 살 바바반 형님이 되어 어깨가 무겁다. 어깨너머로 습득한 얕은 지식과 그보다는 많은 경험을 바탕으로 올해는 어떤 작물을 심을지부터 시작해서 멀칭을 할지 말지, 한다면 어떤 소재로 할 것인지까지 본격적으로 한해 농사를 시작하기 위한 수많은 사항들을 선생님과 함께 결정한다.

땅을 고르고, 거름을 주고, 씨를 뿌리고, 함께 가꿔 수확해서 우리 집 밥상에 오르기까지의 모든 과정이 아이들의 손을 거치게 된다. 꼬마농부학교를 통해 아이들은 깨끗한 바람, 맑은 비, 금싸라기 같은 햇살의 가치와 고마움을 배운다. 작물들이 건강하게 자라야 내 몸과 마음을 건강하게 해 주는 음식이 될 수 있다는 것을 안다. 건강하게 자란 생명의 가치를 아는 아이는 초라하고 투박해 보여도 내 몸을 살리는 건강한 유기농 밥상을 감사한 마음으로 받는다.

꼬마농부들은 여섯 살부터 밭농사를 짓기 시작하고 일곱 살이 되면 밭농사에 더해 논농사를 병행하게 된다. 논농사는 건강한 볍씨를 고르는 일부터 시작된다. 볍씨와 물과 소금과 달걀 주변으로 꼬마농부들이 빙 둘러싸면 아찌의 무대가 시작된다. 물에 잠긴 달걀이 반쯤 떠오를 때까지 소금을 넣어 농도를 맞춘다. 어느 순간 둥 떠오르는 달걀 쇼가 아이들에게는 볍씨 소독과 쭉정이 골라내기보다 더 중요하고 기억에 남는 일이다. 소금으로 소독하고 농도 차이로 쭉정이를 고르는 장면이 생각 주머니에 저장된다.

소독된 볍씨가 잘 마르면 모판에 상토를 담고 볍씨를 뿌리는데, 욕심껏

해마다 등장하는 '철퍼덕 모내기'. 주저앉는 순간, 모내기는 노동에서 놀이로 바뀐다. 흙탕물에 몸을 맡기는 것이야 매일 유치원에서도 일어나는 일이니 대수롭지 않다.

많이 뿌리면 오히려 잘 자라지 않는다는 선생님의 당부에도 과하게 촘촘한 모판은 해마다 등장한다. 모가 적당히 자라 '때가 되면' 모판을 옮겨와 모내기를 한다. 양쪽에서 선생님이 못줄을 팽팽히 잡으면 꼬마농부들은 일렬로 주욱 늘어서서 미리 맨땅에서 연습한 대로[29] 못줄에 표시된 곳 앞에 모를 심는다.

모가 모두 심어지면 한발 물러서라는 아찌의 "어~이!" 구령에 따라 한발 물러서며 꼬마농부들은 알았다고 "어~이!" 대답한다. 분명히 팽팽하게 당겨진 못줄은 직선인데 꼬마농부들이 한발씩 물러가며 줄 맞춰 심은 모의 오와 열은 코끼리의 아이들만큼이나 자유분방하다.

처음 논에 들어가며 쑥쑥 빠지는 진흙 바닥과 발가락 사이사이의 몰캉한 감촉에 흥분을 감추지 못하던 꼬마농부들도 본격적인 모내기가 시작되면 사뭇 진지한 표정으로 작업에 임한다.

시간이 흐를수록 손에 익으면 손도 더 빨라지면서 더욱 몰입한다. 뒤로 가야 하는데 차마 발을 빼지 못해 첨벙 주저앉은 녀석은 그 뒤부터는 아예 안방에 앉은 듯 모내기를 하기도 하고, 땀으로 범벅이 되어 등허리가 온통 젖은 것도 모른 채 몰입해서 자신과의 싸움을 벌이는 녀석도 보인다. 그러나 누구도 힘든 노동에 대한 불평은 없다.[30]

모내기를 모두 마치고 나면 꼬마농부들은 세상을 다 가진 표정으로 농수

---

29) 모내기할 때가 다가오면 꼬마농부들은 못줄을 가지고 큰 놀이터에서 수시로 예행연습을 하며 손발을 맞춘다.

30) 코끼리는 대부분의 활동을 어른들이 간섭하지 않고 아이들 힘으로 해 나가기 때문에 힘들다고 떼를 쓰거나 불평을 해도 아무도 들어줄 사람이 없다. 그래 봤자 소용없다는 것을 안다. 결국, 끝날 때까지 묵묵히 해 나간다. 부모는 못 시키는 고생을 시켜 주는 일. 힘든 순간을 견뎌 본 아이는 어른이 되어서도 어려움을 극복해 낼 힘을 가진다.

로에 뛰어든다. 흙투성이의 옷을 벗어 흐르는 물에 휘휘 저어 헹궈서 선생님에게 건네주면 선생님은 옷의 물기를 짜는데, 그 사이에 아이는 얼른 제 가방으로 가서 여벌 옷을 꺼내 스스로 옷을 갈아입는다. 물기가 남아 있는 몸에 옷을 입는 일은 어른들도 까다로운 일이지만, 코끼리 아이들은 능숙하게 척척 해낸다. 수없이 들로 산으로 내달리며 완성한 코끼리표 티키타카[31]는 곳곳에서 소리 없이 그 위력을 발휘한다.

농사에도 유행이 있어서 꼬마농부들도 유행을 좇던 때가 있었다. 오리는 물론 우렁이도 한때는 꼬마농부들의 조수 생활을 했었지만, 최근에는 그저 피사리만 몇 차례 해 주는 '태평농법'으로 농사를 짓기도 한다. 처음부터 꼬마농부학교는 수확보다는 '과정을 통해 아이들이 얻는 것'에 방점이 찍혀 있기도 하거니와, 요즘은 벼의 종자들이 좋아져서 아이들의 손으로 피사리만 몇 차례 하고 나면 나머지는 벼가 알아서 튼튼하게 잘 자라 주기 때문이기도 하다.

알아서 잘 자란 꼬마농부들의 벼도 가을이 오면 황금빛으로 익어 고개를 숙인다. 수확의 때를 맞이하면 꼬마농부들의 든든한 후원자이신 두억마을 이장님[32]의 손길이 필요하다. 동네 어르신들의 도움을 받아 벼의 일부를 낫질로 베어 내는 미션을 통과한 다음에는 옆에 있는 홀태질 미션이 기다리고

---

31) 연속된 여러 개의 삼각형 대형을 유지하는 가운데 좁은 공간에서의 짧은 패스와 빠른 움직임, 강한 압박으로 상대 팀을 교란하는 축구 전술을 뜻하는 말.

32) 코끼리 꼬마농부학교의 역사는 20년 전 당시 청년이었던 박일진 농부와 함께 시작되었다. 코끼리의 교육 철학과 농촌의 찰떡궁합을 한눈에 알아채고 추진한 그가 있어 가능했던 일이 지금껏 이어져 오고 있다. 현재 코끼리 꼬마농부들의 논과 밭이 위치한 완주군 두억마을 이장님은 고산, 진안 등을 거쳐 이곳에 새롭게 터 잡을 때부터 아이들을 지켜보시며 꼬마농부의 든든한 후원자를 자처하셨다. '그렇게 해서는 안 뒤야~' 하시며 늘 걱정과 애정이 뒤섞인 눈빛으로 아이들의 농사를 바라보곤 하셨는데, 그렇게 해서도 되는 걸 수년째 목격하시며 이제는 그러려니 하고 바라보기만 하신다. 하지만 눈빛은 예전 그대로일 때가 더 많다. 얼마 전부터는 자리를 옮겨 고산의 차남호 농부와 '벼두레' 어른들의 도움을 받아 함께하고 있다.

해마다 주변 어르신들이 걱정하시지만, 해마다 풍년이 찾아오는 꼬마농부들의 논농사 교실. '저렇게 심으면 안 되는데…', '저러다 쌀 한 톨도 못 먹겠어.' 하셨던 어른들은 아이들의 기운이 좋은가 보다며 멋쩍어하신다. 콤바인이 들어갈 입구를 아이들이 손으로 낫질하고 나면 이후는 콤바인이 처리해 준다. 기념사진 촬영은 보너스.

있다. 마을 어른들과 힘을 합쳐 드르륵 나락을 털어 내면 우수수 낱알들이 바닥에 튀며 쌓여 간다.

이렇게 아이들의 힘이 닿는 데까지 수작업으로 수확을 마치고 나면 꼬마 농부학교에서 유일하게 등장하는 내연 기관을 만날 차례다. 우렁찬 엔진 소리와 함께 콤바인이 등장해 문명의 이기를 뽐내며 남아 있던 더 많은 벼를 순식간에 베어 탈곡까지 마무리한다. 아이들은 육중한 기계가 벼와 알곡을 착착 나눠 담아내는 날랜 모습에 입을 다물지 못하고 바라보다가 작업이 모두 끝나면 콤바인에 올라 촌스럽게(?) 기념 촬영도 한다.

벼를 수확할 때쯤이 되면 일곱 살 아이들도 제법 힘이 생겨 몇몇은 포대에 담긴 나락들을 낑낑대며 이고 지고 끌어서 노랑차까지 나른다.

끝이 나지 않는 것이 농사일이기에 이제는 유치원으로 가져온 나락을 잘 말려야 한다. 볕 좋은 날 길 건너 큰 놀이터[33]나 코끼리 본관 2층 데크에 방수천을 펼치면 다시 아까의 그 의지맨과 열정맨들이 이번에는 수레를 가지고 나타난다.

작은 포대는 어깨에 들쳐 메고 큰 포대는 수레에 실어 낑낑 큰 놀이터로 옮긴 다음 또다시 펼쳐 바싹 말린다. 이 작업을 수차례 반복하고 나면 이제 정미소에 갈 수 있다. 잘 마른 나락을 정미소에 가져가면 도정하는 횟수와 방법에 따라 쌀이 어떻게 달라지는지 정미소 사장님으로부터 설명도 듣고, 금방 깎여 나온 햅쌀을 한 움큼 씹으며 그 고소한 맛도 음미해 본다.

아이들의 손으로 시작하고 끝내는 것은 꼬마농부학교가 절대 양보할 수 없는 첫 번째 원칙이다.

---

33) 오래전부터 코끼리 아이들은 유치원 건너의 어린이공원을 큰 놀이터라 부르고 앞마당처럼 사용한다. 금암2동 주민 센터에서도 우스갯소리로 관리 책임 정(正)은 코끼리 아이들이고 부(副)가 공무원들이라 말하기도 한다.

코끼리 꼬마농부학교의 논농사 교실

1. 볍씨 고르기

4. 수확하기

이처럼 꼬마농부들의 논농사 교실에서 볍씨를 고르는 것부터 포장해
이웃에 나누는 것까지 '여든여덟 번' 손이 가는 과정을 모두 스스로 해낸다.

2. 상토 담기

3. 손 모내기

5. 벼 말리기

6. 포장 나눔

볍씨 골라내기부터 상토 담기, 모내기, 피사리와 수확, 탈곡과 나락 말리기 이후 도정까지 쌀이 밥상에 오르기까지의 전 과정을 꼬마농부들의 손으로 해낸다. 아이들이 수확한 쌀은 멋지게[34] 포장되어 온 유치원 식구들과 나눈다.

꼬마농부학교의 주축 일꾼인 일곱 살 바바반 형님 농부들은 물론 모내기를 도와준 여섯 살 올리반 동생들과도 함께 나누며 고마운 마음을 전한다. 그리고 앞으로 이 험난하고 고생스러운 꼬마농부의 길을 가게 될 다섯 살 호퍼반 동생들과도 형님들의 값진 노동의 결과물을 나눈다.

바깥 활동 많은 바바반을 위해 언제든 어디로든 한달음에 달려와 활동에 깊이를 더해 주신 시민사회단체의 환경박사님들과 냠냠 선생님[35] 등 한 해 동안 코끼리의 수많은 활동을 지원해 준 고마운 분들께도 정성껏 글씨를 그려 넣은(?) 감사 편지와 함께 전달한다. 그리고 일부는 떡을 만들어 유치원 주변의 이웃들과 경로당에 나누는 것도 잊지 않는다.

처음부터 끝까지 여든여덟 번의 손길 모두 우리들의 손으로 지어 낸 쌀, 꼬마농부들의 어깨는 으쓱으쓱 마냥 신바람이 난다.

---

34) 코끼리에서 '아이들의 손으로 직접'한 것보다 멋진 것은 존재하지 않는다. 선생님이 쓴 글씨를 따라 꾹꾹 사인펜으로 눌러 쓴 글씨가 우리 집으로 가는 포장의 얼굴이 되고, 정성 가득한 삐뚤빼뚤 그림이 쌀의 상표가 된다.

35) 코끼리유치원에서 건강한 먹을거리 교육을 진행하는 시민사회단체 활동가를 냠냠 선생님이라 부른다.

푹푹 찌는 한여름에 수확해야 하는 하지감자, 어른들에게도 힘든 일을 꼬마농부들은 포기하
지 않고 끝까지 해낸다. 이 어려운 과정을 통해 아이들은 먹거리의 소중함을 체득할 뿐 아니
라 고생 끝에 거두는 결실의 달콤함과 기쁨을 만끽한다.

꼬마농부의 보람

　밭농사도 벼농사와 마찬가지로 모든 과정이 아이들의 손을 거쳐 진행된다. 감자 농사를 지을 때는 감자 씨눈 자르기부터 시작해서 고랑을 치고 구멍을 파서 하나하나 감자를 놓는 것까지 해야 한다.

　감자가 다 자라서 수확할 때까지 꼬마농부들은 한여름에 잡초와 씨름한다. 제초제를 쓰는 대신 비 오듯 땀을 흘리며 감자를 사수하고, 살충제를 쓰는 대신 조그만 손으로 일일이 벌레를 잡아 밭과 멀리 떨어진 숲속으로 삶

한바탕 버찌를 따 먹고 나면 여지없이 찾아오는 얼굴 낙서 시간! 꼬마농부학교의 또 다른 매력은 계절마다 달라지는 자연을 느끼고, 그 안에서 즐거운 경험을 한다는 것.

의 터전을 옮겨 준다.

"벌레야, 왜 여기에 왔어. 네가 다 먹어 버리면 어떡해. 여기에 오면 내가 너를 이사시켜야 할 수밖에 없잖아." 미안한 마음 가득한 어느 꼬마농부의 한마디는 두고두고 선생님들 사이에서 회자되는 예쁜 마음이다.

세상 고생 다 마치고 드디어 감자를 수확하는 날, 꼬마농부들은 자기가 가져갈 수 있는 만큼 감자를 캐서 집으로 가져간다. 그동안의 고생에 대한 보상으로 받는 감자는 아무리 무거워도 무겁지 않기에, 아이들은 초인적인 힘을 발휘해 적어도 제 몸의 반절이 훨씬 넘는 양들을 낑낑대며 끌고 집으로 향한다.

무거운 감자를 힘겹게 가져와 엄마·아빠 앞에 내려놓으면서 하는 말, "아빠! 내가 이 감자 농사짓느라 얼마나 힘들었는지 알아? 정말 맛있게 먹어야 돼, 알았지?" 감자가 집으로 들어온 이후 밥상에 감자로 만든 반찬이 올라올 때마다 "이거 내 감자로 한 거야?" 지칠 줄 모르고 확인하며 묻는다.

감자 한쪽도 귀한 줄 알게 된 아이들의 경험은 먼 훗날 어른이 되어서도 먹을 것을 대하는 자세를 달리하게 만든다.

농사를 핑계 삼아 자연의 품에서 지내는 아이들의 시간은 꼬마농부학교가 주는 또 다른 즐거움이다. 열심히 일한 뒤 더 열심히 즐기는 휴식이 있기에 꼬마농부들은 강도 높은 노동의 시간도 씩씩하게 견디어 낸다.

까맣게 버찌가 익어가는 계절에는 밭농사 학교 주변의 모든 벚나무를 찾아낼 기세로 돌아다니며 입가를 물들인다.

그런가 하면 틈나는 대로 우리 밭 건너 버섯 재배 비닐하우스 한쪽에 아무렇게나 쌓아 둔 통나무를 신나게 뒤적여 꿈틀꿈틀 움직이는 장수풍뎅이 애벌레를 찾아 한참 동안 들여다보기도 하고, 밭일을 마치자마자 쏜살같이

꼬마농부학교 논농사일지

2022년 4월 27일 수요일 김서하

볍씨를 보니까
병아리들 밥 주는거 같이 생겼어요.
따뜻한 소금물에 볍씨를 소독하는 게
꼭 요리를 하는 느낌이 들어서
재밌었어요

꼬마농부학교 밭농사일지

2022년 5월 23일 월요일 배지율

농사는 원래 힘든 거에요
근데 오늘은 별로 안힘들었어요
지지대에 끈을 연결하고 빨간으로 묶어주는 건
어렵지 않았거든요

꼬마농부학교 밭농사일지

2022년 5월 30일 월요일 김서하

하얀색 양파도 뽑고 보라색 양파도 뽑았어요
원래 양파를 싫어했는데
내가 직접 키워서 수확하니깐
얼른 요리해서 먹고 싶어요

꼬마농부학교 밭농사일지

2022년 7월 8일 금요일 이산

콩을 심는건 어렵지 않았어서 쉬웠어요
구멍에 콩을 넣고 흙으로 덮어주면 끝
비가 조금식 와서 날씨는 많이 덥지 않아서
좋았어요

꼬마농부학교 밭농사일지

2022년 7월 11일 월요일 오희경

가지를 수확하다가 뒤로 넘어져
엉덩방아를 찧었어요.
가지꼭지는 두꺼워서
수확하기가 어렵거든요

꼬마농부학교 밭농사일지

2022년 10월 4일 화요일 유온찬

고라니가 우리밭에 있는 배추를
많이 먹어서 다시 심어줬어요
밭에서 고라니똥도 발견했어요
아무래도 많이 먹은거 같아요

꼬마농부학교 논농사일지

2022년 11월 1일 화요일 조민준

콤바인이 벼를 다 먹으니까 신기했어요
낫으로 할때는 힘이 많이 들어서
조금 힘들었어요

꼬마농부학교 밭농사일지

2022년 11월 8일 화요일 오희경

우리가 수확한 낟알이
어떻게 껍질이 벗겨지는지 알게되어 신기했어요
초록 빨강 버튼을 누르면
쌀이 여기저기 움직이는게 신기했어요

냇가로 뛰어들어 무더위를 한 방에 날리는 물놀이 한판을 벌이기도 한다.

꼬마농부의 짧지 않은 역사에서 손에 꼽는 별미[36) 후보로 늘 노미네이트 되는 메뉴가 있으니 바로 삶은 땅콩이다. 땅콩 농사를 지었던 해에 수확을 앞둔 꼬마농부들에게 아찌가 오래전에 맛있게 먹었던 삶은 땅콩 이야기를 들려주었고, 아찌가 하는 건 뭐든 해 보고 싶은 꼬마농부들은 너무나 부러웠다.

힘들게 기른 땅콩을 수확하던 날, 아찌는 수확을 마친 꼬마농부들이 신나게 놀고 있는 사이에 근처 적당한 자리에다 가마솥을 걸고 꼬마농부들이 방금 수확한 땅콩을 깨끗한 냇물에 씻어 껍질째 삶았다. 볶은 땅콩은 쉽게 볼 수 있지만, 삶은 땅콩[37)은 생소한 것이었음에도, 따뜻하고 아삭한데 담백하고 부드러우며, 끝 맛은 고소한, 그 맛에 모두가 반해 버렸다.

이 맛에 반한 꼬마농부들은 이듬해 여름에도 땅콩 농사를 지었는데, 작년에 비해 땅콩의 양을 대폭 늘려 욕심껏 심었다. 그렇게 땅콩을 심고 땀 흘려 가꾸며, 얼른 수확해서 삶은 땅콩 맛나게 먹을 날을 고대하던 꼬마농부들에게 청천벽력 같은 일이 벌어졌다. 주렁주렁 달린 땅콩을 생각하며 뽑아든 땅콩 뿌리가 앙상했던 것이다.

아뿔싸! 꼬마농부들의 밭농사 교실에 두더지 선생들이 찾아와 그 땅콩 전부를 먼저 먹어 버린 것이었다. 맛있는 삶은 땅콩을 맛볼 거란 기대는 산산조각 났지만, 이미 파헤쳐진 땅콩밭을 어쩔 수는 없다. 그것이 자연의 섭리이고, 우리가 받아들여야 하는 일이기 때문이다.

이렇게 받아들이기 힘든 아픔은 잊을 만하면 꼬마농부들을 찾아와 정신

---

36) 모든 꼬마농부학교를 함께한 아찌피셜이니 신뢰도에 대한 의심은 무의미하다.

37) 경상도에서는 볶은 땅콩과 함께 삶은 땅콩도 일반적인 간식이라고 한다.

무장을 단단히 시키곤 하는데, 땅콩에 이어 이번에는 옥수수가 몽땅 털린 이야기이다.

어느 해인가 옥수수 농사가 꽤 잘 되어 가고 있어 꼬마농부들도 선생님들도 기대가 컸다. 룰루랄라~ 모두 즐거운 수확을 위해 옥수수밭에 도착했는데, 거짓말처럼 수확 직전에 멧돼지가 내려와 옥수수를 모두 쓰러뜨려 먹어 치웠고, 아이들이 도착했을 때 옥수수밭은 이미 쑥대밭이 되어 있었다.

콧노래를 부르며 옥수수를 수확할 자루를 챙겨 왔다가 이 허무한 장면을 마주친 아이들에게서 "멧돼지 나빠!", "미워, 정말로 미워할 거야!" 하는 원망이 터져 나왔다. 선생님들은 이 일을 통해 아이들이 성장할 기회로 삼고자 전북환경운동연합에 도움을 청했다.

생태계의 질서를 먼저 깬 것은 우리 사람들이고, 멧돼지들이 산으로 쫓겨 올라갔다가 배가 고파져 옥수수밭으로 내려올 수밖에 없었던 이유를 알게 된 아이들은 더는 멧돼지를 원망하지 않았다.

농사 중 마주친 뜻밖의 시련은 생태계와 먹이 사슬을 배우는 좋은 기회가 되었고, 농사로 얻어진 수확물 일부를 배고픈 동물들의 몫으로 여길 수 있는 넉넉한 마음을 아이들에게 심어 주었다.

가을걷이 작은 잔치

　　꼬마농부들의 한 해 농사는 온 가족을 초대해 꼬마농부들의 노고를 칭찬하고, 각자 책임지고 기른 자신의 고랑에 가서 가족들과 함께 무와 배추를 수확한 다음 맛난 점심과 간식을 나눠 먹는 것으로 마무리된다.

　　꼬마농부들이 밭농사 학교로 모두 모이면 부모님을 비롯한 가족들과 꼬마농부들이 마주 바라보고 선다. 꼬마농부들의 대장인 아찌가 아이들이 어떤 고된 인내의 시간을 거쳐 오늘의 기쁨을 맞이하게 되었는지를 자랑스럽게 설명하고 나면 가족들은 두억마을이 떠내려갈 정도로 큰 박수와 함성으로 작고 여린 손들의 노고를 치하한다.

　　이때 꼬마농부들은 이 세상 어떤 것도 부러울 것 없이 자랑스러운 표정들이다. 그런 아이를 대견하게 바라보는 엄마·아빠의 얼굴에도 기쁨과 감격이 묻어난다. 한바탕 격려와 응원을 보냈으니 이제 꼬마농부들의 실력(?)을 확인하러 갈 시간. 아이들은 각자의 고

개성 가득한 이름 판. 이보다 귀하고 예쁘게 내 땅을 표시하는 푯말이 또 있을까?

랑으로 가족들을 안내한다.

전원 공격, 전원 수비했던 여름 농사를 지나 가을 농사가 시작되면 꼬마 농부들은 친구와 짝을 이루어 고랑 하나씩을 맡아 책임제로 관리한다. 각자

의 고랑에는 아이 손으로 직접 꾸민 이름 판[38]을 세우는데 어찌나 개성들이 뚜렷한지 이름 판에 그려진 그림체만 봐도 대충 그 밭의 작황을 짐작할 수 있다.

따스한 가을 햇살 아래 모두가 감사함과 상냥함으로 아이들이 정성껏 기른 무와 배추를 뽑으며 추수의 기쁨을 누린다.

꼬마농부들의 수확을 도우며 함께 땀 흘린 어른 농부들을 위해 커다란 가마솥이 등장한다. 장작불 위에 걸쳐진 가마솥[39]에서는 고구마밥(때로는 무밥)이 지어지고 그 옆 커다란 들통에는 꼬마농부들이 며칠 전 미리 수확해 온 무청으로 건강한 시래기 된장국이 구수한 향을 내며 보글보글 끓어오른다.

솜씨 좋은 꼬마농부의 할머니가 함께하셨던 어느 해에는 갓 수확한 어린 무들을 즉석에서 버무려 나눠 먹기도 했고, 방금 전까지 밭에 있던 배춧잎들이 쿠쿠 이모의 손을 거치면 어느새 겉절이가 되어 야외에 차려진 밥상에 오르기도 한다. 푸짐한 음식과 살짝 들뜬 공기, 파란 가을 하늘 아래 신나게 뛰어다니는 아이들의 웃음소리가 꼬마농부학교의 추수 감사 축제를 더욱 풍성하게 한다. 오후에 시작된 이 축제는 누구도 집에 갈 생각을 하지 않기에 자연스레 초저녁 하늘에 별이 뜰 때까지 이어진다.

도란도란 모닥불 곁에 둘러앉아 즐거운 이야기꽃이 피워지면 고구마, 가래떡, 귤 같은 먹을거리들이 쉴 새 없이 구워진다.

먹고 웃고 떠드는 이 시간, 꼬마농부학교의 한 해가 그렇게 저물어 간다.

---

38) 고랑마다의 이름 판에는 해당 고랑을 경작한 꼬마농부의 이름이 적혀 있다.

39) 좀 추워졌다 싶으면 더 자주 등판하는 코끼리의 명물이다. 모래 놀이터에 때는 군불에 올려 삼겹살 파티도 하고, 메주 띄울 콩을 삶기도 한다. 그리고 오늘처럼 무/배추 뽑는 날에도 사용하는데, 때에 따라 고구마밥 이외에도 무밥, 콩나물밥 등 각종 농촌 음식이 등판하여 코끼리 농부들의 원기 회복을 책임진다.

얘들아,
하늘밥
먹자!

코끼리 교육은 크게 '생태와 놀이', '농사와 먹을거리'의 두 갈래로 나눌 수 있다. 코끼리에서 생태와 놀이가 서로 긴밀하게 연결된 것처럼 농사와 먹을거리 역시 커다란 순환을 이루며 코끼리 교육의 한 축을 맡는다. 바른 먹을거리 교육은 꼬마농부학교를 통한 고된 노동과 인내의 시간을 통해 비로소 완성되는데, 아이들은 이 과정을 통해 먹을거리의 소중함과 노동의 가치를 땀으로 배우고, 몸으로 느낀다.

아이들은 꼬마농부학교를 통해서 '모든 것에는 때가 있고, 그때를 놓치지 않는 것이 얼마나 중요한가'를 배운다고 앞서 말한 바 있다. 발달한 과학기술에 사람들의 욕심이 더해져 욕망과 돈의 흐름에 따라 그때를 미루고 당기며 질서가 마구 흐트러지고 있는 지금, 우리에게 필요한 것은 때를 기다렸다가 때맞춰 움직이고 때에 따라 살아가는 감각인지도 모른다.

코끼리는 아이들에게 자연의 흐름과 때에 맞는 무농약, 친환경, 유기농 농산물로 아이들의 밥과 간식을 차린다. 마트에서 파는 보기 좋은 것들과는 달리 땅속부터 분투하며 싹을 피우고 열매를 맺어 낸 농산물들은 볼품없고 크기도 제각각에 값도 높다. 하지만 식재료가 곧 아이의 몸을 이루고 생각 주머니를 만드는 재료가 된다는 것을 알기에 기꺼이 그 대가를 지불한다.

"얘들아, 하늘밥 먹자!" 코끼리가 아이들에게, 세상에게 던지는 이 한 마디에는 꼬마농부학교를 포함해 코끼리 교육의 먹을거리에 대한 철학이 모두 담겨 있다고 해도 지나치지 않다.

모든 것이 '소비'를 중심으로 돌아가는 현대 사회에서 스스로 먹을거리를 만들어 내는 '생산자'로서의 경험, 생산한 농작물로 음식을 만들고 함께 나누고 베푸는 경험은 오랜 세월 자연이 그랬던 것처럼 아이들을 사람 냄새 나는 '사람'으로 길러 낸다고 코끼리 교육은 믿는다.

꼬마농부들의 자급자족 라이프

코끼리에서는 손이 많이 가는 먹을거리, 특히 기다림의 시간이 오래 걸리는 전통 먹을거리를 아이들이 직접 만들어 먹는다. 우리의 식탁에 기본이 되면서 기다림의 시간도 필요하고 때도 잘 맞춰야 하는 간장과 된장 만들기는 그러므로 코끼리 아이들의 필수 과정이다.

메주를 띄우고 간장과 된장을 담그는 모든 과정에 생태 유아 급식 공동체 '얘들아, 하늘밥 먹자!'의 하늘밥 선생님이 함께한다.

초여름이 되면 아이들은 모종 화분에 메주콩을 심어 싹을 틔운 다음 꼬

가마솥 걸어 즉석에서 푸욱 삶아 낸 메주콩. 직접 길러 수확한 메주콩이 삶아지면 아이들은 맛있게 집어 먹는다.

마농부학교의 밭에 옮겨 심는다. 정성을 다해 기른 콩을 여름에 수확하고 나면 본격적인 장 담그기 활동이 시작된다.

　수확한 콩대를 유치원으로 가져와 햇볕 아래 널어 두고, 바싹 마르고 나면 신나는 콩 타작이 시작된다. 도리깨질로 옛 방식을 아찌가 먼저 선보인 후, 바싹 마른 콩대를 넓게 펼쳐진 깔개 위에 놓고 막대기로 탁탁 내리치면 콩알이 이리 튀고 저리 튀며 우수수 떨어진다.

처음엔 재밌지만, 점점 힘이 드는 일이다. 하지만 어른들이 도와주지 않을 것을 알기에 친구들과 막대기를 돌려가며 자신의 힘으로 끝까지 해낸다. 힘 모아 타작한 귀한 콩을 빠짐없이 모아서 깨끗이 씻은 다음에는 아찌가 모래 놀이터 한쪽에 미리 걸어둔 가마솥에 푹푹 삶는다.

이렇게 씨앗부터 함께한 콩이 다 삶아지면 어떤 모습일지 벌써부터 궁금하지만 아무리 기웃거려도 다 때가 있는 법, 콩이 모두 삶아질 때까지 기다려야 한다. 기다림이 익숙하고 자연스러운 아이들은 보채거나 채근하지 않고 저희들끼리 시간을 즐긴다.

마침내 콩이 다 삶아지고 솥뚜껑이 열리면 아기 코끼리들은 순식간에 아기 새로 변신해 입을 벌린다. 갓 삶은 메주콩을 호호 불어 식혀 입에 넣고 공기 반 콩알 반으로 씹으면 콩 본연의 고소함이 온몸에 퍼진다. 모두가 한입씩 감동의 맛을 확인하고 나면 유치원 건너편 큰 놀이터의 정자로 옮겨 주머니에 담고 온 힘을 다해 으깬다. 주머니를 밟아 으깨는 녀석부터 자기 몸을 밀대로 사용하는 녀석까지 다양한 방식들이 동원된다.

메주콩이 잘 으깨지면 아이들은 자연스레 삼삼오오 둘러앉아 조물조물 메주를 빚는다. 각자의 취향에 따라 크고 작은 메주는 물론, 하트나 원기둥 같은 생소한 형태의 메주도 나타난다.

일곱 살이 꺾인 이때쯤이 되면 선생님보다는 옆자리 똑순이들의 강력한 제재를 받기에 아주 드물게 나올까 말까 하는 진귀한 메주라고 할 수 있다.

각자 자기에게 주어진 콩을 모두 사용하여 메주를 빚고 나면 메주는 유치원 안으로 옮겨져 마른 지푸라기 위에서 겉 말림을 한 다음 본격적으로 발효가 시작되는데, 이때 유치원 전체를 감싸는 꼬릿한 냄새로 존재감을 한껏 뽐낸다. 보름이 조금 넘는 발효 기간은 또다시 기다림의 시간이다.

아이들은 이따금씩 메주 말리는 곳에 들러 고루 발효될 수 있게 메주를 돌려 눕혀 주며 기다림의 시간을 넘긴다.

이 기다림의 시간에 아이들을 기쁘게 해 주는 유일한 존재는 곰팡이다. 점점 말라가는 메주 위에 곰팡이가 자라면서 맛있게 익어 가는 변화 과정을 눈여겨보며 아이들은 작은 것 하나도 놓치지 않고 기억한다.

이때쯤 교실에서는 하늘밥 선생님과 함께 메주 발효에 대한 공부가 시작된다. 방금 보고 온 곰팡이가 지저분한 것이 아니라 건강한 메주의 필수 조건이라는 것도 알게 되고, 온 유치원에 진동하는 이 꼬리꼬리한 냄새가 건강한 균이 잘 자라고 있다는 증거라는 사실도 배운다.

실내에서 잘 발효되기까지의 긴 기다림이 끝나면 이제 메주를 밖으로 가

찬 바람이 불면 한동안 유치원 안은 쿰쿰한 메주 익어 가는 냄새로 진동한다. 꼬리꼬리한 냄새도, 꽃처럼 피어난 곰팡이도 아이들에게는 모두 반가운 손님이다. 이 메주는 이제 건강한 간장과 된장으로 다시 태어날 것이다.

겨우내 유치원의 놀이터에서는 아이들과 메주가 서로를 바라보며 맛있게 익어 간다.

지고 나와 통풍이 잘되는 그늘에 매달아야 한다.

꼬마농부학교에서 벼를 수확하며 나온 지푸라기는 '이미 다 계획이 있었던' 아찌가 오늘을 위해서 미리 챙겨 두었다. 선생님들의 도움을 받아 가며 슬쩍슬쩍 곁눈질로 배워 가며 아이들은 열심히 새끼를 꼬아 메주를 엮어 모래 놀이터의 2층 데크 아래에 걸어 마무리한다.

주렁주렁 달린 메주 덕에 코끼리 놀이터의 겨울은 삭막하거나 메마르지 않고 왠지 따뜻한 느낌을 준다. 추운 겨울이 지나고 다시 봄이 찾아오면 하늘밥 선생님이 아이들을 만나러 온다. 귀한 장을 액운으로부터 보호하기 위해 금줄을 둘렀던 이야기를 듣고 나면 아이들은 각자의 기원을 담아 금줄에 매달아 장식할 버선본을 꾸미는 것으로 장 담글 준비를 마친다.

아이들 모두의 버선본이 달린 금줄이 완성되면 이제 밖으로 나가서 잘 마른 메주를 걷어 깨끗이 씻을 차례다. 오늘을 위해 아이들이 그동안 사용하고 낡아 못 쓰게 된 칫솔을 깨끗이 씻고 말려 모아 두었다가 구석구석 메주를 깨끗이 닦는 데 사용한다. 한층 야물어진 손으로 칫솔에 물을 묻혀 가며 구석구석 깨끗이 닦는다.

메주 세척이 끝나면 드디어 장독이 등장하고 아이들은 반짝이는 눈으로 하늘밥 선생님의 설명을 하나도 놓치지 않으려는 듯 집중한다.

메주콩을 모종 화분에 심어 싹을 틔울 때부터 간장과 된장으로 다시 태어나기까지 하나의 순환을 이루는 작업을 통해 아이들에게 코끼리의 교육 철학이 스며든다.

장독 가득히 물을 채우고 달걀을 퐁당 빠뜨린 다음, 소금을 조금씩 넣으면 어느 순간 달걀이 물 위로 떠오른다. 물 밖으로 100원짜리 동전 크기 정도가 나오도록 해야 한다는 것을 이미 배운 아이들은 저마다 아는 체를 하느라 순간 떠들썩하다. 이렇게 농도를 맞추고 나면 아이들은 잘 씻어 둔 메주를 조심스레 집어넣는다.

　　모든 메주가 소금물 속으로 들어가고 나면 하늘밥 선생님의 설명이 다시 이어진다. 나쁜 균들을 물리치기 위한 고추를 소개하고 나면 통고추가 메주를 따라 퐁당 들어간다. 고약한 냄새를 빨아들이고 발효를 돕기 위해 들어가는 숯, 나쁜 기운을 물리치기 위해 넣는 빨간 대추도 소개가 끝남과 동시에 차례로 메주의 뒤를 따라 입수한다.

　　이렇게 모든 재료가 장독 안에 담기면, 뚜껑을 덮고 미리 준비했던 버선본과 고추를 금줄에 매달아 장독에 두르는 것으로 간장과 된장을 얻기 위한 첫 번째 과정이 모두 끝난다. 이제 다시 기다림의 시간, 햇볕이 넉넉하고 바람이 잘 통하는 곳에 아이들의 시간과 정성이 담긴 장독대가 놓인다. 장독대는 그렇게 두 달을 자연이 주는 햇빛과 바람, 따뜻한 낮과 서늘한 밤을 지내며 아이들의 정성을 맛있는 된장과 간장으로 빚어낸다.

　　장독 뚜껑이 다시 열리는 날, 하루 앞서 수업을 통해 선생님들이 잔뜩 기대와 걱정의 바람을 불어 넣어 둔 탓으로 아침부터 아이들의 분위기가 조금은 들떠 있는 모습이다. 설레는 마음을 누구도 감추지 못한다. 하늘밥 선생님의 등장과 함께 장내가 술렁이고, 아이들은 번갈아 메주를 뜰채로 직접 떠내는 경험을 한다. 메주를 모두 꺼낸 다음에는 팀별로 대야에 담아 조물조물 으깬다. 한 손가락씩 찍어 맛도 보고, 몽글몽글 손에서 부서지는 메주의 촉감에 여기저기서 수다와 웃음이 끊이지 않는다.

매실이 황금빛으로 알맞게 익으면 터는 것부터 손질, 청 담그는 것까지 직접 해낸다. 코끼리 유치원에 거저 얻어지는 것은 (거의) 없다.

　메주가 모두 으깨지면 하늘밥 선생님 앞의 큰 대야에 한데 모아서 소금을 뿌려 이제 숙성만 시키면 된장은 완성! 하지만 농사와 마찬가지로 장을 담그는 것 역시 끝날 때까지 끝난 게 아니다. 메주를 건지고 남은 항아리에는 아직 미완의 간장들이 아이들의 손길을 기다리고 있다. 항아리 안에서 퍼내어 커다란 냄비에 담고 소금, 숯, 고추 등도 함께 넣어 바르르 끓여서 간장도 완성!

아이들이 손수 만드는 또 다른 대표 먹을거리는 매실청이다.

모래 놀이터 옆 화단에서 늘 아이들 노는 모습을 굽어보며 열매를 맺는 매실나무는 유치원이 이곳에 자리 잡기 전부터 있던 터줏대감이다. 이 나무는 코끼리 아이들의 건강한 기운을 받아서인지 농약 한번 하지 않아도 매년 귀한 황매실을 풍성하게 맺는다. 조그마한 매실이 하나둘 매달리면 아이들은 '매실이 잘 익어 수확할 때'를 기다리기 시작한다.

초여름의 어느 날, 매실이 알맞게 익으면 아찌는 매실나무 위로 올라가고 아이들은 선생님들과 함께 커다란 천막을 펼쳐 들고 떨어지는 매실을 받아 내기 위한 준비를 한다. 모든 준비가 끝나면 아찌가 신나게 나무를 흔들기 시작하고 축제처럼 시끌벅적하고 즐거운 매실 털기 한판이 벌어진다. 후드득후드득 하늘에서 매실이 쏟아져 내릴 때마다 아이들은 흥에 겨워 펄쩍펄쩍 뛰며 기쁨의 고함을 지른다. 떨어진 매실을 주워 먹는 녀석, 급한 대로 윗도리를 벗어 매실을 담아 나르는 녀석, 한 발 뒤로 빠져 그저 이 상황을 즐기는 녀석…, 누구 하나 신나지 않은 사람이 없다.

코끼리 앞마당에 아이들의 탄성과 웃음이 끊이지 않는다. 이리저리 움직여 가며 신나게 받아 낸 매실을 모아 수돗가에 모여 깨끗하게 씻은 다음 소쿠리에 담아 물을 뺀다. 물기가 어느 정도 빠지고 나면 드디어 '코끼리표 고된 노동'이 시작되는데, 바로 매실의 씨를 발라내는 일이다.

일단 담근 후에 과육이 말랑말랑해지면 다시 꺼내어 씨를 제거하는 것이 더욱 수월하지만, 독성이 남아 있는 씨앗을 귀한 매실청에 함께 넣는 것은 코끼리 아이들의 자존심이 허락하지 않는다. 단단한 매실에 하나하나 칼집을 넣어 씨를 발라내는 일은 어른들에게도 여간 힘든 일이 아니다. 하지만 꼬마농부학교를 통해 인내가 주는 열매의 달콤함을 알고 있는 아이들은 누구 하나 힘들다고 포기하는 법이 없다.

매실 손질이 모두 끝나면 커다란 항아리에 정제하지 않은 유기농 설탕과 매실을 켜켜이 쌓아 채우고 뚜껑을 닫아 마무리한다.

다 익은 매실청은 아이들이 유치원에서, 나들이에 가서 시원하게 나눠 마시는 건강한 음료가 되고 배앓이를 하는 친구들에게는 약으로도 쓰인다. 건더기 매실은 장아찌로 만들어 일부는 유치원 식탁에 오르고 나머지는 연말 나눔산타[40] 활동에 필요한 기금 마련을 위해 부모님들에게 판매된다.

매실의 가격을 정하고 정성껏 편지도 써서 예쁘게 포장한 다음 부모님이나 이웃에게 나름의 논리로 그 취지를 설명하고 판매하는 활동 역시 매실청 담그기 프로그램의 일부분이다.

<u>냠냠 교육</u>

'냠냠 교육'은 아이들이 건강하게 자라는 데 필요한 먹을거리가 무엇인지 알려 주고 스스로 제 몸을 지켜 낼 수 있게 하는 데 그 목적이 있다. 건강하고 바른 먹을거리의 중요성은 물론 색소, 향료, 감미료나 방부제 같은 식품 첨가물이 우리의 몸을 어떻게 망가뜨리는지부터, 멀리는 지구 환경과의 연관성까지 먹을거리를 중심으로 연결되어 있는 다양한 주제를 가지고 수시

---

40) 코끼리 아이들은 매년 연말이 되면 꼬마농부학교, 나눔장터 등을 통해 얻은 수익금을 모아(엄지가 많이 보태긴 하지만 그건 비밀로 하고) 김장을 해서 유치원 주변의 혼자 사는 어르신과 나누고, 연탄을 몽땅 사서 어려운 이웃에게 배달도 하고, 전주 시장실을 직접 찾아가 '엄마의 밥상'에 통 큰 기부도 하는데 이때 초록색 산타 모자를 쓰고 '나눔산타'로 변신한다.

로 진행된다.

아이들은 냠냠 수업을 통해 사탕, 과자, 껌, 음료수 등에 들어 있는 여러 식품 첨가물이 내 몸을 아프게 하고 마음조차 병들게 한다는 것, 건강하게 길러낸 먹을거리가 우리의 몸과 정신을 건강하게 만드는 원천이라는 것을 배운다. 냠냠 교육을 받은 아이들과 함께 살아가는 것은 매우 다행인 일임과 동시에 피곤한 일이 기도 하다. 건강한 먹을거리의 중요성을 알고 스스로 먹을거리를 챙기는 것은 감사한 일이지만, 그와 동시에 융통성이라고는 조금도 없는 깐깐한 행보관(!)과 함께 살게 되는 것이다.

함께 장보기를 할 때마다 깨알같이 작은 글씨로 적힌 뒷면의 성분 표시를 하나하나 살피고, 음료수 하나를 살 때도 재료의 국내산 여부는 물론 몸에 나쁜 성분이 얼마나 들어있는지를 꼼꼼히 따진다. 대부분의 코끼리 아이들은 일곱 살 후반이 될 때까지 한글을 잘 읽지 못하(고 심지어는 당당하기까지 하)기 때문에 깨알같이 적힌 정보들을 일일이 읽어 줘야 하는데, 이 또한, 상당한 인내가 필요한 일이다. 어쩌다 건강하지 않은 재료의 음식을 먹게 되더라도 내 몸에서 어떤 역할을 하는지 알기에 아이는 너무 많이 먹거나 자주 사 달라고 조르지 않는다. 간식으로 삶은 고구마나 감자, 달걀을 즐겨 먹고 빵 하나를 먹더라도 우리 밀로 만들어 건강하고 글루텐이 적어 담백한 빵을 찾는다.

코끼리는 냠냠 교육으로 아이들의 생각 주머니를 채움과 동시에 아이들의 입이 담백하고 자연스러운 맛에 길들도록 노력한다. 어린 시절의 입맛은 평생을 좌우하기에 먹을거리 교육은 어린 시절에 반드시 이루어져야만 한다. 한 인간의 토대를 형성하는 유아기에 바른 먹을거리를 제공하고 익숙하게 만들어 주는 것은 아이들을 자연에서 마음껏 놀리는 것만큼 중요하다고 코끼리는 믿는다. 앞으로 백 년을 살아갈 아이의 모든 것이 만들어지는 시기에 아이가 먹는 음식은 신체 건강은 물론 정신과 두뇌의 건강을 지배한다는 것을 알고 있는데 어찌 귀한 아이들의 입에 들어갈 음식을 소홀히 할 수 있겠는가!

코끼리의 냠냠 교육이 특별한 점은 교육의 대상을 아이들에 국한하지 않는다는 것이다. 유치원에 다니는 내내 이 교육을 받는 아이들은 물론이고, 코끼리 학부모라면 매년 학기 초에 반드시 들어야 하는 필수 과정이기도 하다. 모든 유아 교육 과정이 그렇지만, 그중에서도 특히 먹을거리 교육과 실천은 유치원과 가정이 상호 협력하지 않으면 그 효과를 지속해 가기 어렵기 때문에 반드시 부모가 함께하게 한다. 다행히 코끼리에 아이를 보내는 부모들은 이미 먹을거리에 대한 관심이 높아 냠냠 교육에 적극적으로 참여한다.

코끼리에서 처음 시작된 냠냠 교육은 전북 지역의 먹을거리 교육을 확산시키는 데도 큰 역할을 해 왔다. 코끼리 학부모 중에는 학교의 교사들이 많은데 코끼리에서 학부모교육을 받고 나면 각자 학교에 돌아가 전문 강사를 초청하여 듣는 먹을거리 교육을 요청하는 일이 많다는 것이다.

유치원에 보낸 아이를 통해 부모가 변하고, 그 부모를 통해 주변의 변화를 불러일으키며 전북의 먹을거리 교육은 그렇게 아래로부터 확산되었다. 이렇게 단호한 코끼리의 먹을거리 철학과 교육에 동의해서 찾아온 학부모들은 물론, 먹을거리에는 크게 관심이 없던 부모들도 환경과 건강, 윤리를 생각하는 소비자로 거듭난다. 보기 좋고 싸고 양도 많지만, 건강에 해로운 재료를 이용한 인공의 맛에 치중하던 식탁이 아이의 잔소리와 함께 건강하고 착한 자연주의 맛으로 변해 간다. 탄소 발자국을 따지며 지역의 농산물을 찾고, 자연에 해를 끼치지 않고 정직하게 길러 낸 유기농산물을 찾는다. 제철에 나는 채소와 과일을 먹고 생활 협동조합을 이용하며 되도록 가공하지 않은 음식을 먹으려 노력한다.

하나의 유치원이 교육을 통해 한 명의 아이를 바꾸고, 아이는 가족을 바꾼다. 그리고 이런 가족들이 모여 우리가 살아가는 지역 사회의 변화를 끌어낸다. 이러한 이유로 코끼리의 교육을 시민 사회 운동의 영역으로 인정해야 한다는 농담이 NGO 활동가들 사이에서 심심치 않게 들려오기도 한다.

얘들아, 하늘밥 먹자!

자라나는 아이들의 먹을거리는 튼튼한 몸과 정신을 이루는 근간이기에 그것만큼은 반드시 지켜 주는 것이 어른들의 의무이다.

좋은 먹을거리에 대한 철학이 확고한 만큼 코끼리는 아이들의 먹을거리에 신중하고 엄격하다. 모든 게 풍요로운 세상이 도래했는데 사람들은 귀한 것을 먹기가 힘들어졌다. 아이들을 유혹하는 맛있는 과자는 화학 첨가물과 비정상적인 방법으로 생산된 재료로 범벅이 되어 있지만, 이 사실을 아는 사람도 모르는 사람도 거대한 자본의 흐름 앞에서 어찌할 도리가 없다.

아이들에게 식재료 본연의 맛을 느끼게 해 주고 싶었던 코끼리는 2000년부터 생활 협동조합에서 식재료를 사고 친환경 재료와 로컬 푸드를 활용한 코끼리만의 식단을 운영하기 시작했다.

그 당시만 해도 가격은 대형 마트에서 파는 식재료보다 두세 배는 기본으로 비싼 데다가 시기와 종류도 한정되어 있고 모양마저 자유분방한 재료들로 아이들을 위한 식단을 짜기가 처음에는 무척 어려웠다. 대체재나 다른 구매처를 찾기도 어렵고, 이미 각종 첨가물과 가공식품에 길들여진 아이들의 입맛도 해결해야 할 숙제였다.

쉽지 않은 문제 앞에 코끼리는 이를 해결할 수 있는 외부 전문가를 모시고 아이들의 입맛에 맞으면서도 원재료의 참맛을 느낄 수 있는 조리법을 연구하고 개발할 수 있게 지원하는 한편, 아이들에게는 냠냠 교육을 병행하여 아이들 스스로 건강한 밥상을 즐길 수 있게 노력했다. 스마트폰이 일상화되어 있고, 유명한 요리 연구가의 조리법을 누구나 찾아볼 수 있지만, 당시에는 결코 쉽지 않은 생각과 도전이었다.

아이들의 변화는 예상한 것보다 훨씬 쉽고 빠르게 찾아왔다. 처음에는 채소를 숙제처럼 미루다가 먹던 아이, 채소라면 묻지도 따지지도 씹지도 않고 꿀떡 삼켜 버렸던 아이도 냠냠 교육과 꼬마농부학교에서의 경험을 통해 점차 채소의 맛과 영양에 입과 마음을 열어 갔다.

화려함과는 거리가 먼 건강한 코끼리의 밥상이 엄마들의 입소문을 타면서 아토피로 고생하는 아이를 둔 엄마들이 멀리서 이사를 오는 일들은 이제 놀랍지 않은 일이 되었지만, 처음에는 코끼리의 친환경 급식을 두고 진정성을 의심하는 사람들도 많았다.

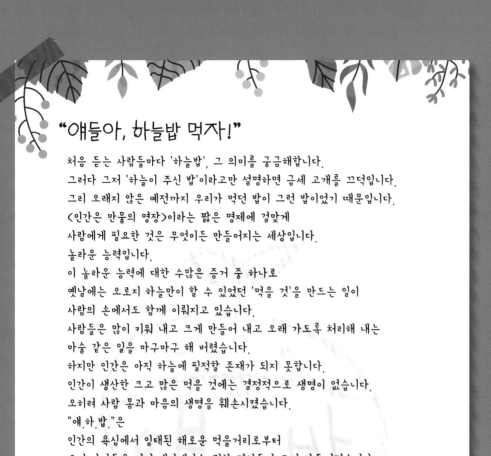

"얘들아, 하늘밥 먹자!"

처음 듣는 사람들마다 '하늘밥', 그 의미를 궁금해합니다.
그러다 그저 '하늘이 주신 밥'이라고만 설명하면 금세 고개를 끄덕입니다.
그리 오래지 않은 예전까지 우리가 먹던 밥이 그런 밥이었기 때문입니다.
〈인간은 만물의 영장〉이라는 짧은 명제에 걸맞게
사람에게 필요한 것은 무엇이든 만들어지는 세상입니다.
놀라운 능력입니다.
이 놀라운 능력에 대한 수많은 증거 중 하나로
옛날에는 오로지 하늘만이 할 수 있었던 '먹을 것'을 만드는 일이
사람의 손에서도 함께 이뤄지고 있습니다.
사람들은 많이 키워 내고 크게 만들어 내고 오래 가도록 처리해 내는
마술 같은 일을 마구마구 해 버렸습니다.
하지만 인간은 아직 하늘에 필적할 존재가 되지 못합니다.
인간이 생산한 크고 많은 먹을 것에는 결정적으로 생명이 없습니다.
오히려 사람 몸과 마음의 생명을 훼손시켰습니다.
"얘.하.밥."은
인간의 욕심에서 잉태된 해로운 먹을거리로부터
우리 아이들을 지켜 내야겠다는 귀한 결심들이 모여 만들어졌습니다.
"얘.하.밥."의 태동이라 할 수 있는
코끼리유치원이 친환경 유기농급식을 시작한 2001년부터 지금까지
귀한 우리 아이들을 돌보시는 유치원과 어린이집 선생님들께서
천천히, 그러나 멈추지 않고 이 길을 걸어왔습니다.
안전한 먹을거리로 소중한 미래를 지키기 위해 다져 밟아 온 이 길은,
크지 않은 길이며 평탄치도 않은 길입니다.
앞으로도 오랫동안 가야 할 길이며, 더 많은 이들과 함께 걸어야 할 길입니다.
세상 어디서 무엇을 먹어도 그것이 모두 다시 하늘밥일 그 날,
이 길의 끝에서 그 날을 맞이하기를 바라봅니다.

단체 급식으로 친환경 재료를 사용한다는 것도 미심쩍은데 그 비싼 양념류까지 전부 친환경·유기농 재료를 사용한다는 것은 당시 유치원들의 운영 예산 상황을 고려했을 때 불가능에 가까운 일이었기 때문이다. 하지만 코끼리는 어려운 상황에서도 어떻게든 방법을 찾고 지혜를 모아 운영의 묘를 살리며 지켜 내었다. 건강하고 안전한 급식을 단순히 먹고 사는 문제가 아닌 아이들의 미래가 걸린 교육의 문제이고 삶에 대한 문제이며 나아가서는 아이들이 딛고 살아갈 지구 환경의 문제로 보았기 때문이다.

일반적으로 유치원을 운영하는 쪽에서 보면 건강한 식재료는 새로운 특별 활동을 시작하거나, 멋진 교재 교구를 비치하거나, 교실을 재단장하는 것에 비해 우선 고려될 요소는 아니다. 그러나 코끼리는 다른 불필요한 부분을 줄이고 어른들이 조금 더 불편을 감수하는 대신 그만큼을 아이들의 먹을거리에 투자했다. 머리를 맞대고 방법을 찾아냈다. 의지와 우선순위에 대한 철학의 차이가 변화를 만들어 낸 것이다.

완전한 유기농 식단을 시작하고 얼마 지나지 않아 전주시와 함께 코끼리 아이들 전체를 대상으로 머리카락 성분 및 주의력 검사를 실시한 적이 있다. 당시 검사 결과에 따르면 코끼리 아이들의 체내 중금속 수치가 또래 아이들 평균보다 현저히 낮았고 반대로 주의력은 더 높게 나타났다. 건강한 먹을거리에 대한 정당성과 심정적 믿음은 이 검사를 통해 수치로 그 효과가 증명되었고, 이를 통해 아이들을 포함한 코끼리 구성원들 모두가 친환경 급식에 더 굳은 의지와 확신을 갖게 되었다.

유아기에 반드시 건강한 밥상을 제공해야 한다는 코끼리의 생각은 울타리 안에서 머무르지 않았다. 더 많은 아이가 건강한 급식을 할 수 있게 세상으로 나아가 외쳤다. 2001년에 전주 시청 앞 노송 광장에서 '안전한 먹을거리 한마당'이라는 이름으로 생활 협동조합, 먹을거리 단체들과 함께 손잡고 안전한 먹을거리를 주제로 한 축제를 최초로 열었다. 이 행사는 당시 전북 지역에서 막 태동하던 먹을거리 운동이 크게 성장하는 동력이 되었고, 이를 계기로 2004년 코끼리를 주축으로 뜻을 함께해 온 13개 유치원과 어린이집이 모여 안전한 급식과 생태 유아 교육을 표방하는 공동체 '얘들아, 하늘밥 먹자!'(이하 얘하밥)를 결성하였다.

얘하밥은 유아 교육 현장은 물론 학교 급식 연대 회의의 공동 대표단으로서 지역의 안전한 먹을거리 교육을 이끌었다. 정기적으로 유아를 위한 건강한 먹을거리 공부 모임을 운영하고 유치원, 어린이집의 교사와 학부모들의 바른 먹을거리에 대한 관심을 끌어냈다.

이런 관심은 전북 지역에서의 다양한 워크숍과 초청 강연회 및 토론회, 현장 체험 활동으로 이어졌고, 이렇게 크고 작은 관심과 염원이 모인 얘하밥의 활동은 전북 지역의 학교 현장에서 친환경 급식을 시작하는 마중물이 되어 주었다.

하늘밥 상상놀이

먹을거리와 관련된 다양한 활동 중에서도 코끼리 아이들이 가장 손꼽아 기다리는 것은 바로 '하늘밥 상상놀이'라는 특별 활동이다.

푸드 아티스트로 변신한 아이들이 동그랗고 하얀 접시를 도화지 삼아 이리저리 채소를 배열하여 작품을 만들고 그럴싸한 제목을 붙여 전시한다. 그런 다음, 서로서로 품평한 다음 생으로 먹거나 요리해서 다 함께 나눠 먹는 활동이다. 꼬마농부학교에서 직접 기르고 수확한 가지, 오이, 깻잎, 고추, 당근 등을 이용하기도 하고 유치원 근처의 시장에 함께 가서 장 봐 온 파프리카, 무, 브로콜리, 방울토마토 등으로 다채로움을 더하기도 한다. 방울토마토는 동그란 눈이 되고 풋고추로 만든 코는 삐뚤어졌다. 동그랗게 썬 당근이 해님이 되는가 하면 지붕도 되고 자전거도 되었다가 개미가 된다. 각자의 상상에 따라 무엇이든 될 수 있다. 아이는 어떤 틀에도 갇히지 않고 자유롭게 상상을 하고, 그 상상은 사뭇 기발하고 아름다운 작품이 된다.

완성된 개인 작품은 식탁 위에 전시되고 자연스레 작품 전시회가 열린다.

열심히 길러 수확한 채소와 집에서 각자 준비한 채소를 재료로 멋진 작품을 만든다. 보고, 만지고, 맛보며 오감으로 여러 채소들과 마주하는 시간이다

하늘밥 상상놀이를 통해 만들어진 작품은 잠깐의 전시를 통해 친구들과 함께 나눈 다음, 맛있게 먹는다. 여러 채소의 맛을 날것으로 보기도 하고, 자연스레 요리 실습으로 이어 진행하기도 한다.

아이들은 작가가 되어 자신의 작품을 친구들에게 설명하기도 하고 비평가가 되어 친구의 작품을 나름대로 해석하고 칭찬하면서 활동을 즐긴다.

하늘밥 상상놀이의 마지막 과정은 작품을 해체하며 모든 재료들을 즐겁게 맛보는 것이다. 아이들은 평소 선호하지 않던 채소라는 사실을 잊고 자신도 모르는 사이에 작품의 재료를 맛보는 놀이에 빠져든다. 즐거운 놀이를 하는 중에 다양한 채소들을 거부감 없이 먹은 경험은 편식하지 않는 아이로 성장하는 데 도움을 준다.

코끼리는 하늘밥 상상놀이처럼 즐거움 속에서 아이들이 건강한 먹을거리 습관을 기를 수 있는 다양한 프로그램을 시도한다.

3부 **앎**에서 **삶**으로

착한 지구인
되기

독일 중서부에는 히멜 조합이 관리하는 특별한 보호 구역이 있다. 산림 경영을 하는 그 조합의 아이펠도르프는 농약을 사용하고 기계로 숲을 휘젓는 요즘 방식의 숲 관리를 지양하고 사람의 손을 이용하는 친환경 숲이다. 그곳에서는 함부로 나무를 베어 버리는 일이 없는데, 이렇게 특별한 원시림을 유지할 수 있었던 것은 이 숲을 관리하는 능숙하고 사려 깊은 관찰자 페터 볼레벤이 있었기 때문이다. 그는 오랫동안 이 숲을 관리하며 나무가 가지는 놀랍고 신비로운 공동체를 발견했던 것이다.

보통 타인을 돕거나 사회를 구성하며 살아가는 것은 인간의 전유물로 여겨진다. 특히 대화할 수 있는 말이 없고 움직일 수 없는 식물에게서 공동체적 행위를 기대하거나, 긴밀하게 엮어진 사회를 구성하리라 상상하는 건 유치원 아이들이나 할 수 있는 상상일 것으로 흔히 생각한다. 하지만 볼레벤은 아이펠도르프를 관리하며 나무들의 세상에도 우리가 사는 세상의 공동체와 같은 개념이 존재한다는 것을 알게 되었다.

어느 날, 볼레벤은 광합성을 할 수 없는 거대한 나무 그루터기가 죽지 않고 오랜 세월 썩지 않은 채 살아가고 있는 것을 발견하게 된다. 일반적인 상식으로는 도저히 이해할 수 없는 이 상황을 자세히 살펴본 그는, 이 그루터기가 뿌리를 통해 이웃 나무들의 도움을 받고 있다는 사실을 알았다. 뿌리가 얽혀 서로 만나거나 균류를 통해 전달되는 방식으로 그루터기 나무는 이웃에게 영양분을 공급받고 있던 것이다. 나무들도 우리와 같은 이유로 공동체를 형성하며 사회적 존재로 살아가고 있는 것이다.

나무가 숲이 되지 않는다면 나무는 혼자서 거친 비바람을 이겨 낼 수 없다. 서로 손을 맞잡을 때 더 큰 힘을 내는 우리처럼, 서로 얽히고설키어 숲을 이룰 때 나무는 물을 저장하고 습기를 유지하며 더위와 추위로부터 안전해진다. 생존을 위해 공동체를 형성하는 것이다. 내가 이웃 나무를 도와야 나도 언젠가 도움을 받을 수 있다. 사람도 그렇다. 우리의 조상들은 야생에서 너무도 연약한 동물이라서 공동체를 만들었는데, 지금 우리가 사는 세상은 야생과 공동체 모두로부터 너무 멀리 떠나와 있다. 우리는 나무에게서 우리가 잃어버린 단순하고 아름다운 공동체의 이유를 배워야 한다.

공동체는 서로서로 책임진다는 뜻이다. 그렇다면 우리가 책임져야 할 공

동체는 무엇일까? 지구를 살아가는 하나의 생명으로서 지구 환경을 책임져야 하고, 인간 사회를 살아가는 한 명의 구성원으로서 작게는 지역 사회부터 크게는 지구촌까지 책임지려는 자세를 가져야 한다.

코비드-19는 우리가 잊고 지내던 많은 것들을 다시 생각해 보게 했다. 우리가 교과서에서 배웠던 '지구촌'이라는 식상한 단어가 진정 어떤 의미인지 몸으로 깨닫게 해 주었다. 우리는 모두 연결되어 있고 너의 불행이 나의 행복과 생각보다 더 밀접하고 가깝게 연결되어 있다는 것을 알게 되었다. 그래서 우리는 옆집 아이의 슬픔뿐만 아니라 지구 반대편에 사는 아이의 슬픔에도 함께해야 한다. 그래야 누군가의 고통과 슬픔이라는 구멍을 통해 침입하는 아픔으로부터 공동체라는 우리 모두의 숲을 보호할 수 있다.

코끼리 아이들은 자연에서 신나게 놀면서 자기도 모르게 배우고 성장한다. 자연의 품에서 오랜 시간 깊은 몰입의 경험을 통해 자란 아이들은 지구인으로서 우리 삶의 바탕이 되는 지구 환경에 대한 책임감을 갖는다.

콩벌레부터 시작해서 애기똥풀, 수달, 각시붕어… 함께 숨 쉬며 살아가는 모든 생명들이 소중한 친구이고, 나 역시 커다란 생태계의 일부임을 아는 아이는 누가 가르치지 않아도 이미 지구를 보호해야 한다는 사실을 알고 있다. 직접 농사를 지으며 서로 힘을 모으는 것이 얼마나 중요한 것인지 몸으로 배우고, 힘든 봉사 활동을 통해 다른 사람을 돕고 나누는 일이 나에게 더 큰 기쁨을 준다는 것도 가슴으로 느낀다. 알고 있는 것들을 실천하면서 아이는 그 과정들이 힘들고 만만치 않다는 것도 알게 된다.

힘들어 지칠 수는 있어도 내가 하는 실천이 꼭 해야 하는 일이라는 것을 의심하지 않는다. 착한 지구인이 되는 길은 녹록지 않지만, 그 길을 걸으며 아이들의 배움이 완성되어 간다.

일회용품이 없는 유치원

코끼리에는 없는 게 참 많다. 값비싼 교구가 없고 시중에 파는 다양한 장난감이 없다. 금붕어나 새, 다람쥐처럼 가두고 기르는 동물도 없다. 흑백 잉크보다 더 많이 환경을 오염시키는 컬러 잉크 프린터, 남긴 음식을 담기 위한 잔반통, 굳이 없어도 되는 전자레인지도 없다.

교육 기관이라면 으레 있을 로고가 박힌 그 흔한 편지 봉투도 없다. 수없이 날아드는 우편물 봉투를 재사용한다. 없는 것 중 으뜸은 일회용품이다. 환경을 생각하고 지키려 노력하는 코끼리 식구들은 지구를 위해 조금 불편하게 생활하는 것 정도는 기쁜 마음으로 감내하며, 이를 당연하게 여긴다. 우리들의 노력으로 당장 근본적인 해결을 할 수 없을지라도 언제든지 큰물이 올라올 수 있게 매일 마중물을 붓는 심정으로 내가 할 수 있는 일을 한다는 것이다.

놀라운 것은 코끼리 교육의 특성상 수시로 이뤄지는 바깥 활동 중에도 일회용품을 일절 사용하지 않는다는 원칙을 엄격하게 지킨다는 점이다. 이 원칙을 지키기 위해 선생님들은 때때로 그릇부터 숟가락과 젓가락, 컵까지 커다랗고 무거운 준비물을 거의 피난민 수준으로 바리바리 챙겨야 할 때도 있지만, 누구도 불평하지 않는다.

특히, 선생님을 돕고 싶어 안달이 난 아이들에게 선심 쓰듯 보따리 하나씩을 맡기는 모습, 더 무거운 것을 들기 위해 줄을 바꿔 서는 모습은 코끼리에서만 볼 수 있는 재미있는 장면이다.

코끼리 아이들은 저 위의 선배님들로부터 전해 내려오는 코끼리 DNA(a.k.a. 학풍)에 따라 자연스럽게 형님들로부터 배우고, 따라 하며 실천한다. '쓰레기특공대'라는 프로그램이 시작되면, 우리가 버린 쓰레기들이 어떻게 처리되는지를 알아보기 위해 먼저 집 안의 쓰레기통을 뒤져 보고 유치원에 가서 선생님, 친구들과 함께 이야기를 나눈다. 그러고 나서 노랑차를 타고 쓰레기차를 따라 악취가 진동하는 쓰레기 처리장과 쓰레기가 아무렇게나 뒤섞여 있는 분리수거장에 간다.

도착하기 전에 이미 고약한 냄새가 아이들의 코를 찌르고 이어서 눈앞에 쌓인 거대한 쓰레기 산에 말문이 막힌다. 이 쓰레기들을 처리하는 과정을 보며 아이들은 내가 마구 버리는 쓰레기를 심각하게 인식하고, 더는 물건을 함부로 버리면 안 된다는 생각을 한다.

쓰레기가 적어졌으면 좋겠다고 진심으로 바라게 된 아이들은 그럴 수만 있다면 무엇이든 할 기세다. 거대한 쓰레기 산과 마주했던 순간의 냄새와 기억은 오래도록 아이의 머릿속에 남아 생활 속 실천의 동기가 된다.

코끼리 아이들은 모두 어린이 환경 감시단이 되어 지구를 지키는 데 앞장선다. 바깥 활동이 많은 코끼리 프로그램의 특성상 아이들의 가방에는 항상 텀블러가 꽂혀 있거나 달랑달랑 스테인리스 컵이 달려 있다. 가족 행사가 열리는 날에도 예외는 아니어서 집집마다 받아 마실 물컵, 각자 먹을 그릇과 수저를 가지고 와야 한다. 학부모회를 할 때도 텀블러 지참 안내가 나간다. 코끼리 학부모들 역시 유치원의 철학에 충분히 공감하며 코끼리의 일원이 되었기에 이러한 준비가 불편하다고 느끼거나 불평하는 사람은 없다.

코끼리의 주방은 어떨까? 당연히 그 흔한 나무젓가락, 비닐로 된 장갑과 봉투, 종이 행주와 같은 일회용품을 찾아볼 수 없다. 각 교실에서 이뤄지는 점심시간, 급식 당번인 '꼬마 선생님'들은 친구가 식사 중 흘린 음식물을 닦을 때 휴지가 아닌 행주나 걸레를 사용한다. 언제든 필요한 상황에 사용할

우아! 저게 다 쓰레기라고?

전주시 권역의 쓰레기가 모두 모이는 자원순환센터는 쓰레기특공대 활동의 첫 번째 코스이다. 근처에 들어서면서부터 코끝을 파고드는 고약한 냄새와 거대한 쓰레기 산을 바라보며 아이들은 많은 것을 느낀다.

수 있게 아이들의 활동이 이루어지는 곳곳에 깨끗하게 빨아둔 걸레 바구니가 비치되어 있다. 일회용품을 사용하지 않는 것은 아주 자연스럽고 당연한 일이라서 코끼리의 구성원 중 누구도 불편함을 느끼지 않는다.

최근에는 일회용품 사용하지 않기에 더해 '플라스틱 제로'에 도전하고 있다. 아이들이 사용하는 그릇과 식기처럼 먹을거리와 관련된 것들을 스테인리스 소재로만 사용한 지는 아주 오래되었다. 하지만 야외 활동을 위해 집에서 싸 오는 간식 그릇(밀폐 용기)처럼 일상생활에서 사용되는 플라스틱은 아직도 종종 보인다. 코끼리 구성원들은 지금 사용하고 있는 플라스틱을 줄

이거나 대체할 방법을 찾는 데 생각을 모으고 있고, 이를 실천하기 위해 꾸준히 다양한 시도를 해 오고 있다. 유치원에서의 환경 교육[41]과 실천은 그 안에서만 의미를 갖지 않고, 아이들을 통해 각자의 가정으로 퍼져 나간다. 코끼리에서 갈고 닦은 자연 보호 지식과 실천력을 바탕으로 아이들은 집에서 슈퍼 잔소리꾼이 되어 엄마와 아빠를 24시간 감시한다. "아빠! 설거지하면서 그렇게 물을 계속 틀어 놓으면 어떡해!" 아이는 달려와서 수도꼭지를 잠그고 가며 잔소리를 잊지 않는다. 빈틈없이 감시하고 벼락같은 호통을 치는 통에 어쩔 수 없이 부모도 환경 보호 실천가가 된다. 엄마·아빠는 멋쩍고 곤란해하면서도 아이가 기특하고 대견하다. 코끼리 가족들의 '나'에서 시작하는 환경 보호는 가정으로 확대되고 지역 사회를 넘어 지구를 향한다.

빗물저금통과 맹꽁이

심한 가뭄이 들었던 어느 해 여름, TV에서는 연일 거북이 등처럼 갈라져 깊이 파인 논바닥을 보여 주며 타들어 가는 농부들의 마음을 전했다. 비가 오나 눈이 오나 바람이 부나 매주 월요일이면 밭농사를 지으러 가던 꼬마농부들도 가뭄에 쩍쩍 갈라지는 들녘을 눈으로 확인하며 안타까워했다.

불볕 같은 더위와 가뭄이 이어지던 어느 날, 놀이터의 수돗물로 한 아이

---

41) 코끼리 표 환경 교육의 특징은 환경 노래 노가바(노래 가사 바꾸기)를 통해 자연스레 스며들게 한다는 것이다. '엄마 아빠 무심코/풍풍을 많이 써/싱크대에 버리니/그걸 마신 물고기/눈알이 톡톡/허리가 구부정/그러면 안 돼요/물고기가 싫어해' 노상 이런 노래를 부르고 다니니 환경을 보호하지 않으려야 않을 수가 없다.

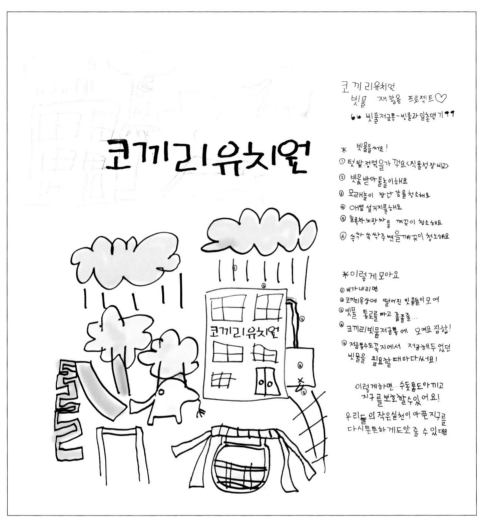

가 장난을 쳤는데, 그 모습을 본 다른 아이가 그 친구를 나무랐다. "야! 지금 비가 안 와서 우리 빗물저금통에 물도 없는데 수돗물 아껴 써야지!"

코끼리 아이들은 물을 아껴 쓴다. 유치원 건물 한쪽에는 커다랗고 네모진 물통 하나가 등을 맞대고 서 있다. 전주시와 전주시 지속 가능 발전 협의회 어른들의 도움을 받아 세운 이 통에는 긴 호스가 달려 있고, 빗물을 모아 바

장마철이면 수시로 개장하는 '코끼리 빗물저금통' 표 워터파크! 예고 없이 찾아오기에 더 신나는 물 미끄럼틀과 웅덩이 수영장은 코끼리 아이들 모두가 깊이 애정한다.

로 사용할 수 있게 필터도 설치되어 있다.

아이들이 직접 쓰고 그린 사용법 위에 '코끼리 빗물저금통'이라고 쓰여 있다. 말 그대로 빗물을 차곡차곡 모으는 통이라서 빗물저금통이다. 아이들은 비가 내리는 날이면 빗물저금통 앞을 오가며 수량계의 눈금을 확인한다. 아이들은 빗물저금통의 물을 이용해서 놀이터에 서 있는 코끼리 동상을 구석구석 깨끗이 씻겨 주기도 하고, 모래놀이를 하면서 반죽하고 모양 낼 때 적절히 이용하기도 한다.

봄부터 직접 씨를 심어 키우는 꽃 화분에 물을 줄 때도 빗물저금통이 열린다. 수량이 풍부한 여름철에는 아찌에게 부탁해서 코끼리표 워터파크의 문을 연다. 사정없이 부려지는 물줄기에 유쾌한 비명이 놀이터를 가득 채우고, 빗물과 함께 미끄럼틀을 타고 내려오면 어느 놀이동산이 부럽지 않다.

이렇게 다양한 용도가 있지만, 그중에서도 아이들이 매일매일 유용하게 사용하는 곳은 따로 있다. 코끼리에서는 다섯 살 호퍼반 시절부터 자기가 먹은 점심 식판을 직접 애벌 설거지해서 집으로 가져간다. '첫 번째 통의 쌀뜨물 → 두 번째와 세 번째 헹굼용 빗물 → 네 번째 마무리 수돗물'까지 총 네 단계를 거쳐 애벌 설거지한 식판을 집으로 가져가서 한 번 더 헹구면 설거지가 끝난다. 이렇게 빗물은 추운 겨울을 제외한 나머지 기간 동안 아이들과 즐거운 시간을 함께한다.

애벌 설거지는 늦은 봄 시작해서 늦가을 즈음에 끝난다. 그 시기는 교사 회의를 통해 결정하는데 기준은 '물놀이하기 괜찮은 날씨인가?' 이다. 얼마나 코끼리다운 의사 결정 기준인가!

유치원에서는 적극적으로 빗물을 재사용하면서 동시에 빗물을 활용한 다양한 교육을 병행한다.

빗물과 수돗물을 비교해 보기 위해 콩 싹 틔우기와 풀씨 키우기를 한다. 모래 놀이터 옆 화단 한쪽에 작은 비닐하우스를 만들어 빗물과 수돗물로 방울토마토 같은 작물을 길러 성장을 비교해 보기도 한다. 보통 빗물로 키운 작물이 더 잘 자라는데, 아이들은 비교 실험을 직접 해 보고 관찰하며 서로 다른 결과에 대해 의문을 품고, 선생님은 이때를 놓치지 않고 프로젝트 수업을 진행하여 수돗물과 달리 빗물의 어떤 성분들이 작물을 더 잘 자라게 하는지 알아보게 한다.

빗물저금통을 통해 아이는 물의 소중함을 깨닫는 데 그치지 않고 이를 해결하기 위한 우리들의 실천을 고민하고 행동으로 옮기는 건강한 지구인으로 성장한다.

코끼리에서 시작된 빗물저금통이 유치원 울타리를 넘어 밖으로 나가 귀한 생명을 살린 사건이 있다. 어느 날 전북환경운동연합에 전주 삼천 도서관 뒤편 습지에 맹꽁이들이 살고 있다는 제보가 들어왔다. 그러나 그곳은 이미 공사가 진행 중이어서 그대로 두면 수많은 맹꽁이의 목숨이 위태롭게 되는 상황이었고, 전북환경운동연합의 공동 대표였던 엄지는 아이들과 함께 맹꽁이를 지킬 방법을 찾아보기로 하고, 우선 강성(!) 어린이 환경 감시단들을 현장에 급파했다. 아이들은 환경 박사님에게 도움을 청해 함께 현장으로 가서 상황을 살폈다. 작은 웅덩이 곳곳에서 '맹-! 꼬옹-! 매앵-! 꼬옹-!' 맹꽁이들의 울음소리가 들려왔다. 환경 박사님은 사람들의 욕심으로 맹꽁이 집이 이미 많이 파괴되었다는 슬픈 사실을 아이들에게 전했다. 그래서 비가 조금만 적게 내려도 맹꽁이들이 살 수 있는 땅이 급격히 줄어들게 되었고, 물

속에서 살아야 하는 맹꽁이들이 점점 살아가기 어렵게 되었다고 말했다.

　아이들은 환경 박사님께 조언을 구하고 유치원에 있는 맹꽁이와 관련된 모든 자료를 구해 맹꽁이를 편안하게 해 줄 수 있는 방법을 연구했다. 가장 현실적인 문제는 빗물저금통을 설치하는 데 필요한 적지 않은 돈이었다.

　새로운 문제를 만난 아이들의 토론이 다시 시작되고, 아이들은 맹꽁이가 사는 곳에 빗물저금통을 설치해 주려고 나눔장터를 열기로 했다. 그렇게 한옥 마을 한복판, 경기전 앞에서 사연 있는 나눔장터가 열렸고 아이들의 따뜻한 마음과 뜻을 알기에 학부모를 비롯한 코끼리 가족들은 통 크게 지갑을 열었다.

맹꽁이 수영장에 빗물저금통을 만들어 주겠다는 기발한 발상, 그리고 그것을 현실로 만들어 맹꽁이에게 선물한 어른들의 환상적인 팀워크가 멸종위기 야생 생물을 구했다.

장마철이 되면 맹꽁이들이 짝을 찾아 나선다. 예고 없이 등장하기 때문에 맹꽁이를 보러 가는 일은 전북 환경 운동 연합의 연락을 받은 다음 날 오전, 긴급히 이루어진다.

나눔장터를 통해 모인 90만 원의 수익금으로 맹꽁이들을 위한 두 번째 빗물저금통이 만들어졌다. 빗물저금통이 도서관 뒤 습지에 물을 흘려보내는 발원샘이 되자 맹꽁이 서식지에는 빗물 웅덩이가 생겼고 사계절 촉촉한 습지가 되어 맹꽁이들을 품을 수 있게 되었다.

아이들은 이곳에 '맹꽁이놀이터'라는 멋진 이름을 지어 주었다. 이 모든 과정을 지켜보며 활동을 지원했던 전북환경운동연합을 통해 코끼리 아이들의 맹꽁이 서식지 보호 활동이 세상에 알려지게 된 뒤로는 전주시에서 맹꽁이놀이터의 보전과 관리에 함께 힘써 주고 있다.

십여 년이 지난 지금까지도 아이들은 해마다 맹꽁이놀이터를 찾는다. 장마철이 되어 맹꽁이들이 서로의 짝을 찾기 위한 사랑의 세레나데를 부르기 시작하면 코끼리 아이들 앞으로 환경 박사님이 보낸 초대장이 도착한다. 활동 시간에 구애받지 않는 코끼리 아이들은 맹꽁이가 부르는 노래를 듣기 위해 다른 일정을 미루고 당장 맹꽁이놀이터로 달려간다.

일 년에 딱 한 번, 때를 놓치면 다시 일 년을 기다려야 하는 멋진 음악회가 펼쳐지기 때문이다. 현장에 도착하면 미리 와서 탐사를 마친 환경 박사님에게 맹꽁이에 대한 설명과 함께 코끼리 선배들의 맹꽁이 서식지 보전 활동에 대한 이야기도 듣는다. 빗물저금통이 어떻게 맹꽁이들의 놀이터를 지키고 있는지 직접 살펴보고, 졸코 선배들이 세운 빗물저금통에 대한 이야기를 듣다 보면 괜히 어깨가 으쓱해진다. 거듭되는 현장 체험을 거치면 일곱 살 바바반 무렵에는 맹꽁이에 관해서 모르는 것 빼고는 다 아는 맹꽁이 박사가 된다.

세상에서 가장 작지만 힘이 센 환경 운동가들

쉿, 조용! 지구가 우리에게 할 말이 있대요

'얘들아, 나 좀 살려 줘. 온몸이 플라스틱으로 덮여 숨을 쉴 수가 없어.'

태평양을 덮고 있는 것 물고기가 아니었네요

거품 퐁퐁 악취 풍기는 플라스틱 쓰레기 섬(너무해!)

갈매기가 삼킨 장난감 거북이 몸통 조르는 빨대

물개 비닐에 숨이 막혀요(숨!)

바다야 미안해(미안해!)

어? 어쩌지? 어떡하지?

'얘들아, 너희가 할 수 있는 일을 찾아봐.'

플라스틱 비닐봉지에 바다가 위험해요

내가 버린 쓰레기들로 지구가 아파요(살려줘!)

일회용 컵 쓰지 말아요

비닐팩 대신 장바구니를

쓰레기는 분리수거(헤이!)

우리 지구 위해서(위해서!)

지구가 아프면 우리도 살 수 없어

'얘들아, 고마워. 나도 힘을 낼게.'

우리가 어른이 되면 바다 생물 없어진대요

넓고 넓은 푸른 바다를 지켜 주고 싶어요(가즈아!)

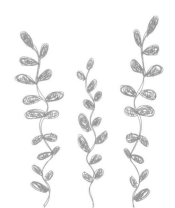

과대 포장 넣어 두세요 아껴 쓰고 다시 쓰세요

아픈 지구를 외면 마세요 바다를 지켜 주세요(지켜 줘!)

우리는 할 수 있어요(한 번 더!)

우리는 할 수 있어요(오예!)

이런 식으로 가다가는 2050년이 되면

쓰레기가 물고기보다 많아진대요

플라스틱 없는 세상 우리 같이 만들어요~!

얼마 전 노르웨이의 오슬로에서 배 속에 플라스틱 쓰레기가 가득 찬 고래가 발견되어 전 세계에 큰 충격을 던졌다. 삼켜도 소화되지 않는 플라스틱 해양 쓰레기로 배를 채우는 고래 말고도 매년 100만 마리 이상의 동물들이 해양 쓰레기로 인해 죽음을 맞이한다.

아이들이 살아갈 세상에 대해 고민하다 보니 자연스레 환경 운동과 가까워졌다는 엄지로 인해 놀이 다음으로 코끼리 교육에 더해진 가치가 바로 '환경'이다. 20년이 넘는 역사와 전통을 자랑하는 어린이 환경 감시단 활동 역시 코끼리가 그 시작이었고, 세월이 흐름에 따라 그 프로그램은 다양한 형태로 시대와 아이들에 맞게 변화했지만, 그 철학만큼은 굳건히 지켜져 내려오고 있다.

제대로 된 환경 운동을 오랜 세월 해 오고 있는 유아 교육 기관이라는 이유로 코끼리 아이들은 종종 환경 보호 활동을 위해 시민 단체와 협력하거나, 정부 부처로부터 초청을 받아 공연을 하기도 한다.

제대로 된 큰 무대에서 어른들 앞에서 노래와 율동을 하는 경험을 통해 아이들은 성장하고, 수많은 군중 앞에서 환경 보호를 외치면서 아이들은 어린이 환경 감시단으로서의 활동 의지를 굳힌다. 즐겁게 준비하고, 성공적으로 무대를 마치고 나면 커다란 보람과 자신감을 얻는 활동이기에 코끼리 선생님들과 아이들은 이러한 무대에 서는 것을 즐긴다. 코끼리 아이들은 주인공으로 무대에 오르는 것은 물론, 사전 수업을 통해 상황과 취지에 맞는 피켓을 만들어 꾸미고 자신들이 어른들에게 전하고 싶은 메시지를 그려 넣어 전단도 만든다.

고래와 거북과 푸른 바다를 지켜 달라는 약속, 우리가 어른이 되면 바다

환경부 초청으로 참가한 환경의 날 행사에서 게릴라 버스킹 공연을 펼치고 있다.

에 물고기보다 플라스틱이 많아진다는 사실 등 그동안 여러 교육을 통해 보고 듣고, 기억하고 있는 것들을 바탕으로 어른들에게 호소한다.

멋지게 무대를 마무리하고 나면 아이들은 플로어나 행사장으로 내려와 직접 만든 전단을 어른들에게 나눠 주며 왜 우리가 플라스틱과 일회용품 사용을 줄여야 하는지 설명한다. 진심과 정성을 다하는 아이들의 모습에 어떤 이는 눈물을 보이기도 하고, 어떤 이들은 아이들을 꼬옥 안아 주며 아이들의 이야기를 잘 지키며 살겠노라고 약속한다. 사람들의 마음을 움직이는 코끼리 아이들은 세상에서 가장 작지만 힘이 센 환경 운동가들이다.

직접 만든 전단을 나눠 주며 환경 보호의 중요성을 서툴지만, 열심히 설명하는 아이들. 어른들의 격려를 받으며 아이들은 또 한 뼘 성장한다.

초록 모자 꼬마 산타

코끼리 교육 공동체는 '아기 코끼리, 선생님 코끼리, 엄마·아빠 코끼리, 지역 사회' 네 주체로 구성된다. 아이들이 살아갈 세상을 위한 일이니 무조건 뛰어들었다는 엄지는 '지역 사회와 함께 기르는 아이, 이웃과 나누며 더불어 살아가는 유치원'을 지향한다. 그래서 코끼리 아이들은 지역 사회와의 다양한 교류를 통해 성장한다. 아이들은 지역 사회의 도움을 받아 성장하고 자신들이 땀 흘려 농사지은 작물이나 나눔장터 등으로 얻은 수익금 등을 지역 사회에 나눔으로써 배움을 완성한다.

찬바람이 불기 시작하면 선생님과 아이들은 한 해 동안 준비한 나눔 프로젝트를 마무리하기 위해 분주한 나날을 보낸다. 연중 크고 작은 나눔 활동이 있지만, 특히 연말연시에는 유치원이 위치하고 있는 금암 2동의 홀로 사시는 어르신들을 위한 김치 나눔, 어려운 이웃들의 따뜻한 겨울을 위한 연탄 나눔, 기부 활동 등으로 더욱 바빠지는 것이다.

본격적인 나눔 시즌 개막에 앞서 코끼리 아이들은 12월 첫째 날, '초록 모자' 수여식을 통해 나눔산타로 임명된다. 초록색 산타 모자 수여와 함께 나눔산타로 임명되고 나면 아이들은 12월 한 달 동안 초록색 산타 모자를 쓰고 이웃에 따뜻한 사랑을 나눈다.

겨울이면 먼저 아이들은 '행복한 가게', '전주시 자원봉사 센터' 등과 함께 연탄 나눔 봉사 활동에 나선다. 2005년부터 시작해 아무리 춥고 아무리 눈이 많이 내려도 절대로 거르지 않는 봉사이다.[42] 아이들이 살고 있는 전주

---

[42] 코비드-19로 인해 받으시는 분들과 아이들의 안전을 위해 2019년과 2020년 두 해는 성금 전달로 대신했다.

나눔산타로 임명받은 아이들은 12월 한 달 동안 초록색 산타 모자를 쓰고 여러 가지 나눔 활동에 참여한다. 한 해 동안 다양한 활동을 통해 모은 성금을 어디에 쓸지 선생님은 아이들과 함께 결정한다. '전주시 엄마의 밥상'에 기부하기로 결정한 아이들이 시장실에 초대받아 성금을 전달했다.

의 어려운 이웃들이 추운 겨울을 따뜻하게 이겨 낼 수 있게 연탄을 배달하는 '사랑탄 나눔'은 일 년을 꼬박 준비하는 장기 프로젝트이다.

연탄 살 돈을 마련하기 위해 아이들은 꼬마농부학교에서 수확한 농작물로 기금을 마련한다. 밭에서 직접 기르고 수확한 무로 깍두기를 담그나 오이와 양파로 피클을 담그도 하고, 유치원 화단의 매실나무를 털어서는 매실장아찌를 담근다. 이렇게 직접 수확한 작물들로 건강한 먹을거리를 만들고 정성으로 포장해 부모님께 판매한다. 이때 가격은 매기지 않는 대신 상한액이 정해져 판매되는데, 수익금이 의미 있는 곳에 쓰일 것을 이미 알고 있기에 부모님들은 상한액에 맞춰 구매하는 것으로 따뜻한 마음을 보탠다.

하늘이 허락한 만큼 짓는 꼬마농부들의 농사이기에 수확물만 가지고는 연말에 이웃을 도울 만큼의 금액으로는 충분치 못하다. 그래서 코끼리 아이들은 다양한 수입원을 창출하는데, 그중 하나가 나눔장터이다. 우리 집에서는 사용되지 않고 어딘가에 박혀 있지만, 한때는 유용하게 사용했던 물건들, 나는 싫증 났지만 다른 친구에게는 흥미진진할 장난감, 작아서 나는 입을 수 없지만 호퍼반 동생은 잘 입을 수 있는 옷가지 등을 가져와 유치원 안에서 나눔장터를 연다. 매년 열리는 나눔장터에는 아이의 가족 모두가 찾아와 즐긴다. 상한액이 정해져 판매되는 먹을거리와 마찬가지로 나눔장터 수익금의 쓰임을 아는 엄마·아빠들은 기꺼이 물품을 내주고 넉넉한 가격으로 물건을 구매한다. 지구를 사랑하는 코끼리 아이들이 자원도 재사용하고 이웃돕기의 성금도 마련하는 일이니 일석이조다.

좋은 뜻을 품고 활동하는 지역 사회의 어른들과의 활동이 잦은 코끼리 아이들은 시민사회단체나 전주시, 전라북도의 관련 행사나 축제 무대에도 자주 초청받는데, 이렇게 '코끼리 바바 공연단' 활동을 통해 들어오는 출연료도 나눔 성금에 보태진다.

아이들은 무대에서 지역 사회의 현안, 공공 캠페인, 환경 보호 등을 주제로 하는 노래와 공연을 펼친다. 그린웨이 축제, 에너지의 날, 지구의 날, 물의 날, 환경의 날 등 아이들은 공익을 위한 행사에 참여하며 세상에 좋은 활동을 널리 알리고 그 수익금으로 나눔을 실천한다. 이런저런 다양하고 의미 있는 축제에 참여하면서 아이들은 세상에는 좋은 일을 하는 따뜻한 어른들이 많다는 것도 알아간다. 이것 또한, 아이들에게 살아 있는 공부가 된다.

이렇게 개미처럼 모아 코끼리만한 정성과 금액이 만들어지면 해마다 1,000장~2,000장 정도의 연탄을 사들일 수 있다. 제법 큰 비용을 차지하는

연탄 값[43])의 부족분은 엄지를 비롯한 코끼리 선생님들과 학부모 소모임, 또는 학부모 개인이 얼굴 없는 천사가 되어 채워 준다.

연탄을 나눌 준비가 끝나면 이제 들로 산으로 내달으며 단련한 코끼리 표 강철 체력이 빛날 시간! 꼬마농부학교를 통해 생명을 길러 내는 일이 얼마나 어렵고 고된 일인지 배웠던 것처럼 남을 돕는 일 역시 절대 쉽지 않은 일이라는 것을 가르치기 위해 코끼리는 아이들이라고 해서 쉽고 평탄한 배달 구역을 선정하지 않는다. 오히려 수레도 들어가지 않아 어른들이 꺼리는 비좁고 가파른 곳으로 가서 이웃에게 따뜻한 마음을 전하게 한다.

구불구불 가파르고 좁은 골목을 열 번, 스무 번 줄지어 걸어서 연탄을 나르다 보면 서서히 지쳐 가고 아이들의 얼굴에는 어느새 웃음기가 사라진다. 그러나 코끼리 근성으로 누구도 포기하지 않고 끝까지 임무를 완수해 낸다. 얼굴이 연탄재로 새까매지고 콧수염이 길게 자라난 만큼, 연탄을 나르는 팔과 어깨가 떨어질 것처럼 아픈 만큼 아이들의 보람은 크다.

연탄 배달 봉사를 마친 날이면 유치원의 SNS에는 종종 아이들의 뒷이야기가 올라 온다. 매서운 바람에 눈발까지 흩날렸던 어느 해, 힘들게 연탄 배달을 마치고 돌아온 아이는 밤이 되어 기온이 뚝 떨어지자 말했다고 한다.

"엄마, 사실은 나 오늘 연탄 나를 때 너무 힘들었어. 그런데 우리가 나른 연탄으로 할아버지가 오늘 밤 따뜻하게 주무실 수 있어서 정말 다행이야."

다른 사람을 돕는 일이 힘들었던 만큼 내 마음이 더 따뜻해지는 일이라는 것을 코끼리 아이들은 경험을 통해 배운다.

연말, 연탄 배달과 함께 코끼리 나눔의 양대 산맥을 이루는 것은 김장 나

---

43) 환경 규제 강화에 따라 최근 가파르게 연탄 가격이 상승하고 있는 것은 나눔산타들의 새로운 고민이다.

무엇이든 거저 되는 일은 코끼리유치원에서 잘 일어나지 않는다. 누군가를 돕는 일은 특히 그렇다. 나눔 김장을 위해 종일 두 팔 걷어붙이고 김치를 버무리고 있는 초록산타들의 모습.

눔이다. 꼬마농부들은 매년 가을 농사 때 김장용 배추와 무를 심고 길러 김장을 한다. 처음엔 아이들이 기른 배추들을 이용해서 약 200포기 정도의 김치를 유치원 주변의 혼자 사는 어르신들께 나누는 것으로 시작되었다.

　김장 김치 나눔이 시작된 지도 벌써 16년.

　여러 해가 지나면서 코끼리 아이들의 활동을 응원하는 시민사회단체의 어른들이 힘을 보태겠다고 나섰고, 이후에 출범한 '얘하밥' 소속의 유치원·어린이집들도 함께하면서 400~500포기의 김장을 해서 더 많은 이웃, 더 먼 곳의 이웃들과 나눌 수 있게 되었다.

몇 년 전부터는 바른 먹을거리 운동을 함께하며 건강한 세상을 꿈꿔온 순창의 물통골 친환경 농가의 어른들이 배추를 협찬하는 것으로 아이들의 나눔에 큰 힘을 보태고 있다.

처음 아이들의 힘만으로는 유치원 주변의 어르신들께만 전달할 수 있었던 정성이 이제는 복지관, 다문화 여성 쉼터, 아동 보호 센터, 자립 생활관, 장애인 시설 등 더욱 많은 곳에 닿을 수 있게 되었다. 아이들은 사전 사후 활동을 통해 코끼리의 나눔이 커가는 역사를 듣는다. 그리고 이를 통해 작은 힘이 한데 모여 얼마나 큰 힘을 낼 수 있는지를 배운다.

오래된 나눔으로 이제는 매년 아이들의 김치를 기다리는 이웃이 있기에 고추 파동이나 배추 파동과 같은 상황이 일어나도 코끼리의 김장 나눔은 해를 거르지 않고 계속된다.

앞치마에 머릿수건을 두르고, 고무장갑도 야무지게 끼고 꼬마들이 김장을 한다. 쌀쌀한 날씨에 손끝이 시리지만 아이들은 경쟁적으로 배추에 양념을 묻혀 간다. 어쩌다 톡 떨어져 나온 배춧잎 한 장을 입에 넣고 오물오물 하다 보면 친구 입에도 하나 넣어 주고, 내 입에도 하나 넣다가 어느새 다들 얼굴이 울긋불긋한 모습에 웃음이 나온다.

고된 김장 노동은 아찌가 가마솥에 팍팍 삶아 낸 야들야들한 수육과 함께 맞이하는 점심으로 모두 보상받는다. 힘들게 일 한 뒤에 먹는 밥을 왜 꿀맛이라고 하는지 코끼리 아이들은 모두 알고 있다. 이 또한, 귀한 경험이다.

김장 시즌에도 다양한 이야기와 사진, 영상들이 유치원 SNS에 공유된다. 김장을 하루 앞둔 날, 앞치마에 머릿수건, 고무장갑까지 완전무장을 한 아이가 진지한 얼굴로 동생의 작은 책을 펼치더니 책을 한 장 펴서 김장 양념을 착착 바르는 시늉을 한다. 또 한 장 넘기며 착착, 또 한 장 넘겨서 착착. 마지막 장까지 모두 바르고 나면 책을 잘 들어서 한쪽에 차곡차곡 쌓는데 벌써 다섯 권 아니, 다섯 포기가 넘는 김치가 쌓여 있다.

여섯 살 때의 작년 경험을 잊지 않기 위해 스스로 시뮬레이션을 해 보는 이 따뜻한 마음이 바로 나눔산타의 마음이다. 아이들은 즐겁고 설레는 마음으로 나눔과 봉사의 날을 기다린다. 이렇게 따뜻하고 좋은 마음으로 담겨 이웃에게 전달되는 김치는 그래서 더 깊은 맛을 내나 보다.

매년 우리의 이웃을 찾아가는 초록 모자 꼬마 산타들은 오늘 나눈 사랑의 경험으로 더 멋진 세상을 이루는 어른이 되어 따뜻한 세상을 열어 갈 것이다.

엄마·아빠도
함께
자라요

    아이의 앎이 삶이 되는데 가장 중요한 통로는 가정이다. 유치원에서 아무리 좋은 교육을 받아도 그 배움이 가정으로 이어지지 않으면 기세 좋게 타오르던 아이의 배움은 순식간에 시들해진다. 부모가 아이의 실천에 함께하고 배워온 것들에 동조하며 지속적인 지지를 보내면 아이는 확신을 갖고 행동한다. 이렇게 다져진 확신은 아이가 배운 것을 삶과 일치시키는 다양한 시도들을 가능케 한다. 이런 이유로 코끼리의 교육 철학은 아이를 길러내는 데 있어 부모교육을 중요한 요소로 생각한다.

    부모의 참여와 지지를 끌어내는 데 일차적으로 필요한 것은 해당 교육 기관의 교육 철학과 목표, 추구하는 가치에 대한 부모의 이해를 높이는 과정이다. 처음부터 적극적으로 함께 해 주는 학부모들도 많지만, 종종 의심의 눈초리로 코끼리를 바라보는 학부모들도 있다. 그래서 코끼리는 다양한 분야의 전문가들을 초청하여 해마다 여러 차례 부모교육을 실시한다.

때로 새로운 강의가 생겨나기도 하지만 대체로 환경, 먹을거리, 지속 가능한 에너지, 놀이, 아이의 뇌 발달이나 행동 발달, 시 등을 주제로 하는 교육이다. 놀이를 주제로 하면서 행동 발달을 함께 이야기하기도 하고, 바른 먹을거리와 함께 동물 복지나 지구 환경 문제를 연결 짓기도 한다. 탈핵 강연은 환경 문제를 기본으로 하지만, 결국 아이의 건강과 먹을거리 문제로 이어진다. 이렇게 코끼리 부모교육은 부모가 교육을 받는 자리이면서 동시에 코끼리 교육 맞춤형 부모로서의 의지를 다지는 자리이다.

그러나 한 번의 교육으로 엄마·아빠들의 삶이 쉽게 달라지지 않는다는 것을 코끼리는 알고 있다. 습관은 관성이 있어 알면서도 자꾸만 과거로 돌아가게 한다. 먹을거리 교육을 받고 얼마간은 건강한 재료로 장을 보고, 건강한 밥상을 차리다가도 고단한 일상에 이리 치이고 저리 치이다 보면 다시 편리하지만 덜 건강한 방식에 기대게 된다. 그렇게 방황하다 다시 먹을거리 부모교육을 듣고 나면 그동안의 나태함을 반성하고 건강한 음식으로 아이들을 키워야 한다는 의지를 다시 일깨우게 된다.

삼 년간 교육을 받으며 부모들은 기존의 편리하고 무절제한 삶으로 돌아가려는 자신을 다시금 바로 세우고, 아이의 교육을 위해 나의 삶도 달라져야 하겠다는 의지를 거듭 다진다.

코끼리는 아이의 배움을 실천으로 반드시 이어가는 것처럼 부모의 배움도 교육으로만 끝나게 두지 않는다. 부모교육을 통해 배운 것을 아이와 함께 실천하고 삶으로 끌어올 수 있게 연중 다양한 과제가 주어진다. 한 번씩 유치원에서 보내는 안내장에는 '○○ 없이 일주일 살기'라는 것이 있다. 이 지구를 위한 고행(!)은 매번 다른 주제로 주어지는데, 쉬워 보이지만 막상 쉽지 않은 주제들로 대부분 아빠의 약한 곳을 찌른다. 고기 없이 일주일 살기,

TV 없이 일주일 살기, 일회용품 없이 일주일 살기, 자동차 없이 일주일 살기, 비닐 봉투 없이 일주일 살기… 주로 무엇을 하지 않거나 쓰지 않거나 먹지 않는 것이 과제이다.

일주일의 실천이 끝나면 아이의 그림과 함께 체험 후기가 유치원으로 모이고, 선생님과 아이들은 함께 모여 그간의 일들을 이야기하고 주어졌던 주제에 대한 생각과 재미있었던 에피소드를 서로 나눈다. 성공한 이야기를 함께 나누는 것은 물론 유쾌한 실패 잔치도 함께한다. 어떤 점이 어려웠는지, 이 다음에 성공을 위해서는 어떤 준비가 필요한지 이야기 나누는 것도 커다란 배움이고 즐거움이 된다.

가정에서의 실천을 유도하는 것은 일주일 살기 과제만이 아니다. 가족이 함께 모여 우리 집에서 필요 없는 물건들을 추리고 그것을 유치원으로 보내도록 한다. 그 목적은 크게 두 가지다. 하나는 앞서 말한 나눔에 쓰일 기부이고, 또 하나는 유치원에서 재활용하기 위해서이다.

코끼리 놀이터에는 알록달록 자태를 뽐내는 값비싼 모래놀이 장난감 따위는 없다. 그 대신 코끼리 모래 놀이터는 일 년에 한 차례, 집에서 더는 못 쓰게 된 냄비, 프라이팬, 숟가락, 주걱, 채, 컵 등을 유치원으로 보내게 해서 아이들의 모래놀이 도구를 신상으로 채운다. 모래 놀이터에서 수명(?)을 다한 가재도구들은 천수를 누렸다고 해도 과언이 아닐 정도로 그 역할과 쓰임을 다한다. 이것은 또 다른 방식의 교육이며, 코끼리들이 일상에서 실천하는 자원의 절약이다.

이렇게 가족들까지 유치원에서 이뤄지는 활동에 다양한 방식으로 함께하고 환경 축제나 의미 있는 행사에 참여하도록 유도함으로써 아기 코끼리들과 동행하게 한다.

헐거워진 손잡이를 조이고 구부러진 팬을 펴면 다시 모래놀이 도구가 된다. 쓰고 다시 쓰면서 버려진 냄비와 프라이팬, 소쿠리와 채반은 오래도록 아이들과 즐거움을 함께한다.

아이는 부모의 지지를 받고 자란다. 아이에게 제대로 된 지지를 보내기 위해서는 부모가 아이를 하나의 인격체로 인정하고, 인간 대 인간으로서 좋은 관계를 맺어야 한다. 좋은 관계를 맺기 위해서는 함께 시간을 보내야 하고 언제든 꺼내어 보고 미소 지을 수 있는 추억이 잔뜩 있어야 한다.

아이가 청소년이 되고 성인이 되었을 때 도착하는 '부모 성적표'는 어린 시절 아이와 함께한(질적으로 의미 있는) 시간에 비례한다. 그래서 코끼리는 아이의 배움에 가족들도 함께할 수 있는 행사와 활동들을 마련하고 지속하여 발전시켜 나가는 데 노력을 아끼지 않는다. 전주천을 달리는 밥톨 마라톤, 여러 가지 환경 관련 축제들, 나눔장터, 한가로운 전주천 기행, 무·배추 뽑는 날, 코끼리 가족 떠들썩 한마당, 체육 대회, 비버스카우트 선서식 등 다양한 교육 행사에 가족이 함께한다.

특히 엄마·아빠뿐만 아니라 할머니, 할아버지, 형제자매에 졸코까지, 코끼리 가족이라면 모두 함께할 수 있는 가족 행사가 다양하게 치러진다. 이 외에도 특별히 가족과 함께하는 것에 목적을 둔 행사에는 아빠랑 캠프, 아빠랑 새벽산 캠프, 비버스카우트 온 가족 1박 야영 등이 있다.

아이는 가족들과 함께 여러 활동을 하며 추억을 만들고, 엄마·아빠로부터 지지를 받고 있다는 것을 확인하며 몸과 마음이 건강한 아이로 자란다.

코끼리의 엄마·아빠들이 아이를 코끼리에 보내는 데는 저마다 이유가 있다. 코끼리 교육 철학에 전적으로 동의해서, 어린 시절만큼은 실컷 놀게 해주고 싶어서, 바른 먹을거리로 건강하게 키우고 싶어서, 주변에서 이런저런 이유로 좋다고 하니 우리 아이도 보내고 싶어서… 등 저마다 코끼리의 어떤 매력에 꽂히거나 끌려서 코끼리의 학부모가 된다.

어떤 이유든 아이를 코끼리에 보낸다는 것은 앞으로 나도 이전과는 다르게 살겠다는 의지를 포함한다. 아이가 자잘한 상처를 몸에 달고 사는 것을 받아들여야 하고, 아이의 교육을 위해 제시하는 유치원의 다양한 방침에도 따라야 한다. 그리고 공부하고 실천하는 부모로도 거듭나야 한다.

많은 것들을 감내하고 쉽지 않은 '코끼리 가는 길'을 함께 따라가겠다는 다짐 역시 필요하다. 첫 등원 날, 코끼리의 작은 문 안으로 아이를 들여보낼 때, 초보 코끼리 엄마·아빠는 오직 내 아이만을 위한 마음이었을지 모른다.

하지만 코끼리에서의 다양한 경험과 교육을 통해 사회의 구성원으로서, 지구인으로서 미래 세대에 책임을 다해야 한다는 것을 깨닫게 된다.

이 세상의 수많은 문제들로부터 나의 책임이 자유롭지 않음을 알고, 그에 대한 책임을 다하는 것이 앞으로 내 아이가 살아가게 될 세상을 좀 더 나은 방향으로 이끄는 걸음임을 알게 된다.

코끼리에서 아이와 함께 배우는 부모는 그렇게 아이만큼 자란다. 특히 아이와 함께 엄마·아빠도 코끼리의 품을 떠나는 졸업식 날이면, 이러한 고백(혹은 간증)이 엄지 앞에 줄을 잇는다.

엄마·아빠, 열공 중입니다!

코끼리의 학부모가 되기 전 나는 유치원만 잘 보내면 아이가 별 탈 없이 커 줄 거라고 믿는 평범한 엄마였다. 하지만 코끼리는 그런 나에게 아이가 잘 크기 위해서는 '유치원만 잘 보내면'으로는 끝나지 않는다는 걸 알게 해 주었다. 솔직히 일하는 엄마, 두 아들을 키우는 엄마 입장에서 직장 일을 마치고 학부모교육에 참여하는 것이 쉬운 일은 아니었다. 그래서 처음에는 내가 빠지면 우리 아이에게 불이익이라도 있을까 하는 마음으로 유치원을 찾았던 것 같다. 하지만 학부모교육을 들으면서 나는 아이를 잘 키우려면 나부터 좋은 부모가 되어야 하고, 좋은 부모가 되려면 열심히 공부해야 한다는 것을 깨달았다.

아이들과 함께 먹을거리 교육을 받으면서 내가 무심코 아이들에게 사 먹인 음식들에 유해한 성분이 얼마나 많이 들어 있는지를 알게 되었고, 그 뒤로는 장보기를 할 때 성분 표시란을 반드시 살피는 엄마가 되었다.

아이들의 뇌 발달에 대한 교육을 들었을 때는 첫 아이가 돌도 지나기 전, 묻지도 따지지도 않고 사재기했던 책과 교구들에 쓴 결코 적지 않은 돈이 아까워 쓴웃음이 절로 나왔다. 방사능이 얼마나 위협적인 것인지를 알게 해 준 탈핵 교육은 내 아이의 미래를 위해서 내가 어떤 일을 해야 하는지, 어떤 일을 할 수 있을지 생각하게 해 주었다.

특히, 아이들에게 놀이가 얼마나 중요한지를 배우는 교육은 그동안 사교육, 조기 교육의 유혹을 이기고 아이가 마음껏 놀 수 있게 해 왔다는 것에 대한 안도와 스스로에 대한 자부심을 느끼게 해 주었다.

코끼리는 아이만 키우는 곳이 아니라 부모도 함께 성장할 수 있게 이끌어주는 유치원이다. 4년 전 나는 아이의 손을 잡고 이 험한 세상을 어떻게 살아가야 할지 몰라 항상 불안하고 두려운 엄마였다. 하지만 코끼리는 나와 같은 학부모들에게 삶의 가치와 방향을 알려 주는 나침반이 되어 주었다.

- 코끼리유치원 29회, 꼬마 코끼리 가는 길, 1회 졸업생 엄마

엄지는 항상 '아이-부모-교사(교육 기관)'의 세 바퀴가 잘 맞물려 돌아갈 때 최고의 교육적 효과가 나타난다고 항상 강조한다. 그래서 코끼리는 사각지대(?)에 놓인 부모교육이 많은 편이다.

아빠랑 캠프, 그리고 새벽 산 오르기

부모는 아이가 세상에 태어나 맨 처음 만나는 세상이다. 균형 잡힌 건강한 세상에서 몸과 마음이 건강한 아이가 자란다. 엄마와 아빠가 함께하는 육아와 교육 참여는 그래서 중요하다.

코끼리는 아빠들의 적극적인 동참을 끌어내기 위해 아빠와 아이가 단둘이 함께하는 프로그램을 진행한다. 아빠와 1박 2일 동안 오붓한 시간을 갖는 '아빠랑 캠프'와 겨울 새벽 동트기 전 산에 오르는 '아빠랑 새벽 산 캠프'가 그것이다. 아이와 단둘이 보내는 이틀, 쌍쌍이 모인 부녀, 부자지간의 첫 모습은 보는 사람마저 머쓱할 정도로 어색한 모습이지만 캠프를 마칠 때가

유치원에서 한 밤을 잔 아이들은 컴컴한 새벽 네 시에 산 아래에서 아빠를 다시 만난다. 아빠랑 단둘이 산을 오르며 (대부분) 오랜만에 다시 진한 사랑이 싹튼다!

되면 세상에 둘도 없는 단짝이 되어 서로를 바라보는 눈에서 사랑이 별빛처럼 쏟아져 내린다.

아빠랑 캠프에서 아빠와 아이는 겨울 산에 오른다. 추운 겨울 산길을 오르는 것이 만만치 않지만 서로의 손을 놓지 않고 걷는다. 적어도 최근 3년 안으로는 아빠보다 숲의 경험이 많을 코끼리 아이들은 아빠의 환경 선생님이 되어 숲에서 만나는 나무의 이름을 알려 주기도 하고, 야생 동물의 먹이를 놓기에 좋은 장소를 설명하기도 한다. 여기저기서 아빠들의 거친 숨소리가 들려오기도 하지만 아이들은 아랑곳하지 않는 것도 해마다 반복되는 풍경이다. 저녁에 있을 캠프파이어에 필요한 장작을 구하기 위해 땅에 떨어진 마른 나뭇가지들을 골라 모으고, 자연에 다녀올 때는 어떠한 흔적도 남겨서는 안 된다는 스카우트 대장의 가르침을 아빠에게 전달하기도 한다.

아빠는 평소에 집에서는 볼 수 없었던 아이의 의젓한 모습을 마주하고, 아이는 우리 아빠의 든든한 존재를 다시금 확인한다. 눈 쌓인 등산로를 따라가며 곳곳에 숨어 있다 나타나는 선생님을 만나서 게임도 하고 유치원에서 배운 노래와 율동으로 아빠를 심쿵하게 한다. 숲속 곳곳에 숨겨 둔 다양한 미션을 수행하며 아빠의 잠들었던 부성애가 꿈틀거린다. 아빠와 아이는 한층 더 서로를 이해하고 사랑하게 된다.

원래 가지고 있던 마음을 표현하는 것만으로도 관계의 변화가 얼마나 크게 일어나는지 배움으로써 아빠들은 표현하는 방법과 그 중요성에 대해 다시 한번 생각하게 된다. 다른 아빠가 아이를 대하는 모습을 보며 아빠들끼리 배우고 느낄 수 있다는 것도 아빠랑 캠프만의 매력이다.

아빠랑 캠프의 대미는 아빠들이 아이들을 대접하는 저녁 식사, '초대 만찬' 프로그램이다. 두껍고 투박한 손으로 서툴지만 조심조심 아이가 좋아하는 캐릭터도 그리고, 아이에게 전하는 진심 가득한 사랑의 말로 장식한 요리사 모자를 쓴다. 그리고 입구부터 두 줄로 도열하여 손뼉 치고 환호하며 아이들을 맞이한다. 네 아이, 내 아이 할 것 없이 아이들과 하이파이브를 나누고 사랑의 인사를 전하는 아빠들의 표정은 전날의 입소식과 비교하면 전혀 다른 사람이다. 감동의 크기를 더하기 위한 탬버린과 마라카스 같은 타악기가 동원되고, 문이 열림과 동시에 흥겨운 축제 분위기를 방불케 하는 아빠들의 이벤트는 아이들에게 잊지 못할 추억을 선물한다. 감동하고 좋아하는 아이의 모습을 보는 아빠들은 눈물을 훔치기도 한다.

저녁 식사 내내 아이는 아빠의 귀한 손님으로 극진히 대접받는다. 내 아

우리 아빠와 친구 아빠가 만들어 주는 긴 환호성의 터널. 그곳을 지나는 비버스카우트 대원들의 얼굴에는 함박웃음이 핀다.

이로 와 줘서 고맙다는 아빠의 어색하지만 진심 어린 애정 표현은 아이에게 그 어떤 반찬보다 맛난 기억으로 남는다.

다음 날 아침 식사는 똑같은 방식이지만 아빠와 아이의 역할이 바뀌어 진행된다. 어제 아빠에게 받은 극진한 대접에 보답하기 위해 부지런히 움직이는 아이들의 발걸음이 그 어느 때보다 경쾌하다.

이렇게 캠프를 마치고 집에 돌아가면 아이는 엄마에게 아빠에 대한 자랑을 늘어놓기 바쁘다.

"엄마, 내 친구 아빠 중에서 우리 아빠가 제일 멋졌어!", "내 썰매가 제일 빨리 가게 밀었어!", "거기서 우리 아빠가 나이 제일 많아!"(응??ㅋㅋ)

아빠 캠프를 함께하고 나면 아이와 아빠는 썩 가까운 사이가 된다. '우리 남편이 달라졌어요' 하는 피드백이 줄을 잇는다. 특히, 극적인 관계의 변화가 일어난 집에서는 엄마랑 캠프도 해야 한다는 엄마들의 만족스러운 어필이 한동안 이어지기도 한다.

아빠와 함께하는 추억을 선물하는 또 하나의 프로그램은 아빠와 함께 새벽 산에 오르며 여러 미션을 해결하는 '아빠랑 새벽 산 캠프'이다. 새벽 산 오르기는 해가 짧고 밤이 긴 겨울에 찾아온다. 아이는 유치원에서 하룻밤을 자고, 새벽녘 기린봉 아래 약속된 집결 장소에서 아빠를 만나 갖가지 미션을 통과하며 정상을 찍고 내려온다. 우리의 놀이터[44]에 아빠를 초대하는 의미를 담아서 아이들은 하루 전날 교사와 함께 사전 답사를 한다. 아빠와 함께 오를 등산로에 리본을 묶어 표시하고 어디에서 아빠와 게임을 할지, 어느 계단을 내려갈 때 아빠와 가위바위보 미션을 할지도 선생님과 함께 정한다. 또 갈림길에서는 어느 쪽을 택해야 할지도 꼼꼼히 확인한다. 등산을 위해 기상하는 시각은 새벽 4시, 칭얼거리는 아이 하나쯤 있을 법하지만, 코끼리 일곱 살 반에 그런 아이들은 없다. 전날 밤 씩씩하게 벌떡 일어나자고 다함께 했던 약속을 모두 잊지 않는다. 선생님의 힘찬 기상 알림 소리에 아이는 벌떡 일어나 스스로 이불을 개고, 간단하게 주스 한 잔을 마신 다음 아빠를 위해 준비한 비밀 선물까지 주머니에 챙기고 나면 준비 완료! 아직 깜깜하고 추운 새벽, 아이들은 차례로 노랑차에 올라 약속 장소로 향한다. 약속 장소에는 이미 아빠들이 와서 기다리고 있다. 대장님이 이름을 부르면 한아이씩 노랑차에서 내려와 아이는 아빠를 부르며 달려오고, 아빠는 아이의

---

44) 봉우리 하나 정도는 놀이터 삼아 뻔질나게 드나들며 노는 코끼리 입장에서 보면 기린봉(높이 270m) 정도는 놀이터라 부를 만하다.

"우리 딸(아들) 사랑해! 아빠 딸(아들)이 되어 줘서 아빠는 행복해!", "아빠! 내가 더 사랑해! 아빠가 우리 아빠라서 정말 좋아!" 듣는 사람조차 가슴 뭉클한 아빠와 아이의 고백.

이름을 부르며 달려가 서로 부둥켜안는다. 어두컴컴한 새벽, 단 하룻밤만의 만남인데도 눈물겨운 감격의 상봉이 이루어진다. 그렇게 만난 아빠와 아이는 어둠이 짙은 산길을 오른다.

구간마다 아빠랑 함께 동요 부르기, 아빠 안아 주고 사랑한다고 말하기, 비타민 사탕을 아빠 입에 넣어 주기, 가위바위보로 계단 올라가기 등 다양한 미션을 함께 해결하며 즐겁게 산길을 오른다. 그렇게 가다 보면 어느새 정상에 다다르고 멀리서부터 동이 터 온다. 어스름이 옅어지는 분위기에서 아빠는 미리 준비한 아빠의 마음을 담은 편지를 아이에게 읽어 준다. 그리고 아빠와 함께 엄마표 간식과 따뜻한 음료를 나누며 도란도란 일출을 맞이한다. 하얀 입김이 피어나는 추운 겨울 아침, 아이들이 좋아하는 과일 푸딩이 테이블 위에 멋지게 차려지고 그 옆에는 쿠쿠 이모가 건강한 재료로 만든 어묵탕이 보글보글 끓으며 새벽 산을 넘어온 두 사람을 반긴다.

처음으로 아빠와 새벽 산행을 하면서 함께 본 일출은 아이의 삶에서 행복했던 장면으로 액자처럼 남아 기억될 것이다. 한겨울 새벽 산을 넘으며 아빠와 꼭 붙잡았던 따뜻한 손은 오래도록 아이의 앞날을 이끌어 주리라.

코끼리비버스카우트 온 가족 1박 야영

'신나게, 사이좋게, 내 힘으로'라는 비버스카우트의 약속은 코끼리의 교육 이념과 닮았다. 그래서 코끼리 교육과 스카우트 활동의 찰떡궁합이 시작되었다. 코끼리에 다니는 아이들은 모두 한국스카우트연맹에 등록된 비버스

코끼리비버스카우트 온 가족 1박 야영 개영식이 진행되고 있다. 얼마 전부터는 '졸코 형님'인 코끼리지역대 컵 스카우트 대원들이 참가하여 대장님들을 보조하고, 참가 가족들이 텐트 치기를 돕는 등 제 몫을 톡톡히 하고 있다.

카우트[45] 대원들이다.

한 해 동안 이루어지는 코끼리비버스카우트[46] 대원들의 다양한 활동 중에는 아이뿐 아니라 가족들도 모두 함께하는 '코끼리비버스카우트 온 가족 1박 야영'이라는 프로그램이 있다. 이전에는 한국스카우트 전북연맹 소속의 비버스카우트 대가 여러 곳 운영되어 합동 야영을 진행했지만, 지금은 코끼리비버스카우트만 남아 전북 연맹의 유일한 비버대로서 활동하고 있어 단독으로 진행한다. 교육적 목적을 두고 진행하는 프로그램이기에 유치원에서는 즐겁고 신나는 가운데 교육적 가치를 온전히 살리기 위해 오랜 시간을 공들여 준비한다. 전북 연맹의 적극적이고 전폭적인 지원 역시 코끼리비버스카우트가 이러한 활동을 지속할 수 있는 힘이 된다.

또한, 코끼리비버스카우트 대원들이 졸업 후 활동하는 코끼리지역대[47] 대장들 역시 비버스카우트 가족들을 위해 기꺼이 함께 힘을 보탠다. 캠핑 인구가 늘어나기 시작한 여러 해 전부터는 텐트의 빈부 격차(?)를 방지하기 위해 약 80여 동의 텐트와 그에 따른 장비들은 유치원에서 모두 대여하여 제공한다.

참가 가족들은 유치원에서 편성한 서너 가족이 하나의 편[48]

---

45) 비버스카우트는 한국스카우트연맹의 미취학 아동 연령의 대원들을 말한다.

46) 정식 명칭은 '한국스카우트 전북연맹 제9002대 코끼리비버스카우트'로 스카우트 연맹에 등록된 코끼리 아이들의 비버스카우트 단위대다.

47) 유치원 졸업 후 스카우트 활동을 이어가지 못하는 졸코들을 위해 오랜 준비 끝에 지난 2008년 코끼리지역대가 창설되었다. 코끼리지역대는 이후 컵 스카우트, 스카우트, 벤처스카우트, 로버 스카우트 대를 모두 갖추고 '단'이 되었다.

48) 비버스카우트에서는 최소 활동 그룹의 단위를 '편'이라고 한다.

을 이루어 함께 활동하게 된다. 아이들끼리의 친밀도, 엄마·아빠의 성향 등을 종합적으로 고려하여 유치원으로부터 임명된 편장을 중심으로 어른들은 사전 협의를 통해 먹을거리, 놀 거리 등 기타 필요한 공동의 물건들을 함께 준비한다.

편별로는 그늘막 하나를 공유하며 그늘막을 거실처럼 두고 가족별 텐트가 모여서 생활하니 대가족이 따로 없다. 이틀 내내 편별로 협동하고, 다른 편과 경쟁도 하며 스카우트 방식과 프로그램으로 끈끈해지는 덕분에 캠프가 끝나고 나서도 같은 편에 속한 가족끼리는 서로 가깝게 지내며 졸업 후에도 지속적으로 만나는 인연이 되기도 한다. 코끼리의 그늘 아래 작은 육아 공동체가 시작되는 것이다.

코끼리비버스카우트 온 가족 1박 야영은 아이에게 가장 큰 세상인 엄마와 아빠가 아이의 또 다른 세상인 아이의 친구들, 그 친구의 가족들, 그리고 대장님들[49]과 함께 지내며 건강한 가정, 건강한 관계를 통해 아이와 함께 온 가족을 성장시키려는 프로그램이다.

'신나게, 사이좋게, 내 힘으로!'

비버스카우트의 약속과 코끼리의 교육 철학이 만들어 내는 시너지로 1박 2일 캠프 내내 떠들썩하고 유쾌하다.

스스로 집을 짓는 비버들처럼 뚝딱뚝딱 텐트를 세우고, 엄마·아빠들은 아이와 함께 7살 소년의 마음으로 돌아가겠다는 다짐과 함께 입소문을 통과한다. 보이 스카우트, 걸 스카우트 시절을 이야기하며 현직 비버스카우트 대원의 가족들은 추억에 잠긴다. 가장 먼저 마주하게 되는 과제는 편별로 편

---

49) 코끼리 선생님들은 모두 스카우트 지도자 훈련 중급 과정 이상을 이수한다. 스카우트 활동에 대한 제대로 된 이해를 바탕으로 코끼리의 교육 철학을 녹여 내기 위함이며, 더 높은 수준의 지도자 훈련 참가도 지원 받는다.

코끼리는 가족들의 모임을 적극 독려하며 아이를 함께 키워 갈 것을 조언한다. 아이들의 친구 관계나 사는 곳, 엄마·아빠의 성향 등을 고민하여 편을 정하는 것도 그 때문이다.

이름, 편 깃발, 편 노래, 편 환호, 그리고 편 규칙을 만들어 발표하는 것이다. 천차만별 다양한 편 이름과 노래, 환호 사이에 각 편의 규칙들은 코끼리답게 엇비슷한 것이 특징인데, 곤충이나 나무를 보호하고 지구를 지키자는 내용들이 주를 이룬다. 스카우트 활동인 만큼 엄마들은 대장님들에게 매듭법을 배워 그물을 짜서 나무와 나무 사이에 걸어 그물 놀이터를 만들고, 아빠들은 상호 지지 구조를 배워 기다란 나무토막으로 다빈치 다리를 만들어 아이들과 함께할 수 있는 놀이 기구들을 만든다. 엄마·아빠들이 만든 놀이터와 함께 대장들은 스카우트 방식으로 밧줄을 매어 모험 놀이터를 만든다.

코끼리비버스카우트 대원들을 '강철 전사'로 만들고 싶은(것으로 보이는) 코끼리 대장들은 겨울 캠프를 '겨울 야영'으로 바꿔 진행하기도 한다. 영하로 내려가는 12월 중순의 맹추위에도 코끼리들은 움츠리지 않는다. 어른들의 일은 몇 곱절로 늘어나지만, 코끼리들만큼 놀기 좋아하는 대장님과 선생님들은 크게 개의치 않는 듯하다.

엄마·아빠가 스카우트 기능을 익히느라 바쁜 시간, 코끼리비버스카우트 대원들은 어두워지기 전에 그늘막과 텐트 줄에 발이 걸리는 것을 방지하기 위한 표시줄을 설치한다.

엄마·아빠는 물론 아이들 역시 편별로 활동하면서 선의의 경쟁을 펼침으로써 내부적으로 더욱 결속하고 끈끈해지는 시간이 된다.

식사 시간이 시작되면 각 편의 그늘막에서는 고기 굽는 냄새를 비롯해 맛있는 음식들의 향연이 펼쳐진다. 이 프로그램의 초기에는 선생님들도 스스로 밥을 지어 식사했는데, 준비한 밥을 먹을 수 없을 만큼 다양하고 맛있는 음식들이 각 편으로부터 선생님들 식탁으로 전달되었다. 그래서 아예 이 음식 나눔을 프로그램으로 만들자는 아이디어가 나왔고, 최근에는 편별 야외 요리 콘테스트로 발전하여 아름다운 전통으로 이어져 내려오고 있다. 선생님들은 '한국인의 밥상', '어머나 세상', '세종대왕 수라상' 등 각 편이 제출한 차림에 따라 재미난 이름을 붙여 둘째 날 아침 대집회를 통해 모두 시상한다. 해를 거듭할수록 센스 있는 이름을 짓기 위한 선생님들의 고민은 깊어간다.

맛있게 식사를 마치고 나면, 아이들이 손꼽아 기다리던 캠프파이어 시간이다. 스카우트 캠프파이어 의식으로 치러지는데, 선생님들은 해마다 색다른 옷을 입고 사방신이 되어 동서남북에서 등장해 멋진 점화 의식을 선보인다. 즐거운 레크리에이션 게임도 하고, 스카우트 노래와 춤도 배우고, 잔불에 고구마와 옥수수도 구워 먹으며 어른이나 아이 할 것 없이 흥겹다.

캠프파이어를 모두 마치고 나면 아찌를 따라 엄마·아빠 손 잡고 밤마실에 나선다. 어둠이 짙게 내린 숲속의 인적 드문 오솔길과 뚝방 길, 마을 길을 따라 걸으며 반딧불이도 만나고 시냇물 소리도 듣는다. 별이 잘 보이는 곳에 이르면 모두 바닥에 누워 하늘도 바라보고, 잠시 눈을 감고 자연의 소리를 들어보기도 한다. 자연의 기운을 온몸으로 받아 다시 야영지로 돌아오는 무리들의 발걸음이 아기 코끼리들의 걸음마처럼 듬직하다. 알찬 하루를 보낸 아이들이 잠자리에 들고나면 처음엔 어색했지만, 이제는 동료애로 끈끈해진 어른들의 시간이다. 도란도란 이야기를 나누며 웃음꽃이 피어난다.

내일의 활동을 위해 너무 과하거나 늦지 않도록 조절하는 것은 대장들의 미션인데 아무 말도 하지 않고 이야기꽃 피우는 이들의 틈에 끼어 무언의 압력을 행사하거나 물총을 쏘는 등 다양하고 유쾌한 방법으로 관리한다. 하룻밤을 지나고 나면 이제 편이 아니라 가족이라 불러야 할 만큼 아이들도 어른들도 모두 하나가 된다.

너른 잔디밭에 모여 아침 체조를 하고 있으면 각 편의 취사 담당들은 앞다투어 밥 짓는 연기를 피운다. 신나는 체조와 아침 식사를 마치고 나면 대집회가 열린다. 어제 열심히 그리고, 부르고, 외쳤던 편 깃발과 노래, 환호의 내용과 의미를 다른 편에게 소개도 하고 모두가 함께 즐길 수 있는 스카우트 몸풀기 게임을 하며 신나는 시간을 보낸다. 한바탕 웃고 나면 1박 2일간의 활동을 마무리하는 폐영식이 시작된다. 전날 저녁 야외 요리 콘테스트에

우리 아빠, 너네 엄마 할 것 없이 같은 편으로 묶여 지내는 1박 2일. 부모는 내 아이의 친구와 함께 지내며 친해지는 시간이고, 아이는 내 친구의 엄마·아빠들과 가까워지는 시간이다.

대한 시상을 비롯해 선생님들이 비밀리에 집계한 일회용품 사용 편 발표, 해냄장50) 수여 등이 진행된다. 해냄장 수여는 비버스카우트 대원들이 손꼽아 기다렸던 순간이기에 해냄장과 부상을 받은 비버 대원들은 뿌듯한 얼굴로 엄마·아빠 품에 안긴다.

유치원에서는 캠핑장과 협의를 통해 행사가 마무리된 후에도 가족들끼리 여유로운 시간을 즐길 수 있게 배려한다. 설치했던 공용 그늘막과 집기, 숲놀이터 구성물과 스카우트 구조물 등을 철거하는 동안 남아 있는 아이들과 가족들이 힘을 모아 선생님들의 일을 돕는다. 선생님들만 했으면 오래 걸렸을 일이 함께 돕는 손길이 있으니 쉽고 빠르게 끝난다. 일상의 유치원 생활에서 '더불어 함께 사는 것'의 가치를 배우고 익힌 아이들은 이렇게 다르다.

비버스카우트 활동 초기, 전북 연맹 소속의 유치원들이 모여 합동 야영을 진행했을 때의 일이다. 텐트를 치기 전부터 날씨가 심상치 않더니 모든 참가 가족의 텐트 설치가 끝나자마자 장대비가 쏟아져 내리기 시작했다, 천둥과 번개를 동반한 엄청난 폭우였다. 삽시간에 온 세상이 캄캄해졌고, 스카우트 연맹에서는 곧바로 야영장 옆 수련 시설을 섭외해 참가한 가족들을 대피시켰다.

참가 가족들은 모두 혼비백산하여 캠핑 장비는 그대로 놔둔 채 건물로 대피하느라 남겨진 텐트와 집기 등이 떨어지고 구르면서 아수라장이 됐다. 연맹에서 참가자들을 일일이 알 수 없으니 각 유치원의 원장들이 현관에서 자기 유치원 식구들을 맞아 안내하는 역할을 했는데, 엄지가 아무리 기다려

---

50) 스카우트 활동을 통해 습득하거나 이수한 기능과 프로그램을 증명하기 위해 컵 스카우트 대원들은 취미장, 스카우트와 벤처 스카우트 대원들은 기능장을 받아 옷과 어깨띠에 부착한다. 그러나 비버스카우트를 위한 표장이 마련되어 있지 않아 한국스카우트연맹에 문의 후, 코끼리비버스카우트는 따로 '해냄장'이라는 이름으로 비버 대원들의 활동을 증명하고 있다.

도 코끼리 가족 누구도 숙소 건물로 들어오지 않았다. 혹시 전달이 제대로 안 되었나 싶어 엄지는 천둥과 번개를 뚫고 코끼리비버스카우트의 영지로 달려갔다.

"우리 코끼리 가족들을 대피시키려고 달려가 봤더니 텐트는 그대로인 채 간혹 한두 명 아빠들만 텐트 밖으로 나와 주변에 고랑을 파고 후다닥 들어가는 거예요. 순식간에 물에 빠진 생쥐가 된 아빠들이 텐트로 들어가고 나면 다시 잠잠…"

도대체 무슨 일인가 싶어 이집 저집 텐트를 열어 보니 텐트 안이 너무나 평화로워 웃음이 났다고 한다. 편안한 표정으로 과일을 깎아 먹으며 오히려 무슨 일로 우리 텐트에 오셨나 하는 표정을 짓는가 하면, 가족끼리 게임도 하고 수다도 떠는 등 대부분 유유자적 휴식을 취하고 있었다고 한다.

놀랍고 통쾌한 사실은 약 한 시간 정도가 지나자 폭풍우처럼 휘몰아치던 비가 거짓말처럼 개었고 덕분에 코끼리비버스카우트 가족들만 별다른 일 없이 야영을 이어갈 수 있었다. 비를 피하기 위해 혼비백산 빗속에서 짐을 나르고 실내 숙소로 들어갔던 가족들은 오히려 대피하느라 젖고 정리하느라 곤죽이 되어 조기 퇴소자가 다수 발생했다. 이 일이 있었던 뒤부터 가족 캠프 진행을 도와주러 왔던 스카우트 지도자와 레크리에이션 진행자들 사이에서는 코끼리는 선생님들이랑 아이들만 다른 줄 알았더니, 부모들도 다르더라는 이야기가 한동안 회자되었다고 한다. 이 일은 코끼리 가족 스스로도 뭔가 다르다는 것을 깨닫는 계기가 되었다. 코끼리는 아이도 다르고, 선생님도 다르고, 부모도 다르다.

최근에 코끼리비버스카우트 가족들에게 닥쳐 왔던 시련이자 지나고 보니 멋진 추억이 된 에피소드는 태풍과 함께 한 1박 2일이었다. 미리 정해서 준비

안전에 대한 문제가 없다면 비가 오나 눈이 오나 바람이 부나 코끼리는 일단 출발한다. 그리고 다양한 경우의 수를 대비한다. 웬만해서는 코끼리를 막을 수 없다.

한 코끼리비버스카우트 온 가족 1박 야영 날, 기상이변으로 인해 예기치 않은 태풍이 우리나라를 찾아왔다. 바람이 조금씩 불어오긴 했으나, 아직은 예보만 있고 태풍의 진로는 불분명한 상황이었다. 보통은 행사를 취소했을 터이지만, 유치원과 학부모들 누구도 행사 취소 여부를 공지하거나 문의하지 않았다. 코끼리 생활 3년 차, 바바반이 되면 엄마·아빠나 아이들 모두 '하늘이 무너지거나 땅이 꺼지지 않는 한 코끼리는 가던 길을 간다'라는 사실을 알고 있는 탓이다.

친구에게 그늘막을 빌린 어느 아빠는 빌려주는 친구가 "근데 태풍이 온다는 데도 가냐?" 하기에 "어, 우리 코끼리는 가!"라고 대답하고 빌려 왔다는 에피소드를 전해 오기도 했다. 가족 캠프는 예정대로 진행되었고, 역시 코끼리 DNA가 흐르는 후배 코끼리 가족들도 옛날 옛적의 선배님처럼 잘 해내었다. 심지어는 진로를 예측할 수 없었던 태풍이 완전히 비껴가지 않아 야영지가 태풍의 영향권 안에 들어 바람도 많이 불고 비도 세차게 내렸음에도 코끼리는 여전히 흔들림이 없었다.

유치원에서는 시시각각 변화하는 상황을 지켜보며 캠프의 강행 여부를 두고 편장들과 수차례 편장 회의를 진행했는데 그때마다 돌아오는 대답은 "그냥 하시죠! 이것도 다 추억이 되겠다는 게 우리 편의 의견입니다!"였다.

오랜 경험과 노하우로 코끼리는 당연히 플랜 B를 세워 두었다. 가까운 곳에 매년 여름과 겨울 코끼리 아이들이 숲 속 캠프를 떠나는 전라북도 자연환경 연수원이 있어 이곳에서도 일부 프로그램을 진행할 수 있게 준비가 된 상태였다. 비가 억수로 퍼붓고 바람도 세차게 불어오는 날씨였지만, 코끼리 가족들은 준비된 실내에서 신나게 그 시간을 즐겼고, 다시 돌아온 텐트에서도 이리저리 바람막을 치고 방향을 바꿔가며 늦은 밤까지 충분히 즐기며 어른들의 이야기꽃을 피웠다. 밤새 그늘막이 무너지고, 텐트가 움찔움찔했지만 24시간 뜬눈으로 지켜보는 선생님과 대장들이 있기에 모두 웃으며 다음 날 아침을 맞이했고, 폐영식까지 무사히

비로 인해 잔디밭 곳곳에 생긴 웅덩이는 아이들의 또 다른 놀이터가 된다. 허용하는 어른들의 속에서 코끼리 아이들은 자유롭다.

마무리할 수 있었다.

코끼리 아이들이 시도 때도 없이 외치는 '나는 할 수 있어요'는 코끼리 어른들도 즐겨 외치는 말이다. 이 용감무쌍한 정신으로 코끼리는 기어이, 그리고 즐겁게 위기에 맞서고 유쾌한 그들만의 방식으로 치러 낸다. 그를 위해 유비무환의 정신으로 항상 플랜 B를 준비하고, 기꺼이 희생을 감수하는 선생님들의 팀워크도 이러한 코끼리 파워의 숨은 원동력이라 할 수 있겠다.

♣ 존경하는 원장 선생님 이하 코끼리 선생님들께

오랜만에 인사드려요. 탱탱볼 짱구 엄마입니다. ^-^

모두들 건강하시죠? 코빠에 가끔 들르곤 하는데, 예전 같지 않게 글 남기기가 쑥스러워지네요. 반성합니다.

짱구가 며칠 전 꿈에 괴물을 물리치고 있었는데 노랑아찌가 나오셨대요. 전투를 거들어 주셨다나요.

"유치원 갈까?" 했더니, "응, 나 우리 반에서 혼자 올백 맞은 거 자랑도 하고."

얼마 전에 첫 시험(중간고사)을 치렀는데, 당당히 총점 400점을 맞아 왔더라고요. 어찌나 의기양양해졌는지 보는 사람들에게 다 자랑해요. 곧 기말고사니 그 전에 올백 턱을 코끼리 샘들께 내고 싶어서요.

얼마 전 짱구 담임 선생님께 전화를 받았어요. 같은 학교에 계시지만, 너무 어려워서 제대로 찾아뵙지 못했거든요.

"짱구 엄마~, 짱구 학교생활이 어떤지 많이 궁금하죠?" 하시면서 말씀해 주시는데, 처음엔 글씨 쓰는 것도 느리고, 행동이 굼떠서 엄마가 선생님인데 왜 저렇게 아무것도 안 시켜서 보냈을까? 싶으셨대요.

그런데 녀석이 전혀 기죽지 않고 슬슬 따라붙더니 지금은 똑소리 나게 발표도 잘하고, 모든 행동에 자신감이 붙어 있어 학급에서 눈에 띈대요.

특히, 수업 집중도가 정말 좋아 선생님이 하신 말씀은 기막히게 기억을 잘하고, 다른 아이들이 생각하지 못한 기발한 아이디어를 잘 내고, 체험 학습 다녀온 후엔 월욜 아침부터 어찌나 실감 나게 이야기를 잘해 주는지 그 반 아이들만 듣기엔 너무 아깝다고 하시더라고요.

그런데 올백까지 맞아 주가가 하늘을 찌르네요.

"짱구 엄마, 아이가 뭐든지 즐거워하고 행복해요. 아들 참 잘 됐어. 우리 반의 비타민이고 보물이에요."

다소 냉정하신 선생님께 그런 과분한 찬사를 들으니 몸 둘 바를 모르겠더라고요. 꼭 제가 코끼리 엄마인 줄 알고, 듣고 싶어 하는 말만 골라서 해 주시는 것 같았어요.

코끼리의 기적이 너무 빨리 일어나요.

앞으로 어려움이 많겠지만, 첫 단추를 잘 끼운 것 같아 흐뭇하고요.

원장 선생님의 주옥같은 말씀이 '이상'이 아니라 '현실'로 나타나니 정말 신기해요. 짱구는 알림장 꼴찌로 쓸 때도 자기는 학교가 너무 재밌고, 특히 알림장 쓰기가 제일 재밌다고 했거든요.

그런데 자기 뒤엔 아무도 없다고… ^-^;;

짱구한테 미안하기도 하고, 너무 고마워요.

올백 맞은 것보다(사실 저희 부부는 덤덤해요) 다소 더디게 갔지만, 전혀 주눅 들지 않고 즐겁게 잘 적응해 준 것이. 사실 전 해 준 거 없는 엄마거든요.

원장 선생님 말씀대로 안 시켰더니 알림장 쓰기도 재밌고, 받아쓰기도 재밌고, 읽기 시간도 재밌고, 수학 시간도 재밌고. 모든 것이 짱구에겐 새로워서 신기하고, 즐거움인가 봐요.

즐길 수 있는 힘을 주셔서 정말 감사해요. 담임 선생님께 황송할 만큼 칭찬을 듬뿍 듣고, 제일 생각나는 분들이 코끼리 식구들이었어요.

아들 자랑질도 하고, 함께 나누고 싶어서 작은 정성 보냅니다. 너무 안타까운 것은 저희가 내년엔 서울로 이사하기로 했어요.

"나 꼬끼리 유티원 가 꺼야!"를 외치는 짱아가 세상에서 제일 좋은 유치원 맛을 못 보고 떠난다는 것이 너무 맘에 걸리는데, 이제 아빠가 힘든가 봐요. 애들도 아빠를 너무 찾고요.

하지만 2시간 30분 거리이니 기회 되면 또 뵙도록 할게요.

'한 번 코끼리는 영원한 가족!' ^-^ 건강하세요.

-표현이 서툴러 제대로 표현 못 한 것 같지만

진~짜 감사한 짱구 엄마가

♣ 존경하는 코끼리 선생님들께

안녕하세요, 선생님들께 감사하는 마음을 꼭 전하고 싶은데 어떻게 해야할까 고민 끝에 쑥스럽지만, 예쁘지 않은 글씨로 손 편지를 쓰는 미키 맘입니다. 15년 이상 타국살이 후에 '엄마가 마음이 편해야 아이를 행복하게 키울수 있지.' 하는 마음에 역시 고국이 최고지 하고 큰맘 먹고 돌아온 한국이 그리 평탄하지만은 않았어요. 뛰는 미키와 우는 미니. 수시로 장난감을 바닥에 떨어뜨리고, 돌고래 비명을 지르고…; 아이들은 그냥 노는 것인데 아파트 생활에 부모는 하루하루가 가시방석이었습니다.

어린이집을 보내면 에너지를 좀 발산하고 오지 않을까 하는 마음에 보냈더니 바깥 놀이 시간에 철봉에 매달리며 미키가 아빠와 연습한 것을 자랑하자 선생님이 다른 아이들이 따라 하면 위험하니까 하지 말라고 하셨다네요. 또한 선생님은 모두 손잡고 걸어가라고 했고, 말하기 좋아하는 미키가 왜 손을 잡고 걸어가야 하냐고 묻자 그래야 안전하다고 가르쳐 주셨대요.

그래서 '너는 어떻게 했니?' 물으니까 '손잡고 걷다가 내가 넘어지면 친구도 넘어질 수 있으니까 안 잡아.' 하고 뛰어갔다네요. 이런 일이 여러 번, 번번이 납득이 가지 않는 규칙을 따르지 않아서 제지를 받고 미키는 화를 내는 일이 잦아지고 무섭다는 말을 많이 했어요.

그 후, 저는 아이는 놀아야 한다 생각하고 놀이 학교를 찾았어요. 15분마다 바뀌는 놀거리, 클레이, 대형 에어바운스, 연극 관람, 스노우 폼, 대형 슬라임, 화산 폭발 쇼. 멋진 사진들로 가득가득. 그런데 40대 아날로그인 저희 부부는 의문이 생기기 시작했어요.

저게 과연 아이가 노는 것인지'라고요. 15분 만에 아이가 그것을 관찰하고 만져 보고 생각을 하고 자기가 원하는 방향으로 만들어 보고 할 수 있을지. 이것은 생각하고 스스로 놀잇감을 찾을 수 있는 기회를 주는 것이 아니라 외부 자극이 아니면 어떻게 놀아야 할지 모르는 아이로 키우는 지름길 같았어요.

여러 차례 실망 끝에 차라리 가정 보육이 낫겠다. 집에서의 육아 전쟁. 그러나 겨울이 오자 밖으로 많이 나가지 못한 아이들…(ㅠ_ㅠ) 역시 층간 소음의 압력에서 벗어날 수 없었습니다.

따뜻한 나라에서 한 달 살고 봄이 되면 아빠의 나라(미국)에 가서 맘껏 뛰자 결심하고 간 마지막 아시아 여행에서 저희는 터닝 포인트를 만났습니다.

아시아 여자아이 둘이 영어를 자유자재로 쓰면서 신나게 노는데 그게 얼마나 재미있어 보이는지 유럽 아이들이 줄줄 따라다녔습니다. 별것도 아니고 그흔한 장난감 하나도 없이 물속으로 조개 던져서 찾아오기, 뒤로 쓰러져서 물속에 빠지기 등 정말 원초적인 놀이인데 그 행복한 웃음소리가 온 리조트를 울렸습니다.

제가 그 엄마를 찾아가 보니 한국 사람! 아이들의 교육 방법을 여쭤보니 특별한 것 하나도 없고, 학원도 안 보낸다고 하시더라고요. 아이들의 성취감, 자기효능감, 배려 등은 5~7세 때 경험한 것을 토대로 발달하는 법. 유치원을 여쭤 보니 코끼리유치원 사진을 보여 주셨습니다.

그때! 여기다 싶었습니다!

미국으로의 이사를 포기하고 3월 전주로 이사 왔습니다!

그리고 제 결정은 옳았습니다.

4년 동안 그 흔한 곰 세 마리 한 번 부르지 않던 미키가 '숲속 작은 집 창가에~, 당신은 누구십니까~, 나는 할 수 있어요~♬' 노래를 부르네요.

　자기 전에는 '차차는 미키를 사랑해~ 사랑해!!' 얼마나 행복하고, 얼마나 본인이 사랑받고 있다고 느끼면 매일매일 노래를 부르고 잘까? 하루 종일 솜사탕이 개리보다 힘이 세다느니, 토르가 빙글 돌려줬다느니, 재윤이랑 온 도서관이 시끄럽도록 떠들었다느니 코끼리 이야기를 종알종알….

　이게 모두 선생님들의 터프하고도 섬세한 사랑 덕분입니다. 무거운 아이들 많이 안아 주셔서 감사합니다.

　어른들이 만든 요상한 규칙 안에서 보호만 하는 것이 아닌, 부딪히고 넘어져도 보고, 다치고, 서로 미안하다고 사과하고. 몸도 마음도 다시 일어서는 법을 가르쳐 주셔서 감사합니다.

　매일 인스타그램 사진을 볼 때마다 행복하고 벅차고 설렙니다.

　저는 미키와 미니가 3년 후 제가 휴가지에서 만났던 졸코 시은이, 선유처럼 행복한 글로벌 리더가 될 것을 알고 있거든요.

　오늘도 행복한 무질서 속에서 필요한 규칙을 스스로 터득하며 아이들이 자신감, 회복 탄력성, 배려를 몸으로 배울 수 있게 길을 열어 주시는 선생님들, 존경합니다. 감사합니다! 감사합니다! 또 감사합니다…!

미키, 미니 엄마 드림

♣코끼리유치원 선생님들께

안녕하세요. 더운이 엄빠입니다.

작년 이맘때쯤 입학 상담을 갔던 게 엊그제 같은데 벌써 1년이란 시간이 흘렀네요.

더운이가 밝고 다정다감한 성격이지만, 워낙 활동성도 많고 오바스러운 행동이 많아 유치원 선택에 고민이 많았었죠~

더운 아빠 초등학교 교사인 친구들 추천도 있었지만, 처음 상담 갔을 때 엄지와 햇님의 부드러운 카리스마 있는 교육관에 반해 더 고민하지 않고 선택한 게 지금까지도 너무 잘한 일이란 생각이 듭니다.

지난 1년간의 활동 사진을 보는데…

"귀한 아이 데리고 와서 막 키웁니다"라는 오티 때의 엄지 말씀이 떠오르며 웃음이 피식 나더라고요.

우리 더운이 마냥 아기 같기만 했는데 꼬마 코끼리 되면서 훌쩍 많이 컸더라고요. 밥 먹을 때마다 발우공양 하듯 밥 한 톨 안 남기고 먹어 할머니, 할아버지들께 엄청난 칭찬을 받기도 하고요~ 하늘을 보고 산을 보고 강을 보며… 사계절 가는 걸 느끼고, 추억을 느끼며… "아 모 심은 게 어제 같은데… 감자 수확할 때가 됐네…"

이런 말을 한 번씩 내뱉으며 제법 꼬마농부 태를 낸답니다.

우리 더운이… 아직 한글을 완벽히 떼지도 못했고, 아직 알파벳도 잘 모르지만 엄마도 모르는 꽃이나 식물 이름을 말하고, 할아버지와 대화를 즐겁게 이어가고, 세 살짜리 동생에게 "나는 할 수 있다"라는 말을 가르치고…

이런 모습이 구구단을 외우고 한글을 쓰는 것보다 더 완벽한 감사함으로 다가온다는 것을 다른 유치원 학부모들은 알 수 있을까요?

아이의 몸과 마음을 더없이 튼튼하게 만들어 주셔서 정말 감사합니다. 덕분에 더운이의 마지막 유치원 생활이 좋은 추억으로 가득해요~

졸업식을 생각하면 벌써부터 눈물 찡~하는 더운이의 모습에 저희도 코끝이 시큰합니다.

뒤늦게 들어온 코끼리유치원 더 빨리 함께하지 못해 아쉬웠고, 잘 적응하게끔 도와주셔서 다시 한번 감사드립니다.

- 33회 졸코 이더운 엄마·아빠 드림 -

코끼리에만 있는 **일곱** 가지

간 큰 엄지

코끼리는 여느 해나 똑같이 농사를 짓고 산에 오르고 숲과 개울에서 뛰어논다. 30년이 넘는 세월, 매년 우리를 찾아오는 사계절처럼 코끼리의 시간은 늘 반복되지만, 언제나 똑같은 법이 없다. 계절의 흐름과 날씨의 변화에 따라, 해마다의 상황과 아이들의 관심사에 따라 탄력적으로 운영된다. 이처럼 자연의 변화와 아이들의 성장에 맞춰 나가는 살아 있는 교육 활동이 현장에서 실현되는 것은, 코끼리를 지켜봐 온 사람들은 '간 큰 엄지'가 있기에 가능하다고 입을 모은다.

엄지는 입버릇처럼 '귀한 아이일수록 함부로 (놀려) 키워야 한다.'라고 말한다. 농사를 지으며 비가 쏟아지면 비도 맞아 보고, 뙤약볕 아래서 힘들게 땀을 흘려 봐야 음식의 소중함과 농부 아저씨의 고마움을 아는 건강한 아이로 자란다고 믿는다.

작은 위험들과 맞닥뜨려 무릎이 깨져도 보고, 벌에 쏘여도 본 경험이 있는 아이들이 더 큰 사고와 위험으로부터 안전하다고 믿는다. 바로 이런 엄지의 철학과 신념이 지금의 코끼리 교육을 가능하게 한 힘이다.

여름이 되면 코끼리 아이들은 수영장이 아닌 하천으로 간다. 하천은 잔잔한 물결과 일정한 깊이가 유지되는 수영장과 다르다. 세찬 물살이 살아 있고 미끄러운 바위를 조심조심 건너야 하며, 돌 틈을 오갈 때는 발걸음에 집중해야 한다. 자연 하천은 어린아이들에게 안전한 놀이 장소라고 하기는 어렵다. 특히 요즘처럼 아이의 안전에 민감한 세상에서 혹시 사고가 발생하면 모든 책임을 져야 하는 유치원 원장의 입장에서는 결코 선택하기 쉬운 장소가 아니다. 그러나 코끼리는 변화무쌍한 자연 하천을 포기하지 않는다. 아이들에

게 생생하고 즐거운 경험을 주는 놀이터를 위해 선생님을 비롯한 주위의 어른들이 안전에 갑절 더 주의를 기울이는 쪽을 택한다.

신종플루, 메르스, 진드기, 미세먼지에 코비드-19에 이르기까지…, 모든 유아 교육 기관 아이들의 바깥 활동이 줄어들고 폐지되는 상황이 와도 코끼리는 묵묵히 농사를 짓고 산에 오르고 강으로 간다. 도시에서 벗어나 안전한 자연의 품 안에서 신나게 뛰놀며 길러 진 '쫀쫀한' 기초 체력은 아이들이 크고 작은 질병을 어렵지 않게 이겨 낼 수 있는 면역력의 원천이 된다고 믿는다. 환경 파괴로 인해 앞으로는 바이러스와 미세먼지, 기후 변화 등으로 아이의 신체 활동을 제한해야 할 일이 점점 더 빈번해질 것이다. 그렇다고 아이들을 일 년 내내 갑갑한 교실에 가두어 놓을 것인가. 그래서 엄지는 이런 문제들이 있을 때마다 관련 정보를 수집하고 전문가들의 의견을 청취해서 아이들의 바깥 활동을 보장할 수 있는 가장 지혜로운 방법을 찾는다.

코끼리유치원은 입학 상담이 어려운 것으로 유명하다. 일명 '밀어내기'로 불리는 코끼리유치원의 상담 전화는 '충분히 망설이세요.', '많이 놀다 보니 많이 다쳐요.', '그러지 마시고 가까운 유치원도 한 번 상담해 보세요.' 이렇게 권유한다. 그럼에도 불구하고 코끼리에서 놀릴 각오를 하는 코끼리 가족을 찾는다. 충분히 망설이고 코끼리유치원에 입학한 순간, 엄지는 노골적으로 선생님과 유치원이 갑(甲)이라고 선언한다. 아이들의 교육에 대해서는 엄지와 선생님들이 알아서 할 테니 유치원 안에서 일어나는 모든 일에 대해 부모들이 알려고 하지 말라고 한다. 아이들을 위해 최선을 다하고 있기에 할 수 있는 말이다. 아이들을 위해 코끼리 선생님들은 부모들의 눈치를 살피지 않는다. 선생님의 마음이 편안하고 행복해야 아이에게 집중할 수 있다는 게 엄지의 지론이다. 부모교육 시간마다 엄지는 되도록 선생님에게 전화하지 말 것과 꼭 전하고 싶은 말이 있다면 엄지나 교육지원실로 연락해 달라고 부탁한다.

아이와 함께 있는 선생님들은 아이들에게 집중해야 하기 때문에 일과 중 전화를 받을 여유가 없는 것은 당연하다는 것이고, 선생님이 아이들에게 집중해서 쏟아야 하는 에너지가 학부모 민원을 처리하느라 허투루 나가거나 분산되는 것을 경계한다. 또한, 아이의 일에 부모가 개입하면 아이가 배움의 기회를 잃는다는 것이 엄지의 생각이다. 부모가 유치원에 전화를 하고 상담을 요청하는 것들은 대부분 아이의 다툼이나 작은 상처 때문인 경우가 많은데, 오히려 아이들은 작은 다툼과 상처를 통해서 배운다. 부모의 조바심은 아이의 배움을 차단하고 작은 일을 크게 만들어 일을 그르치기도 한다.

아이의 다툼은 주로 친한 친구와의 놀이 상황에서 발생한다. 다양한 장면에서 발생하는 크고 작은 다툼을 통해 아이들은 관계 맺는 법과 갈등을 푸는 법도 배운다. 엄마·아빠가 절대로 가르쳐 줄 수도 없고 대신해 줄 수도 없는 것, 교육비까지 내면서 눈물을 머금고 또래의 틈에 떨어뜨리는 이유인 '사회성'을 기를 좋은 기회인 것이다.

아이가 귀한 세상이라 요즘 부모는 아이의 상처에 예민하다. 상처는 아이가 자유롭고 신나게 놀았다는 반증이기도 한 것인데 그 상처의 너머를 보지 못하면 부모에게는 내 아이의 상처가 무척 크게 다가온다.

자유롭게 노는 아이일수록 여기저기 멍도 들고, 놀이에 집중하다 보니 저도 모르는 사이에 크고 작은 생채기들이 난다. 넘어져 본 아이가 일어날 수 있고, 작은 상처를 경험해 본 아이가 더 큰 위험으로부터 스스로를 보호할 힘을 갖는다.

엄지는 이런 배움의 과정을 중요하게 생각한다.

귀한 아이일수록 함부로 굴려(!) 키워야 한다는 생각으로 코끼리 아이들은 오늘도 자연의 품으로 향한다.

친구 같은 선생님들은 코끼리의 자랑이자 아이들의 보물.

놀기 대장 선생님과 대장님들

코끼리 가족들에겐 너무도 익숙한 일상의 풍경이지만 코끼리를 처음 방문한 사람이라면 '어머나, 세상에!' 하고 놀라는 장면이 있다. 총총총 나무 울타리로 만들어진 낮은 유치원 대문 건너로 위, 아래 아이들과 똑같은 체육복(코끼리 츄리닝[51])을 입고 화장기 없는 민얼굴로 즐겁게 아이들과 놀고

---

51) 어쩐지 츄리닝이라고 해야 어울리는 코끼리들의 발랄한 노랑파랑 체육복!

있는 선생님 코끼리들의 모습이다. 아이들과 함께 모래놀이에 열중하고, 놀이터 여기저기에 철퍼덕 엉덩이를 깔고 앉아 소꿉놀이를 하며 아이들의 민원(?)을 처리하고 놀이의 심화를 돕는(다고 하는데… 더 신나게 놀고 있는 것만 같은 합리적 의심이 든)다.

　표정도 미소도 해맑은 모습이 아이들의 그것과 구분하기 힘들다. 내리쬐는 뙤약볕 아래서도 좀체 모자 쓰는 것도 잊어버리는 코끼리 선생님들은 개울가에서 아이들과 신나게 물 미끄럼을 타고 물장구를 치며 놀이에 흠뻑 빠

'놀아 주는' 것이 아니라 '함께 노는' 선생님들이 있어 코끼리 아이들의 놀이는 더욱 즐거워진다. 재미있게 놀라고 매일매일 삽질해 주는 노랑아찌의 노고는 덤.

진다. 코끼리 선생님들에게는 '놀아 주는' 것이 아니라 '함께 논다'라는 표현이 어울린다. 처음 유치원에 온 대부분의 초임 선생님[52]들은 이러한 장면이 어색하다. 꼭 이렇게까지 해야 하나 싶은 마음도 든다. 유아 교육을 전공하며 수없이 읽고 공부했던 교과서와 강의에 이런 내용은 없었다. 하지만 일단 코끼리 체육복으로 갈아입고 나면 묘한 동질감과 함께 선생님으로서의 체면이나 지위는 봄날의 눈처럼 사라지고 어느새 아이와 같은 미소가 번진다.

코끼리 단체복은 꼭 아이언맨의 슈트와 같아서 이 노랑파랑 코끼리 체육복을 입은 선생님들은 조금의 망설임도 없이 언제 어디서나 아이들과 함께 달리고 구르고 뒹군다. 또 흙투성이인 코끼리 아이들을 안아 주는 일도 전혀 부담되지 않는다. 언제든 아이들과 함께 달릴 수 있고, 어디에서든 같이 모래놀이를 할 수 있는 마음가짐은 선생님들에게 지급되는 옷, 노랑파랑 코끼리 체육복에서 시작된다.

옷 한 벌이 주는 변화는 생각보다 커서 옷을 갈아입는 것 하나로 선생님 코끼리들은 언제나 신나게 한판 놀 준비를 마친다.

코끼리에서 선생님은 아이들을 관리 감독하는 어른이 아니다. 아이들과 함께 놀이의 즐거움에 빠지고, 아이가 놀이에 더 깊이 빠져들어 마침내 몰입의 즐거움에까지 다다를 수 있게 하는 놀이 친구이자 보조자의 역할을 다한다. 그래서 코끼리에는 눈 오는 겨울 아침, 아이보다 더 신나게 썰매를 타는 선생님이 있다. 선생님이 나보다 신나게 썰매를 타면 아이는 더욱 신이 나서 결코 질 수 없다는, 마음이 된다. 그러면 더욱 신나게, 그다음 아이는 더 신나게, 더 신나게…, 경쟁적으로 명랑해지고, 자꾸 명랑해지니 더 명랑해지

---

[52] 통통한 상태로 유치원에 오는 초임 선생님들은 실패 없이 100% 코끼리 다이어트에 성공한다. 증언에 따르면 갖은 다이어트를 시도해 보았으나 실패했고 유일하게 코끼리 다이어트만 성공했다고 한다!

차차는 노랑파랑 코끼리 체육복을 입고 으라차차 선생님으로 변신했다. 번쩍번쩍 들어올리고 우다다다 함께 달린다. 놀기 좋아하는 코끼리의 선생님과 아이들은 청출어람의 표본.

스스로 즐기지 못하면 코끼리 선생님은 극한 직업이 될 것이다. 코끼리의 교육적 가치를 공유하고, 아이들을 위해 한 발자국 더 뛰는 선생님들이 있기에 코끼리 교육과 철학은 오늘도 아이들과 더불어 더욱 생생하다.

는 코끼리 아이들의 명랑함은 선생님들의 명랑함에서 나온다.

선생님들은 늘 아이들과 어떤 재밌는 일을 한판 벌일지 고민하고 연구한다. 코끼리 패션쇼, 레스토랑 드 코끼리, 선생님 동극 공연, 로테이션 수업, 짝짝이 양말 신고 오는 날, 한옥 마을 길 찾기, 스승의 날 행사 등 시시각각 계절과 시기, 사회적 이슈 등 다양한 이유로 놀거리 만드는 코끼리 선생님들의 집단 지성은 언제나 아이들의 감성으로 기획하고 아이들의 눈높이에서 준비하여 진행된다. 연중 높은 긴장과 따뜻한 마음을 유지해야 하는 직

코끼리의 선생님과 대장님들은 아이들의 웃음을 위해서라면 체면 따위는 훌훌 벗어 던질 준비가 되어 있다. 아이들이 좋아하는 '네짤 아기 다담디'로 변신한 개리 대장.

무 속에서 어쩌다 하나 만나기도 어려운 이 훌륭한 인재들이 도대체 어떻게 코끼리에 다 모여 있을까. 코끼리는 훌륭한 선생님으로서 갖춰야 할 역량으로 손재주, 말주변과 같은 외적인 부분은 중요하게 생각하지 않는다. 아이를 대하는 태도와 생각, 그리고 착한 심성만 있으면 훌륭한 선생님 코끼리가 될 재목이라 판단한다. 유치원이 자랑하는 훌륭한 선생님으로 깎고, 갈고, 다듬어 내는 것은 코끼리의 학풍과 선배 선생님들의 분위기와 가르침, 그리고 노랑파랑 코끼리 체육복의 역할이다. 아이를 사랑하는 마음과 그 마음에

아이들과 똑같이 뒹굴고, 낙엽을 뒤집어쓰고, 신나게 웃고 떠드는 대단한 선생님들이 여기 코끼리에 있다.

서 우러나는 명랑함이 없다면 코끼리에서의 생활은 다른 유치원보다 수천 배는 더 힘들 것이다. 들로 산으로 뛰어다니는 시간이 많다는 것은 그만큼 위험에 노출되는 일이 많다는 말이다. 마냥 아이들과 즐겁게 노는 것 같지만 사실 선생님 코끼리들은 쉴 틈이 없다.[53] 신나게 얼음 땡을 하면서도 눈으로는 틈나는 대로 우리 반 아이들의 숫자를 파악해야 하고, 어느 장소에

---

53) 아이들이 자유로워지는 만큼 어른들은 할 일이 더 많아진다. 그래서 코끼리 아이들의 나들이에는 언제나 담임 선생님 외에도 둘 이상의 어른들(노랑아찌, 초록아찌, 햇님, 이똥 대장, 개리 대장, 도도 대장, 토르 대장 등)이 늘 함께한다.

서나 항상 사고의 위험을 감지하고 확인하는 데 필요한 긴장을 유지해야 한다. 그래서 코끼리 선생님에게는 대통령 경호원급의 빠른 상황 파악 능력과 순간 대처 능력이 필수적이다.

　대신 유치원에서는 선생님들이 스스로 고민하여 코끼리 교육의 질을 높이고, 아이들과의 관계에 온전히 집중할 수 있는 환경을 조성하는 데 큰 노력을 기울인다. 만약, 선생님의 교육에 대한 학부모의 적절치 못한 개입이 있다면 엄지와 유치원은 선생님을 보호하기 위한 최대한의 울타리[54]가 되어 준다. 또 코끼리에는 진짜 교육을 위한 활동에 방해가 되는 보여 주기식 활동, 즉 아이가 아닌 어른들을 위한 행사가 없다. 어떤 교육 활동을 할 때도 엄지는 선생님들에게 '어른의 입장이 아닌 아이의 입장'이라는 단 하나의 기준만을 요구하며, 모든 수업과 활동은 전적으로 선생님의 자율에 맡긴다. 교사의 풍부한 상상력과 기발한 시도는 선생님의 수업권에 대한 보호와 믿음에서 나온다. 자발적으로 만들어 낸 프로그램인 만큼 선생님도 스스로 즐겁고, 능동적으로 보완하며 발전한다. 앞에서 길을 만들어 가는 선생님이 즐거우니 그 길을 따라가는 아이들이 행복한 것은 어쩌면 당연한 일이다.

---

54) 누군가 코끼리 선생님들에게 특별히 월급이 많은 것도 아니고, 그렇다고 몸이 편한 것도 아니고, 퇴근이 빠른 것도 아닌데 왜 코끼리 선생님으로 지내느냐고 물었다. 그러자 이구동성으로 돌아온 말, "엄지가 우리를 지켜 주잖아요! 우린 아이들하고만 잘 지내면 되거든요." 코끼리 구성원들 사이에는 서로에 대한 굳은 믿음이 있다.

코끼리의 보물 아찌, 그리고 햇님

코끼리에는 세상에 없는 아주 특별한 선생님이 있다. 아이들에게는 '노랑 아찌', 부모에게는 '아찌 선생님'이라고 불리는 사람. 유아 교육을 전공한 교사는 아니지만, 아이들에게 사랑받고 부모에게 존경받는 선생님이다. 아찌가 코끼리와 함께한 시간은 엄지 다음으로 긴 30년이다. 처음 코끼리에서 아찌의 역할은 유치원 통학 버스 운전이었다. 하지만 30년이 지난 지금, 아찌는 코끼리에서 없어서는 안 될 가장 중요한 선생님이다. 매주 월요일 논밭으로 향하는 코끼리 꼬마농부들 곁에는 항상 아찌가 있다. 아이들이 산에 오르고 숲에서 뛰놀 때, 개울가에서 물장구치고 눈밭에서 미끄럼을 탈 때도 아찌는 늘 아이들보다 더 즐거운 표정으로 함께한다. 그리고 아찌는 코끼리의 맥가이버이다. 유치원 곳곳에 아이들이 뛰노는 세상에 단 하나뿐인 놀이기구는 대부분 아찌의 작품이다. 아이들은 아찌가 만든 놀이 기구에 열광한다. 모험을 좋아하고 자기 몸의 유능감을 더 많이 느끼고 싶어 하는 아이들의 마음을 누구보다 잘 이해하고 만들었기 때문이다.

아이들의 아찌에 대한 생각은 호칭에서 잘 드러난다. '포청천아찌→맥가이버아찌→개구쟁이아찌→피터 팬아찌→노랑아찌'. 30년이 넘는 세월 아이들과 함께하는 동안 변천해 온 아찌의 애칭이다. 다 다르지만 다 같다. 언제 어디서나 어떤 어려움에 부닥쳐도 한달음에 달려와 해결해 주고, 장난기 가득한 표정으로 아이들과 함께 노는 아찌의 모습이 담겨 있다. 아이들과 함께하는 것이 행복한 아찌는 피터 팬 같은 표정으로 말한다. "항상 내 어린 친구들과 함께하고 싶어요. 아이들의 순수한 마음과 눈빛을 지켜 주고 싶어요."

아찌의 양쪽 눈가에 활짝 핀 주름은 꼭 활짝 펼친 천사의 날개를 닮았다.

　아찌는 멋진 철학자이기도 하다. 매주 월요일 꼬마농부학교, 본격적인 일을 시작하기 전에 아찌는 아이들과 함께 이야기하는 시간을 갖는다. "사람은 밥만 먹고 사는 게 아니야, 사랑을 먹고 살아야 해.", "우리가 심는 농작물들도 사랑을 먹고 살아. 우리는 모두 사랑받을 자격이 있단다.", "농사에도 다 때가 있듯이 사람에게도 때가 있단다." 지금 당장은 이해하기 힘들 수 있는 인생 이야기를 담담히 전하는데 아이들의 표정은 사뭇 진지하다.

　그리고 그 말을 이해한 듯 아이들은 이런 말들을 한다. 모심기를 할 때는

"나는 모만 심은 게 아니야. 나는 사랑까지 심었어!", 힘든 농번기에 "오르막이 있고 내리막이 있다고 아찌가 그랬잖아. 조금만 더 있으면 쉬워질 거야. 지금은 오르막이야." 수확 시기를 놓쳐 웃자란 농작물을 보면서는 "아이고, 우리가 때를 놓쳤구나!" 집에 돌아가 잠자리에 누워 엄마에게 말한다. "엄마, 세상에서 제일 중요한 게 뭔지 알아? 바로 사랑이야. 아찌가 그랬는데 사람은 사랑을 먹어야 한대."

아찌는 매일 아이들에게 사랑을 먹이고 아이는 그 사랑을 먹고 자란다.

"항상 아이들과 들판과 숲에서 신나게 놀기 때문에 날마다 여행 가는 기분입니다. 30년간이라는 긴 세월 동안 코끼리에서 함께할 수 있었던 것은 엄지와 교육 철학이 맞았기 때문이었습니다. 상업적인 유치원이었다면 나는 진즉에 그만두었을 겁니다. 저희 아이들도 모두 코끼리에서 자랐고, 아주 만족스러운 유치원 생활을 경험했습니다. 가끔 아이들과 신나게 놀아 주는 저를 보고 유치원 선생님들이 어떻게 그렇게 잘 놀 수 있냐고 물어볼 때가 있습니다. 저의 대답은 늘 같아요. 사랑하면 '답이 보인다.' 아이들 한 명 한 명을 내 자식처럼 사랑하면, 힘든 몸에도 어느새 에너지가 차오르고 있음을 느낍니다." 아찌는 코끼리 아이들을 따뜻하게 길러 내는 봄날의 햇살이다.

산에서 들에서 코끼리 아이들의 호연지기를 길러 주는 아찌가 있다면, 상황에 맞춰 시시각각 변화하는 코끼리의 자유로운 교육 시스템이 편안하게 작동할 수 있게 지원하는 교육지원실에는 안방마님 햇님 선생님이 있다. 엄마의 품처럼 따뜻한 햇님 선생님의 합류로 '엄지-아찌-햇님'의 삼각편대가 완벽하게 갖추어졌으며, 일선의 선생님들과 대장님들은 더욱 아이들에게만 집중할 수 있게 되었다. 코끼리에 새로 와서 적응이 필요할 때, 컨디션 난조로 조금 쉬고 싶을 때, 괜히 햇님한테 어리광부리고 싶을 때, 종이접기하고 싶을 때, 아니면 그냥 불쑥 아이들은 햇님을 찾는다. 울고 떼쓰고 투정 부리던 아이들도 햇님한테 가면 금세 멘탈 회복! 싱긋 웃으며 교육지원실을 나선다. 어느 한 아이도 소외되거나 즐거운 배움과 경험의 기회를 포기하는 일 없게 만드는 햇님은 모든 코끼리 아이들에게 든든한 믿을 구석이다. 아이들은 물론 엄마들도 어렵고 힘든 일, 궁금한 일이 있으면 으레 햇님을 찾는다. 햇님은 코끼리 가족 모두에게 따뜻한 안식처이고, 엄마의 품이다.

'햇님은 너희를 위해 언제나 이 자리에 있을게.' 햇님과 코끼리 가족 모두의 약속이다.

신나고 재밌어 보이는 일이라면 덜컥 만들고, 키우고, 벌리기 좋아하는 엄지에게는 챙기고 쓸어 담으며 살뜰히 챙기는 햇님이 꼭 필요하다. ENFP 엄지와 ISFJ 햇님의 찰떡궁합!

근사한 무대를 빌리고 의상까지 차려입어도 코끼리는 한결같이 '우리끼리'를 고집한다. 일곱 살 바바반이 졸업할 때쯤 펼치는 공연은 생각보다 더 재미있어 몰입하게 된다.

아이들의, 아이들에 의한, 아이들을 위한

　일반 유치원에서 재롱 잔치는 일 년에 한 번 엄마·아빠와 가족들을 초대해 아이들이 춤과 노래로 무대를 꾸미고, 열심히 실력을 갈고 닦아 무대에서 선보이는 제법 크고 중요한 행사이다. 하지만 없는 것 많은 코끼리에는 재롱 잔치도 없다. 대신 그 비슷한 느낌의 무대가 아이들과 선생님들만의 우리끼리 잔치로 자주 열린다. 여느 유치원처럼 연극, 노래, 춤 등 아이들이 무대 위에서 각자 준비한 실력을 뽐내는 것은 비슷하지만, 무대 위에서의 역할을 정하는 것부터 연습, 공연에 이르는 모든 과정에서 아이들이 주체가 된다는 점은 코끼리 아이들의 무대를 특별하게 만드는 가장 중요한 지점이다.

공연이 있는 날이면 코끼리 아이들은 보통 1인 2역을 우습게 해낸다. 외부에서 손님들을 초대하지 않기에 무대에 오르는 엔터테이너 역할은 물론 객석에 앉아 열렬히 박수와 환호를 보내는 극성팬 역할까지 모두 아이들과 선생님들의 몫이다. 언제나 관객이 준비되어 있는 셈이기에 코끼리 아이들은 반을 초월해서 공연을 선보이는 일도 다반사이다.

예를 들면 이런 식이다. 막둥이 호퍼반이 각자 동시 하나씩을 외우고 나면 형님들을 관객으로 초대해 동시 낭송을 하는데, 이때 일곱 살 바바반 형님들 중 글자를 읽을 줄 아는 친구[55]가 사회를 보고 동생들이 무대에 등장할 때 보디가드 역할을 맡기도 한다. 또 1막과 2막 사이에는 여섯 살 올리반 형님들이 신나는 무대를 준비해 흥을 돋우고, 작년에 이 노래와 안무를 배웠던 바바들이 무대에 난입(?)해서 신나는 춤판이 펼쳐진다. 그리고 다시 언제 그랬냐는 듯 호퍼들의 2부 동시 낭송회가 펼쳐지고 형님들의 커다란 박수와 환호로 흥겹게 마무리된다.

코끼리의 공연은 거의 이런 식이다. 아이들은 출연부터 관람에 이르는 모든 과정의 관계자가 된다. 그래서 코끼리 아이들의 공연은 누구나 내 공연처럼 즐겁고 특별하다. 이 특별한 공연은 누구도 비교하거나 평가하지 않기에 아이들에게는 그저 신나게 흔들고 마음껏 즐길 수 있는 축제이자 배움의 시간이다. 엄마·아빠를 비롯한 어른들을 초대하지 않고 아이들과 선생님만 즐

---

55) '대한민국에서 문맹률 1위를 달리는 유치원'임을 자랑스러워하는 엄지가 있기에 코끼리 아이들은 놀이에서 밀리면 서운해해도 글자 못 읽는 것은 전혀 부끄러워하지 않는다. 그래서 코끼리의 일곱 살 바바반 아이들이 1학년 초등학생들보다 달리기는 빠르고, 다른 유치원 여섯 살 동생들보다 글자는 잘 못 읽는 일은 생각보다 더 흔하다.

기는 잔치를 고집하는 이유는 바로 '아이들의, 아이들에 의한, 아이들을 위한' 공연이 되어야 한다는 생각 때문이다.

어른들을 초대하면 무대는 보이기 위한 무대가 될 위험이 커진다. 무대를 준비하는 과정에서 일어나는 아이들의 성장과 즐거움은 어느새 뒷전으로 밀려나고, 엄마·아빠의 만족을 위한 시간이 된다. 선생님들은 여섯 살, 일곱 살짜리 아이들을 데리고 실수 없는 무대를 만들기 위해 노력하다 지친다. 지치면 작은 일에도 화가 나고 흥겨워야 할 시간에 흥이 나지 않는다. 선생님과 아이들끼리만 공연을 하는 첫 번째 이유가 여기에 있다. 두 번째 이유는 누구나 즐겁고 누구도 속상하지 않은 공연을 위함이다. 내 아이의 역할이 작다고 속상한 어른이 없는 이 공연에는 작은 역할이어서 더 행복하고, 혼자가 아니라 친구들과 함께 무대에 서는 것이 더 즐거운 아이들이 있다.

오래전 빨간 모자 공연을 할 때의 이야기다. 엄마가 집에 온 아들에게 어떤 역할을 맡았냐고 물으니 아이가 벽시계라고 대답했다. '세상에, 우리 아들이 대사 하나 없는 벽시계라니!', "아니, 아들. 왜 네가 벽시계야? 선생님이 정해 줬어?", "아니, 내가 벽시계 한다고 했어! 내가 얼마나 벽시계를 하고 싶었는지 알아?", "왜?", "응... 벽시계는 계속 무대 위에 있을 수 있거든! 벽시계를 하면 친구들이 공연하는 걸 계속 가까이에서 볼 수 있어!"

엄마는 순수한 아들의 대답에 그만 웃어 버렸다고 한다. 그리고 잠시나마 배역에 욕심부렸던 자신을 반성한다며 이야기를 전해 왔다. 그런가 하면 흥부와 놀부 공연을 할 때도 친한 친구들끼리 함께 하고 싶어서 굳이 제비1, 제

보이기 위한 준비를 하지 않아도 되니 오롯이 아이들의 성장을 위한 즐거운 시간으로 가득 채워지는 코끼리 표 공연. 공연하다 나오는 크고 작은 실수는 너그러운 하객들에게는 웃음 포인트가 될 뿐이다. 실수한 사람도 지켜보는 사람도 모두 즐거운 시간.

비2, 제비3을 고르는 녀석들이 있고, 춘향전에서는 복장이 멋져서 변 사또가 가장 인기를 끌기도 한다. 대사가 많아서 주인공이 가장 인기가 없는 해도 있었다. 내가 하고 싶은 역할을 골랐으니 코끼리 아이들은 연습도 재미있다. 연습이 재미있으니 친구들 대사까지 금세 섭렵해 버린다. 공연 당일 예기

코끼리 아이들이 환경 공연과 함께 대를 이어 멋지게 선보이는 또 다른 공연은 '강강술래와 단심줄놀이'다. 어른들도 어렵다는 오색천을 착착 엮어 가는가 하면, 그 옆에서는 청어 엮기가 구성지게 펼쳐진다. 무엇이든 즐거움으로 해내는 '무대 체질' 코끼리들을 위해 유치원에서는 되도록 큰 행사나 웅장한 무대 장치가 마련된 곳의 섭외에만 응하려 한다.

치 못한 결석이 있어도 누구든 그 역할을 맡아 해낼 수 있다는 든든함은 보너스다. 아이와 어른들은 이렇게 다르다. 이런 다름이 유치원의 주인공인 아이들과 선생님에게 스트레스가 될 수 있기에 코끼리는 어른들을 초대하지 않는다.

코끼리의 아이들과 소수의 관계자만 참여하는 이 공연이 계속될 수 있는 가장 큰 이유는 매년 공연자와 관객 모두가 만족해하는 행복한 축제이기 때문이다. 이렇게 편안한 축제의 분위기 속에서 무대 위에 올라 복장도 갖춰 입고, 마이크도 빵빵하고, BGM까지 있으니 당연히 평소보다 잘할 수밖에! 그래서 코끼리 아이들은 매년 무대 체질이다.

"너희 정말 대단하다! 코끼리 역시 무대 체질!"

한 졸코가 초등학교에 가서 학교 행사 무대에 선 뒤, 내려와 어른들이 잘했다며 칭찬하자 이렇게 대답했단다.

"아, 제가 유치원 때부터 무대 체질이었거든요!"

깨끗한 식판, 텅 빈 잔반통

코끼리 아이들이 캠프를 가는 곳마다 듣는 이야기가 있다.

"아니 도대체 어떻게 하면 얘네들은 올 때마다 음식을 하나도 안 남겨요?", "얘들은 잔반통이 필요가 없다니까? 하여간 대단해!"

먹을 만큼의 음식을 골고루 받고, 받은 음식은 감사한 마음으로 싹싹 비워 내는 것. 음식을 대하는 몸과 마음의 가짐을 제대로 익히는 것도 중요한 교육이라고 생각하는 코끼리 아이들의 오랜 전통이다.

점심시간에 코끼리유치원을 찾으면 각진 식판 위에서 숟가락을 요리조리 놀려 기가 막히게 밥과 반찬을 섞어 걷어 내는 진기명기부터 식판을 대각으로 세워 마지막 국물 한 방울까지 남김없이 흡입하는 녀석들을 쉽게 만나볼 수 있다. 각급 교육 기관에서 남겨 버려지는 잔반의 양이 환경과 사회 문제로까지 커져 가는 요즘, 이 특별한 아이들은 어떠한 삶을 살아왔을까?

힘들어 보인다고 무턱대고 도와줬다가는 혼쭐이 날 수 있으니 처음 오신 분들은 주의를 요합니다.

첫 번째 비결은 뼈 빠지게 지어 본 농사의 경험이다(?).

다섯 살 어깨너머로 형님들의 농사를 엿보다가, 여섯 살부터 본격적으로 시작하여, 논농사까지 섭렵하는 일곱 살을 지나는 과정에서 아이들은 가르쳐 주지 않아도 스스로 알게 된다. 우리 식탁에 거저 오르는 것이 없다는 것을. 그것은 사람뿐 아니라 비, 바람, 햇빛은 물론 지렁이와 벌, 개미의 힘도 보태진 수많은 생명의 결과라는 것을 말이다.

또 다른 비결은 코끼리 교육을 관통하는 중요한 가치라 할 수 있는 '분절 없는 놀이'이다. 여러 차례 앞에서 이야기했던 것처럼 코끼리에서는 애들이나 어른들이나 일단 놀기 시작하면 끝을 보는 것이 기본이다.

웬만해서는 그들을 막을 수 없는 것이 아니라 웬만해서는 그들을 막는 것이 없다 보니 이 아이들은 전심전력으로 에너지를 쏟는다. 에너지를 썼으니 몸이 에너지원을 마구 당기는 것은 너무나 뻔한 일, 시장이 반찬이라고 배가 고픈 아이들은 식탁에 오른 음식을 맛있게 먹는다.

그리고 하나 더, 다양한 식재료들이 맛있는 음식이 되어 식탁에 오르기까지 얼마나 많은 이들의 공력이 들었는지, 그것이 얼마나 감사한 일인지에 대해 끊임없이 이야기 나누며 함께 생각을 만들어 가는 선생님들이 있다.

특히, 다섯 살 꼬마 코끼리가 되자마자 필수로 배워야 하는 <밥상>[56] 노래는 코끼리들이 먹을거리를 대하는 태도를 잘 나타낸다.

---

56) 백창우 작사, 작곡의 이 노래는 코끼리 아이들이 어디서든 즐겨 부르는 애창곡이다. 다음은 <밥상>의 가사. <우리 아버지의 아버지 때부터 / 우리 어머니의 어머니 때부터 / 밥상에 오르내리며 나를 키워 준 것들 / 아주 어릴 땐 잘 몰랐지만 / 이제는 알 것 같아 / 어머니의 손맛이 배인 그 소중한 밥상을 / 쌀밥 보리밥 조밥 콩밥 팥밥 오곡밥 / 된장국 배춧국 호박국 / 뭇국 시금칫국 시래깃국 / 배추김치 총각김치 열무김치 / 갓김치 동치미 깍두기 / 가지나물 호박나물 콩나물 / 고춧잎 무말랭이 장아찌>♬

엄지 이리 와 봐!

위, 아래가 없는(?) 코끼리에서는 아이들과 어른들이 서로 말을 놓고 지낸다. 코끼리에서 아이들의 반말(평어)은 자유로움이고 친밀함이다. 경어를 사용하지 않는다고 해서 선생님이나 어른들에게 버릇없이 행동하는 아이는 찾아볼 수 없다. 코끼리는 수평적이고 친밀한 언어를 통해 교육 현장의 주체인 아이들의 생각과 행동이 더욱 자유로워지기를 기대한다.

때로는 "내용은 형식이 없다는 것이 아니라 그 자체 내에 마찬가지로 형식을 가진 것이다"라는 독일 철학자 게오르크 빌헬름 프리드리히 헤겔의 말처럼 코끼리 아이들은 수평적인 대화의 형식으로 선생님을 그저 한 명의 어른이 아니라 사랑하는 친구이자 진심을 나눌 만한 믿음직한 조력자로 인식한다.

이런 의미에서 코끼리에서 아기 코끼리들의 반말은 영혼을 자유롭게 한다. 생각을 가두지 않음으로써 호기심을 마음껏 발산할 수 있게 돕는 촉매가 된다.

대부분 코끼리 아이들은 유치원이 아닌 일상에서도 스스럼없이 어른들에게 다가갈 뿐 아니라 정확하게 자신의 의사를 표현한다.

이따금 아이의 반말을 오해하는 유치원 밖의 어른들이 있지만 크게 걱정하지 않는다. 학교에 가면 반말을 하라고 해도 절대 안 한다는 것을 알고 있기 때문이다.

초등학교에 입학해 학교생활을 시작하면서 아이들은 저절로 사회의 규칙을 배우고 '다요 체'로 말이 바뀐다. 유치원 때는 '엄지, 나 이거 했다, 저거 했다.' 하던 녀석들이 초등학교에 가면 '엄지, 나 이거 했다요, 저거 했다요.'

평어를 사용하니 코끼리 울타리 안에서는 모두가 친구이다. 엄지도 친구, 선생님들도 친구, 아찌랑 대장님들도 좀 나이 많은 친구일 뿐이니 생각과 마음을 나누는 데에 어떤 장벽도 없다.

하는 식이다. 그러다 대부분 한두 달이 지나면 아이는 문제없이 경어를 사용한다.

그런 긴 과정 없이 바로 상황에 적응하고 경어를 쓰게 되는 아이도 많다. 놀이로 자란 아이는 새로운 상황에도 잘 적응하고 상황 판단이 빠르며 그에 어울리는 행동으로 전환하는 능력이 있기 때문이다.

눈물의 졸업식

코끼리의 졸업식은 아주 특별하다. 코끼리 졸업식은 이별의 아쉬움으로 가득하다. 선생님도 울고, 졸업하는 아이들도 울고, 엄마·아빠들도 운다.

졸업식의 시작은 여느 유치원과 비슷하다. 담임 선생님들의 박사증 낭독에 맞춰 졸업식 가운을 입고 등장하는 아이들과 제법 어린이의 모습을 갖춘 아이들을 부듯한 마음으로 바라보는 가족들. 졸업식 무대 뒤에 걸린 배경 현수막에 쓰인 '날아라 바바, 더 큰 세상으로! 우리는 모두가 주인공입니다.' 라는 글귀처럼 코끼리의 졸업식은 아이들의 성장을 축하하며 더 큰 세상으로 나아가는 그들의 앞날을 축복하는 시간이다.

졸업을 맞이한 40여 명의 아이들은 한 명 한 명 촛불을 들고 입장하며 관찰 박사, 배려 박사, 사랑 박사, 재치 박사, 자신감 박사 등 각자의 개성과 특징에 꼭 맞는 새로운 직함을 선물 받는다. 선생님들이 머리를 맞대고 몇 날 며칠을 고민해서 탄생하는 박사증의 이름과 내용에 객석에서는 공감의 웃음소리와 탄성이 터져 나오기도 한다.

저마다의 특별함을 칭찬하고 격려하는 박사증과 메달을 받은 졸업생들은 "나는 잘 자라서 세상에 꼭 필요한 사람이 될 거예요.", "무엇이든 스스로 하는 사람이 될 거예요.", "다른 사람을 도와줄 거예요." 등 각자의 다짐을 큰 소리로 약속한다.

그리고 의젓한 선배로서 동생들에게도 한마디씩 덕담과 당부를 건넨다. "동생들아, 이제 너희들이 바바반이 되었구나. 우리가 졸업하면 유치원과 동생들을 잘 부탁해. 그리고 농사일이 조금 힘들지만, 너희는 잘할 수 있을 거야. 우리가 했던 것처럼 너희들도 바바반이 되면 동생들보다 더 많이 일해

코끼리의 품을 떠나는 것은 아이들도 어른들도 쉽지 않다. 사랑의 말을 전하는 엄마·아빠들도, 아이들을 떠나보내는 선생님들도 눈물이 왈칵 터지기는 마찬가지.

야 돼.", "선생님, 우리가 말 안 들어도 항상 사랑해 줘서 감사합니다. 그리고 아찌, 우리랑 축구도 하고 붕어빵 내기도 해 줘서 감사합니다. 우리도 커서 어른이 되면 아찌처럼 축구도 잘하고 농사 잘 짓고 아이들이랑 잘 놀아 주는 사람이 될게요.", "엄지네 집에서 하룻밤 잤던 것을 잊지 못할 거예요. 우리를 잊지 마세요.", "친구들아, 그동안 같이 놀고 캠프도 가고 정말 좋았어. 우리 이제 날마다 볼 순 없지만 줄줄이 파티 때 와서 또 만나자.", "쿠쿠 이모, 맛있는 밥 해 주셔서 고맙습니다. 햇님 선생님, 미니카랑 딱지 접는 거 알려 줘서 감사합니다.", "차차 선생님, 달팽이 놀이, 비석치기, 여우야 여우야 재미있었어요. 학교에 가서도 친구들하고 전래 놀이하고 놀을 게요."…

이어지는 아이들의 한마디 한마디에 선생님들의 뺨 위로 눈물이 흘러내린다.

다음 순서는 코끼리 졸업식의 하이라이트라고 할 수 있는 '맑은 물 붓기'이다.

엄마·아빠들이 졸업식장에 입장할 때 미리 받아 둔 아이에게 상처 줬던 말들을 선생님이 하나씩 읽어 가면서 무대 위에 준비된 맑은 물 가득한 수조에 까만 잉크를 한 방울씩 떨어뜨린다.

"제발 징징대지 마.", "동생보다 못하면 어떻게 해?", "엄마 지금 바빠. 빨리 말해!", "넌 알 필요 없어! 저쪽으로 가.", "대체 몇 번을 말해야 하니?", "안 돼! 그만해!", "넌 누굴 닮아서 그 모양이냐?"…

상처의 말이 이어지면서 수조에 담긴 맑은 물은 한 방울씩 떨어진 검은색 잉크와 함께 점점 새까맣게 변해 간다. 점점 탁해지는 물을 바라보며 식장의 모두가 숙연하다.

상처의 말을 모두 읽고 나면 엄지가 무대로 나와 말한다. "우리들의 잘못된 말로 아이들의 마음이 다치고 영혼이 오염되어 갑니다. 한 마디 말의 상처는 백 마디의 말로도 치유되기 어렵습니다. 이제 이 자리에서 우리가 아이들의 영혼을 다시 맑게 되돌려 줄 수 있는 사랑과 축복의 말을 준비해서 올라와 주세요."

엄지의 말이 끝나면 엄마·아빠들이 차례로 무대에 올라 그동안 바쁜 일상을 핑계로 전하지 못했던 마음을 표현하며 맑은 물 붓기를 시작한다. 아이들에게 미안했던 마음을 털어놓으며 어두운 수조에 콸콸콸 맑은 물을 붓는다.

"늘 빨리 말하라고 재촉했던 거 미안해. 엄마가 바빠서 그랬어.", "징징대지 말라고 화냈던 것, 엄마가 사과할게.", "아들! 동생보다 못하다고 말한 건 진심이 아니야. 넌 정말 훌륭한 형이야.", "저번에 아빠가 화냈던 건 네 탓이 아니야. 아빠가 잘못했어.", "○○야, 네가 엄마의 딸로 태어나 줘서 고마워. 엄마가 우리 딸 정말 사랑해."

아이에게 무심코 상처 줬던 말과 행동을 자책하며 말을 잇지 못하는 엄마, 내 인생에서 아이의 존재를 다시 느끼는 듯 목이 메어 우는 아빠도 있다. 그 진심이 전달되어 아이들도 고개를 떨구고 눈물을 훔친다. 앞에 앉은 친구의 의자 등받이를 붙잡고 우는 아이, 작은 두 손에 얼굴을 파묻고 우는 아이, 말하는 아빠의 얼굴을 차마 바라보지 못하는 아이까지… 아직 어려서 모른다고 생각했던 아이들도 사실은 다 알고 있다.

사랑의 말과 함께 맑은 물을 한 번 붓고, 붓고, 또 부어도 이미 한 번 새까 맣게 변해 버린 수조 안의 물은 쉽사리 투명해지지 않는다.

모든 엄마·아빠들의 순서가 끝나고 여전히 탁하지만, 그래도 제법 물이 맑아졌을 무렵, 엄지와 선생님들이 함께 나와 아이들에게 축복의 메시지를

사랑의 한 마디와 함께 맑은 물이 한동안 부어지고 나면 새까맣던 잔의 물이 투명해진다.

전하며 맑은 물을 한가득 수조에 들이붓는다.

"얘들아, 잘 가렴. 선생님은 너희들과 함께했던 시간이 정말 행복했어. 잊지 못할 거야. 학교에 가서도 씩씩하게 잘 해낼 거라 믿어. 언제나 응원할게. 너희들이 정말 자랑스러워. 사랑해. 사랑해. 사랑해!"

사랑이 듬뿍 담긴 축복의 말과 함께 콸콸콸 맑은 물이 계속 수조 안으로 쏟아진다. 선생님들의 사랑으로 아이들의 영혼에 부어 주는 맑은 물이다. 마침내 수조 안의 물이 처음처럼 맑아지고, 박수가 쏟아져 나온다.

아이에게 준 상처를 회복시키기 위해서 얼마나 많은 시간과 노력이 필요한지 모두가 다시 한번 깨닫는 시간이다.

맑은 물 붓기는 부모가 아이를 대할 때 어떤 마음이어야 하는가를 깨닫고 사랑과 존중의 마음을 재확인하는 코끼리 졸업식의 백미이다.

아이는 이제 유치원을 벗어나 새로운 세상으로 가는 길목에 선다. 하지만 새로운 세상 앞에 선 아이에게 두려움은 없다. 그동안 코끼리에서 신나게 놀았던 힘으로 무엇이든 할 수 있다는 생각이 마음에 가득하다.

'나는 할 수 있어요!' 저마다의 가슴에 깊이 새기고 떠나는 일곱 글자는 코끼리가 아이에게 주는 졸업 선물이다.

코끼리(코꿰리)
스카우트

눈물의 졸업식을 마친 졸업생들을 코끼리는 순순히 놓아주지 않는다. 졸코들은 이제 코끼리지역대의 컵 스카우트 대원이 되어 코끼리 동문으로서의 활동을 이어간다.

비버스카우트부터 초·중·고를 거쳐 대학생이 되고, 지도자가 될 때까지 이어지는 스카우트 활동은 다른 유치원과는 차별화된 코끼리만의 활동 중 하나이다.[57]

여섯 살이 된 올리반 아이들은 4월이 되면 엄마·아빠를 모시고 비버스카우트 선서식을 치른다. 청소년들이 대자연 속에서 단체 생활을 통해 스스로 자신의 잠재 능력을 개발하여, 국가 사회와 세계 평화에 이바지한다[58]는 목표를 가진 세계적 청소년 운동인 스카우트 활동은 코끼리의 철학과 많은 부

---

57) 비버스카우트(유치원 연령)부터 시작해 컵 스카우트(초등학생 연령), 스카우트(중학생 연령), 벤처 스카우트(고등학생 연령)를 거쳐 로버 스카우트(대학생 연령), 지도자(성인)로 이어지는 코끼리 아이들의 스카우트 활동은 코끼리가 아기 코끼리들에게 주는 특별한 선물이다.

58) 한국스카우트연맹 홈페이지에서 발췌.

분에서 닮았다.

엄지는 코끼리 아이들이 끝까지 포기하지 않고 스스로 해낼 수 있는 아이, '나'에 머물지 않고 크고 넓은 세상을 품는 아이로 자라나기를 바라는 마음으로 스카우트 활동을 코끼리 교육에 접목했다.

비버스카우트 대원들은 유치원을 졸업하게 되면 비버로서의 활동을 마무리하고 컵 스카우트 대원으로 진급하여 활동해야 하는데, 그 시점에 코끼리 비버스카우트 출신 대원들에게 난감한 상황이 생긴 적이 있었다.

대부분의 학교에서는 4학년부터 컵 스카우트 활동이 시작되어 참여가 불가능하고, 학교에 스카우트 대가 없기도 했다. 또 어렵게 찾아간 지역대에서는 1~2학년처럼 어린 대원들이 즐겁게 활동할 수 있게 준비된 프로그램과 노하우가 없었다.

여섯 살부터 스카우트 활동을 열심히 해 왔음에도 이러한 이유로 아이들이 스카우트 활동을 이어갈 수 없게 되자, 엄지는 코끼리비버스카우트 출신들의 활동을 이어갈 수 있게 코끼리지역대를 창설하기로 결심한다.

엄지의 주도로 2008년 초, 여러 차례의 만남과 준비 작업을 통해 코끼리지역대의 준비 위원회가 꾸려졌다. 엄지는 코끼리지역대를 만들기 위한 준비 위원으로 역대 학부모 중에서 코끼리 교육에 대한 이해와 애정이 넘치면서 적극적이고 아이들을 잘 끌어갈 수 있는 세 사람을 선정했다.

엄지 말이라면 덮어놓고 믿어 주고 코끼리의 일이라면 앞뒤 안 보고 팔 걷어붙이는 진재룡 대장, 엄지와 환경 운동을 함께했던 오랜 동지이자 코끼리 아이들의 초대 별 박사님으로 활약하며 코끼리 교육과 별을 사랑했던 고(故)소인섭 대장, 그리고 당시 유일한 현역 코끼리 학부모로 참여해 주눅 들지 않고 선배 코끼리들 틈에서 뜨겁게 코끼리를 외쳤던 젊은 피 조주연 대장. 이렇게 셋은 '지역대 10년 위기론'이 정설처럼 전해져 내려오는 스카우트 판에서 코끼리지역대가 10년이 넘어서도 흔들리지 않고 나아갈 수 있는 든든한 초석을 다진 대장들이다.

어찌나 각자 코끼리를 사랑하는 마음들이 컸던지 준비위 초기에 '코끼리 교육에서 코끼리지역대의 역할'에 대한 정의를 내리는 것부터 건건이 뜨거운 토론을 치르며 마침내 아이들을 위한 마음으로 코끼리지역대 호(號)를 망망대해 스카우트의 바다에 띄워 내기까지, 그 일화들은 아직까지도 유명하다.

이렇게 열정 넘치는 준비위원들을 중심으로 스카우트 활동에 관심이 있는 엄마·아빠들은 지도자가 되기 위한 훈련을 이수했고, 육성 단체와 대위원회의 조직, 대원 모집, 대 등록 등 발대를 위한 준비도 착착 해 나갔다. 그리고 마침내 2008년 12월, 발대식을 통해 코끼리지역대가 정식으로 출범했다.

코끼리지역대는 여러 시행착오를 거치면서도 코끼리다운 씩씩함과 유쾌함으로 한 걸음 한 걸음 나아가며 코끼리지역대만의 색깔을 만들어 갔다.

2020년에는 '10년 계속 등록대'로서 표창을 받았으며, 명예 대원과 명예 대장, 한국스카우트연맹 중앙커미셔너, 중앙이사 , 세계 유스 어드바이저, 범스카우트 대원 등을 다수 배출하며 한국스카우트 전북연맹에 소속된 지역대 중에서 가장 많은 대원과 함께 활동하는 대표 지역대로서 자리매김하고 있다.

코끼리비버스카우트와 코끼리지역대는 2023년에 전라북도에서 개최되는 제25회 세계스카우트잼버리의 유치에도 상당한 이바지를 했다.

강원도와 경쟁했던 국내 후보지 선정 당시에는 코끼리비버스카우트 대원

제25회 세계스카우트잼버리 개최지 선정을 위한 실사단이 새만금을 방문했을 때 코끼리비버 스카우트 대원들이 스카우트 장문례로 맞이했다. 2023년에 열릴 잼버리에 참가할 대원들이 장문례를 한다는 사실이 심사 위원들의 마음을 움직였다는 이야기도 전설처럼 전해 내려온다.

들이 세상에서 가장 작고 깜찍한 장문례[59]로 선정위원들을 맞이하여 표심을 자극했다. 국내 후보지 선정을 거쳐 폴란드와 치열한 유치 경쟁을 펼칠 때는 비버스카우트 후배들의 바통을 이어받아 코끼리지역대 대원들이 전북연맹을 대표하여 활약했다.

세계 연맹의 심사 위원들을 장문례로 맞이했고, 무더운 날씨에도 세계스카우트잼버리 유치 예정지에서 다양한 과정 활동 시범을 즐겁게 해냈다.

59) 장문례는 스카우트 의식 중에 귀빈을 맞이하거나 보내는 데 쓰이는 최상의 의식으로 구호장을 가진 스카우트(중학생 이상)대원이 한다.

잼버리 유치를 위한 잼버리 원정대에서 아프리카 팀에서 활약한 이뚱 대장(3회 졸업생 이동훈, 왼쪽)과 세계 총회에서 프레젠테이션을 했던 리사 대장(12회 졸업생 김유빛나라).

또한, 코끼리비버스카우트 출신인 코끼리지역대의 김유빛나라 부대장은 세계스카우트잼버리의 개최지가 결정되는 세계 총회에서 대한민국 대표로 프레젠테이션 발표를 맡았고, 이동훈 대장은 잼버리 유치단의 대륙 원정대로서 유럽은 물론 캐스팅 보트를 쥐고 있던 아프리카의 여러 나라들을 방문하여 우리나라가 제25회 세계스카우트잼버리를 유치하는 데 큰 역할을 했다. 또한, 김도원, 이찬우 대장 등은 잼버리 유치를 위해 세계 각국의 지도자들을 우리 지역으로 초청하여 진행했던 크고 작은 행사들에서 봉사함으로써 이바지하기도 했다. 그 밖에도 코끼리지역대의 대장들은 전북 연맹의 훈련팀 강사, 커미셔너와 이사 등 대원들의 성장과 스카우트의 이상 실현을 위해 다양한 곳에서 봉사하고 있다.

코끼리지역대의 역사가 10년을 넘기면서 비버스카우트 활동을 마친 후 공백 없이 초등학교 1학년부터 컵 스카우트 대원으로 활동한 첫 번째 기수가 벤처 스카우트(고등학생)가 되었고, 창립 당시 컵 스카우트 대원으로 활동을 시작한 기수는 대학생 로버 스카우트가 되어 지도자로서 후배들을 위해 봉사하고 있다.

선배가 대장이 되어 후배를 이끄는 지속 가능한 구조를 갖춘 코끼리지역대는 최초에 목표로 삼았던 '코끼리 교육과 그 정신을 이어 가는 거대한 코끼리 동문회', '스카우트 활동을 통한 세계 시민으로 육성'의 두 가지 목표를 차근차근 이루어 가고 있다.

2017년과 2018년에는 스카우트 활동에 관심이 있는 코끼리 가족들[60]을 중심으로 스카우트 지도자 훈련 초·중급 과정을 개설하였고, 2019년에는 세계 스카우트 연맹에 등록되는 지도자 과정인 스카우트 지도자 훈련 상급 과정까지 개설하는 등 스카우트 활동에 관심 있는 코끼리 가족들이 지속적으로 지도자 과정을 이수할 수 있게 하고 있다.

코끼리지역대는 이렇게 한국스카우트 전북연맹의 중추적 역할을 하는 지역대로서 2023년에 열리는 제25회 세계스카우트잼버리를 성공적으로 치러 내기 위해 내실 있게 준비했다.

---

60) 비버스카우트 출신으로 이제는 대학생이 된 졸코 로버 스카우트 대원들과 비버스카우트 협조 지도자로 스카우팅을 (다시)시작하여 스카우트 지도자 훈련 상급 과정을 이수한 코끼리 학부모들이 함께하고 있다.

코비드-19를
이렇게
이겨 냈습니다

2020년 1월, 코끼리유치원을 기록하는 이 책 작업이 이제 막 반환점을 돌았을 즈음 코비드-19가 전 세계를 강타했습니다. 정치, 경제, 사회, 문화를 가리지 않고 코비드-19 이슈는 모든 것들을 집어삼키며 삽시간에 지구 전체로 퍼져 나갔죠. 공장이 멈추어 섰고, 비행기와 선박의 발이 꽁꽁 묶였으며 아이들은 별안간 학교와 유치원에 가지 못하는 신세가 되었다는 뉴스.

처음 겪는 상황에서 교육부 역시 갈피를 잡지 못한 채 급급한 대책을 쏟아 냈습니다. 강도 높은 사회적 거리 두기가 진행되면서 아이들은 학교에 가지 못 하고 원격 수업을 했고, 감염병의 확산 정도에 따라 1/3만 등교하거나 2/3만 등교할 수 있었습니다. 하지만 등교하지 못하는 아이들과는 달리 부모들은 일터에 나가야만 했고, 이로 인한 돌봄의 공백이 필연적이었습니다. 그리고 이러한 상황은 교육과 돌봄의 양극화를 더욱 심화시켰습니다. 모두가 처음 겪는 상황에서 우리 사회의 시스템은 속절없이 멈추어 설 수밖에 없었고, 사람들은 당황했습니다. 우리나라뿐만 아니라 온 세상이 혼란스러웠던 이 시기, 코끼리는 이 시기를 어떻게 극복했는지 궁금하시죠?

코끼리는 고민했습니다. 교육부의 결정이 정말로 아이들을 위한 고민 끝에 내려진 것일까? 그보다 더 좋은 방법은 없을까? 감염병 확산도 예방하면서 교육과 돌봄의 공백은 막는 방법은 없을까?… 당연히 단숨에 방법이 나올 리 없었지만, 코끼리의 어른들은 고민하고 또 고민했습니다. 아이디어를 내고, 수정하고, 보완했다가 다시 원점으로 돌아가도 포기하지 않았습니다. 그리고 마침내 코끼리다운 답을 찾았습니다. 감염병 확산을 막기 위해 아이들의 접촉을 줄인다 → 등교 인원을 제한한다 → 상황에 따라 전체 인원의 1/3이나 2/3만 번갈아 가며 등교한다 … 그렇다면 우리는? … 유레카! 1/3씩 세 팀으로 나누어 활동한다! 교육부의 1/3 조치가 취해지자마자 코끼리 아이들은 등원과 함께 1/3로 뿔뿔이 흩어졌습니다. 돌아 가며 한 학년이 본관을 지키면, 나머지 두 학년 중에서 한 학년은 뚝딱 캠퍼스로 떠나고 다른 한 학년은 더 즐거운 곳으로 나들이를 갔습니다. 그리고 하원 차량 운행 시간에 딱 맞춰 돌아왔습니다.

코끼리 아이들이 100% 등원하는데 활동은 1/3씩만 나뉘어서 서로 만나지 않으니 정책의 취지도 지키고, 아이들도 지킬 수 있었습니다. 그리고 앞으로 계속 다가올 바이러스의 위협에 대비하는 일을 시작했습니다. 전체의 인원이 언제든지 더 작은 유닛으로 쪼개어 활동할 수 있게 제3, 제4의 캠퍼스를 확보하고 언제든 활동할 수 있는 공간으로 구성하고 있습니다. 뚝딱 놀이터에 이어 아직 어린 호퍼반 동생들이 편안하게 활동할 수 있는 깡총 캠퍼스를 확보했고, 전주와 가까운 완주군에 숲 놀이터를 조성할 수 있는 공간을 신규로 마련 중입니다.

제안합니다. 학생이 없어 문 닫은 학교들의 공간도 아이들 놀기 참 좋고요, 코비드-19가 심해지면 일반인들은 갈 수 없는 도서관도 아이들을 위해서는 잠깐 문을 열 수 있겠지요. 아니, 멈춰 서는 모든 공공 기관(실버 복지관, 동네별 문화 센터 등)은 아이들이 1/3씩 나뉘어 선생님과 즐거운 시간을 보내는 데 충분한 장소가 될 것입니다. 정책을 입안하시는 분들도 함께 고민하시면 좋겠습니다.

아, 그리고 놀라운 사실이 하나 있습니다.

유치원 발, 어린이집 발, 학원 발… 작은 지역 사회에서는 비슷한 연령대에서 확진자가 발생하면 같은 또래에게서의 전파가 이어지는 경향을 보입니다. 그래서 어린이들이 집단 감염되었다는 뉴스가 나오면 우리도 긴장도를 높여 관리했는데요, 이상하리만큼 우리 코끼리 아이들은 잠잠했다는 점입니다.

보통 한 기관에서 걸리면 집단으로 전파되는 경우가 많았고, 체력과 면역력이 약한 어린이들이 기관에서 걸린 뒤에 가정으로 돌아가 부모 형제에게 전파시키는 형태가 일반적이었다고 하는데 코끼리에서는 그런 일이 일어나지 않았습니다.

오히려 그 반대로 엄마가 직장에서 걸려 와서 온 가족이 다 걸렸는데 코끼리에 다니는 아이 하나만 안 걸리는 사례가 연달아 발생했던 것입니다. 코비드-19가 절정으로 치닫는 시기의 몇몇은 검사 결과는 양성인데 증상이 전혀 나타나지 않아, 아무렇지 않게 평소처럼 잘 놀고 있다는 소식을 전해 오기도 했습니다.

결국, 내 몸 하나는 거뜬히 책임질 수 있는 체력과 면역력이 답이었을까요? 과학적으로 증명할 수 없으니 장담은 못 하지만, 경험적인 진단은 피하지 않겠습니다.

　종일 어린아이들의 입과 코를 일회용 플라스틱 마스크로 덮어 놓는 것보다, 인적 드문 숲이나 냇가로 가서 큰 숨도 쉬고, 체력도 기르고, 신나게 노는 것이 아이들을 위한 답인 것 같다는 말씀을 경험에 비추어 힘주어 여쭙고 싶은 것입니다.

맺는말

무엇보다 먼저 엄마·아빠 코끼리들께 한 말씀!

한때는 유아 교육에 관한 한은 내가 좀 특별하고 괜찮은 선생님인 줄 알았습니다. 그런데 언젠가부터 알게 되었습니다. 내가 아니라 우리 학부모들이 실은 대단하고 훌륭한 분들이라는 걸요. 무엇이건 예쁘게 바라봐 주고, 있는 그대로 믿어 주고, 오래 기다려 준다는 것이 말은 쉽지만, 결코 아무나 할 수 있는 일이 아니라는 것을 한참 뒤에야 알게 된 것입니다.

입에 발린 괜한 공치사가 아닙니다. "귀한 아이 함부로 키워 줄 테니 믿고 맡기시라."는 그 말을 곧이곧대로 따라 주는 우직한 순진함, "어디 부러진 것도 아닌데 조금 까진 것 정도로는 전화 안 하셔도 얼마든지 괜찮다."라고 웃어 넘기는 용감함, 코끼리라면 팥으로 메주를 쑨다고 해도 일단 믿고 보는 여러분이 오늘의 코끼리 교육을 있게 한 가장 큰 힘이었습니다.

교육에 있어서만큼은 '엄지의 그림자도 안 밟겠다는 각오(!)'로 맞장구를 쳐 주신 덕분입니다. 이 책의 작업이 마무리 되어가는 시점에 바바반 아이들 34명 전원이 한라산 정상에 오를 수 있었던 것도 모두 여러분들이 보내 준 믿음의 힘이었음을 고백합니다. 이 글을 적고 있는 지금, 엄지는 눈물이 납니다. 고맙고, 자랑스럽고, 사랑하고, 보고 싶어서 흐르는 눈물입니다.

사랑하고 자랑스러운 엄지의 자부심, 세상 그 무엇과도 바꿀 수 없는 우

리 '졸코'들아! 단 한 번도 공부 잘 하라고 한 적 없는데. 글자도 숫자도 모르는 채로 학교에 보냈는데, 어느새 자라 사회 여러 분야에서 멋지게 제 몫을 해내고 있는 너희들이 너무 예쁘고 감사해서 엄지는 또 눈물이 난다. 코끼리의 길이 옳다는 것을 너희들의 존재가 입증해 주고 있기에 엄지는 오늘도 자신 있게 이 길을 간단다.

그리고 어떤 대가도 바라지 않고 기꺼이 코끼리 교육의 한 축이 되어 준 시민사회단체와 활동가 여러분들께도 이 자리를 빌려 엄지의 큰 믿음과 사랑을 전합니다. 코끼리가 옳다고, 두 팔 걷어붙이고 함께해 준 당신들이야말로 엄지의 든든한 배경이고, 코끼리 아이들의 커다란 자부심입니다. 여러분의 '선한 영향력' 속에서 우리 아이들이 자랐고, 이제 우리 아이들이 그 가르침을 이 세상에 갑절로 돌려 드리는 것으로 보답할 것입니다. 끝까지 읽어 주신 여러분, 저는 다시 태어나도 다섯 살 호퍼들의 친구로 딱 지금처럼 살고 싶습니다. 여섯 살 올리들처럼 웃고 떠들겠습니다. 일곱 살 바바들과 같은 눈으로 세상을 보고 작은 것에도 기뻐하며 살겠습니다.

이 땅의 모든 유아 교육자들이 저처럼 행복하기를 바랍니다. 여러분들이 저와 코끼리 교육을 믿어 주셨던 것처럼 우리 유아 교육자들을 믿고 맡겨 주시면 좋겠습니다. 행복하지 않은 선생님이 어떻게 행복한 아이를 길러 낼 수 있을까요. 행복한 선생님이 어찌 불행한 아이를 길러 낼 수 있을까요!

다시 태어나도 엄지로 살고 싶게 해 준 우리 '졸코'들, '현코'들, 엄마·아빠들, 그리고 선생님들 모두에게 엄지가 진심을 다해 사랑한다는 말. 마지막으로 전합니다.

2023년 여름

엄지코끼리 **유혜숙**

코끼리 교육의 값진 교훈

························

김승환
16~18대 전북교육감

〈엄지 이리 와 봐!〉는 한평생을 아이들과 함께 살아온 유아 교육 현장 전문가인 유혜숙 원장과 코끼리유치원에 관한 책입니다.

유 원장과 코끼리 교육은 무엇보다 자연을 아이들의 스승으로 삼습니다. 아이들을 숲으로 데리고 들어가 그 속에서 '우발적 탐색'의 기회를 얻도록 합니다. 바닥에 깔 매트나 놀잇감 같은 도구들을 지니지 않고 빈손으로 가게 하는 것도, 아이들의 탐색의 기회를 방해하지 않기 위해서입니다.

자연은 시시각각으로, 그리고 계절에 따라 변하는 존재이기 때문에 아이들에게 훌륭한 사계절 생태 학교가 됩니다. 죽어 있는 어린 고라니 한 마리를 마주친 아이들은 "고라니야, 미안해." 하며 양지바른 곳에 묻어 주고 나옵니다. 빈손으로 숲에 들어간 아이들이 나올 때 그 손에는 들려 있는 것이 또 있습니다. 어른들이 버린 쓰레기입니다.

코끼리유치원 아이들의 뇌리에 가장 강하게 새겨져 있는 말 가운데 하나가 "나는 할 수 있어요!"입니다. 이 말 속에는 '내 일은 나에게 맡기고, 어른들은 지원은 하되

간섭하지 말고 지켜보시라.'는 주문이 담겨 있습니다.

내 아이 몸에 작은 상처 하나도 남아서는 안 된다는 과잉보호 부모들을 향해 코끼리유치원은 '그냥 맡겨 달라, 싫으시면 다른 유치원으로 보내시라'는 신호를 체계적으로, 강하게 보냅니다. 유아 교육에 대한 유혜숙 원장의 이 단호한 철학은 교사들에게도 그대로 전이되어 코끼리유치원의 전통으로 자리 잡고 있습니다.

그렇다고 해서 부모들에게 '무조건 따르라'라고만 강박하는 건 아닙니다. 코끼리유치원의 교육 철학과 가치를 이해하고, 공유하도록 돕기 위한 부모교육의 기회가 충분히 제공됩니다. "위험은 곧 살아 있는 지식이 되어 아이가 상황과 환경에 맞게 자신의 몸과 행동을 스스로 통제하고 조절할 수 있게 도와준다."라는 것입니다.

코끼리유치원의 양육 방식은 우리나라 유아 교육의 일반적 풍토에 비추어 매우 이질적입니다. 한글과 함께 영어도 가르쳐야 제대로 된 유치원이라고 생각하는 관행 속에서 한글과 숫자 교육이 없는 코끼리유치원은 거의 외계인 수준입니다. 글자와 숫자를 가르치지 않고, 아이들에게 끊임없이 놀이 여건만 마련해 주기 때문입니다. "코끼리 교육은 놀이에서 시작해서 놀이로 끝난다."라는 한마디가 코끼리유치원을 상징적으로 대변합니다.

유치원 아이들이 스스로 농사짓고 수확한 농작물을 재료로 음식을 만들어 먹는다는 것은 웬만한 어른들로서는 상상하기 어려운 일입니다. 이러한 어른들의 틀에 갇힌 생각을 보기 좋게 무너뜨리는 것이 바로 이 책에 나오는 〈꼬마농부학교〉입니다.

이 책에서 단연코 압도적으로 반짝이는 말은 각주 55에 적혀 있습니다. 그것은 "'대한민국에서 문맹률 1위를 달리는 유치원'임을 자랑스러워하는 엄지가 있기에 코끼리 아이들은 놀이에서 밀리면 서운해해도 글자 못 읽는 것은 전혀 부끄러워하지 않는다. 그래서 코끼리의 일곱 살 바바반 아이들이 1학년 초등학생들보다 달리기는 빠르고, 다른 유치원 여섯 살 동생들보다 글자는 잘 못 읽는 일은 생각보다 흔하다.”
라는 대목입니다. 여기에서 “엄지”는 유혜숙 원장의 애칭입니다.

　이 책 〈엄지 이리 와 봐!〉는 유아 교육이 무엇인지, 유아 교육이 진정 지향해야 할
철학과 가치는 무엇인지, 아이들이란 누구인지, 아이들이 성장 과정에서 겪는 실패
와 좌절과 다툼이 아이들의 삶에 어떠한 영향을 끼치는지, 어려서부터 우리와 자연
이 일체라는 것을 깨달은 아이들이 걸어가는 삶은 어떤 것인지, 국가나 교육 관료들
이 해야 하는 것은 무엇이고, 결코 해서는 안 되는 것은 무엇인지에 대해 깊이 생각하
게 합니다.

　유아 교육을 다룬 책임에도 불구하고 이 책은 초등학교부터 고등학교까지 모든
학교 단위에서 고려되어 마땅한 교훈들을 넘치게 담고 있습니다. 동시에 교육 분야
의 전문가를 자처해 온 이들로 하여금 지나온 삶을 다시 한번 깊이 돌아보게 할 좋은
거울이기도 합니다.

놀이가 뇌를 만듭니다

························

신성욱
과학 저널리스트, 〈조급한 부모가 아이 뇌를 망친다〉 저자

늘 빠지지 않는 질문이 있습니다. 부모님들을 대상으로 강의, 강연을 할 때마다 늘 이 질문이 나옵니다. "도무지 갈피를 잡을 수가 없어요. 어떻게 하면 아이들을 건강하고 똑똑하게 키울 수 있는지, 좋다는 게 너무 많아요. 도무지 뭘 선택해야 할지 모르겠어요. 비결을 좀 알려 주세요."

상품화되고 상업적인 정보와 지식들이 우리의 상식을 지배하고 있습니다. 이를 테면 이런 겁니다. '3세 이전에 뇌의 80%가 완성된다.', '한 살이라도 어릴 때 더 일찍, 더 많은 책을 읽어야 한다.', '6세 이전에 영어 뇌를 만들어라.', '4세가 지나면 우뇌가 닫혀 버린다. 이때를 놓치지 마라.' 등등.

그런데 정작 아이들의 뇌를 연구하는 과학자들은 뇌 발달과 관련, 전혀 다른 이야기를 들려줍니다. '놀이가 뇌를 만듭니다. 아이가 자유롭게 놀 수 있게 도와주세요.', '만 6세에게 글자를 가르치는 것은 생물학적으로 위험한 일입니다.', '책은 아이에게 위험한 물건일 수 있습니다. 책을 쥐여 주는 대신 아이를 품에 안고 이야기를 들려주세요.' 어떻습니까? 과학자들의 권고는 우리의 상식을 뒤흔듭니다.

첨단 과학이 알려 주는 새로운 생각인 듯싶지만, 사실은 오래 세월 인간의 아이들이 자라온 방식이었습니다.

몇 년 전 전주 코끼리유치원의 아이들을 처음 만났을 때, 저는 깜짝 놀랐습니다. 책이나 논문에서 읽었던 뇌과학자들의 이론들을 현장에서 직접 목격할 수 있었기 때문입니다. 코끼리유치원에는 뇌과학이 알려 준 똑똑하고 건강한 아이로 키우는 방법들이 다 담겨 있었습니다. 아이들은 하루 대부분을 놀이에 보냅니다. 그것도 답답한 실내가 아니라 산과 들에서 뛰어다닙니다. 아이들은 저 스스로 나무와 풀과 새와 벌레들, 자연의 친구들을 탐색하고 알아 갑니다.

선생님들은 옆에서 그저 거들 뿐입니다. 자연의 품 안에서 아이들은 서로 돕고 소중함을 몸으로 배우고 익혀 갑니다. 우리 인간이 크고 똑똑한 뇌의 주인공이 될 수 있었던 건, 즉 다른 동물에겐 없는 문화와 문명의 주인공이 될 수 있었던 건, 바로 나 아닌 존재와 마음을 주고받는 고귀하고 위대한 기술을 터득했기 때문입니다. 인류의 오래된 지혜가 살아 있는 코끼리유치원이 늘 반갑고 고마웠습니다.

전국의 많은 부모님들을 만나서 강의, 강연을 할 때마다 '전주에 가면 코끼리유치원이 있어요.'라고 자신 있게 소개합니다. 하지만 그 엄청난 내용들을 일일이 설명하기에는 늘 그 누구보다 이 책이 반가운 건 바로 접니다. 이제부터는 전국의 많은 부모님께 이렇게 말씀드릴 수 있게 됐거든요.

건강하고 똑똑한 아이로 키우는 비결이 궁금하신가요?

그렇다면 이 책을 꼭 보세요.

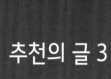

무럭무럭 자라나는 소리

제충만
아동 권리 옹호 활동가, 〈놀이터를 지켜라〉 저자

이 책을 펼치면 코끼리유치원 아이들의 무럭무럭 자라나는 소리가 들립니다. 자연을 놀이터 삼아, 햇살과 싱그러운 바람을 친구 삼아, 때론 눈과 비도 맞아 가며 하루가 다르게 자라나는 아이들의 소리가 우렁차게 펼쳐집니다.

원장 선생님 엄지가 아이들의 놀이를 오랫동안 지켜봤기 때문일까요?

깔깔거리는 아이들의 소리, '여기야, 여기!' 하고 친구를 부르는 소리, '함께 놀자!' 소리가 생생합니다.

저는 어린이를 위한 놀이터를 만들고, 청소년을 위한 작업실을 운영하고 있어서 그런지 사실 다른 소리가 더 뚜렷이 들렸습니다. 아이들이 마음껏 뛰어놀 수 있게 안전한 울타리가 되어 준 선생님들의 수면 아래 물장구 소리입니다.

코끼리유치원 아이들이 친구들과 함께 실컷 맘껏 도전하고 실패하고 이루어 가는 모든 과정에 엄지를 시작으로 아찌와 수많은 선생님들, 쿠쿠 이모에 이르기까지 모두의 노력과 수고가 담겨 있습니다.

사랑을 알려 주기 위해, 존중을 가르치기 위해, 자유로움을 맛보라고 때로는 손발로, 때로는 눈물로 헌신한 이들의 물장구질이 세찬 물보라를 일으킵니다.

책을 읽을 때는 미세하나 책을 덮으면 더 크게 울리는 소리가 있습니다. 바로 지역 사회 어른들입니다.

한 아이를 키우려면 온 마을이 필요하다는 말이 있습니다. 전주시를 시작으로 환경, 생태 단체들과 크고 작은 지역 사회 풀뿌리 단체들, 지역 박사님들과 청년 활동가, 한국스카우트연맹까지 모두가 각자의 일을 열심히 하며 느슨히 연결될 때, 아이들은 내 자녀를 넘어, 코끼리유치원 아이들을 지나, 우리 모두의 아이들로 든든히 자라나고 있습니다.

이 책에 담긴 하모니가 수시로 마음에 와닿습니다.

그럴 때마다 '나는 할 수 있어요!'를 외치는 코끼리유치원 아이들처럼 '코끼리유치원은 할 수 있어요.'를 한껏 외쳐 코끼리 가는 길의 울림에 목소리를 보태 봅니다.